Julia Sanmartín (ed.)

Discurso turístico e Internet

LINGÜÍSTICA IBEROAMERICANA
Vol. 48

Julia Sanmartín (ed.)

Discurso turístico e Internet

Iberoamericana · Vervuert · 2012

Este libro ha sido publicado gracias a la ayuda económica del proyecto precompetitivo "Implementación y explotación léxica del corpus turístico multilingüe de la Comunidad Valenciana", concedido por la Universitat de València en 2010.
Los autores de cada artículo son los responsables exclusivos de su contenido.

Amor de Dios, 1 – E-28014 Madrid
Tel.: +34 91 429 35 22
Fax: +34 91 429 53 97
info@iberoamericanalibros.com
www.ibero-americana.net

Elisabethenstr. 3-9 – D-60594 Frankfurt am Main
Tel.: +49 69 597 46 17
Fax: +49 69 597 87 43
info@iberoamericanalibros.com
www.ibero-americana.net

ISBN 978-84-8489-614-2 (Iberoamericana)
ISBN 978-3-86527-668-1 (Vervuert)

Depósito Legal: SE-332-2012

Diseño de la cubierta: Carlos Zamora
Impreso en España
Este libro está impreso íntegramente en papel ecológico blanqueado sin cloro

ÍNDICE

PRESENTACIÓN 9

Virginia González García
El discurso del turismo en Internet: hacia una caracterización de sus géneros 13

Nuria Edo Marzá
Páginas web privadas e institucionales: el uso de la adjetivación en un corpus inglés-español de promoción de destinos turísticos 51

Julia Sanmartín Sáez
De las normativas turísticas a las páginas electrónicas de promoción de hoteles: la clasificación hotelera desde la perspectiva lingüística 81

Francisca Suau Jiménez
Páginas web institucionales de promoción turística: el uso metadiscursivo interpersonal en inglés y español 125

Rosana Dolón Herrero
El niño como actor social en el discurso turístico: un estudio de análisis crítico de la construcción discursiva de una identidad de consumidor 155

María Estornell Pons
Revistas sobre turismo y viajes en Internet: palabras para novedades, voces como novedad 187

María Elena Baynat Monreal
Turistas francófonos en España: análisis de testimonios y relatos de viajeros en *blogs* y foros de Internet 205

Mercedes López-Santiago
E-Libros de visitas: estudio de hoteles franceses y españoles 231

Ángela Almela Sánchez-Lafuente
La evaluación de la calidad del discurso turístico traducido en Internet ... 259

NOTAS SOBRE LAS AUTORAS 285

PRESENTACIÓN

Discurso turístico e Internet constituye la primera obra colectiva de un grupo de investigadores pertenecientes al Instituto Interuniversitario de Lenguas Modernas Aplicadas (IULMA) de la sede de la Universitat de València[1]. En concreto, este instituto de investigación, como su propia denominación indica, se enmarca en el interés por la mejora de la interacción de las lenguas en su entorno social. Por ello, en el marco geográfico de la Comunidad Valenciana y de España es pertinente prestar atención al ámbito turístico, uno de los pilares esenciales de la economía.

Así pues, un grupo de investigadores del IULMA iniciaron un proyecto común en 2009: el análisis del discurso turístico en español, francés e inglés a partir de un corpus de documentos, almacenados en una base de datos diseñada para tal fin. Dicho proyecto contó en un primer momento con la colaboración de la Agencia Valenciana de Turismo[2] y, en una segunda fase, con la ayuda del Proyecto Precompetitivo de la Universitat de València, concedido en 2010, "Implementación y explotación léxica del corpus turístico multilingüe de la Comunidad Valenciana" (COMET.VAL, especie de sigloide de Corpus Multilingüe de Turismo de Valencia). De este modo, todos los estudios aquí recogidos parten de la utilización de este corpus textual, integrado en la base de datos COMET.VAL. Este corpus ha sido estudiado desde aproximaciones más cuantitativas, al emplear herramientas informáticas como WordSmith o AntConc 3.2, o desde el análisis más cualitativo y descriptivo de los datos.

Sin duda, el discurso turístico ha sido y es objeto de acercamientos diversos; por este motivo, en este libro hemos centrado la mirada analítica en la comunica-

---

[1] El IULMA es un instituto interuniversitario con sede en tres universidades valencianas: la Universitat Jaume I de Castellón, la Universitat d'Alacant y la Universitat de València. La Universitat de València ha sido la última en sumarse a este instituto en 2009, en el que se ha integrado personal investigador de diferentes Departamentos de la Facultad de Filología, Traducción y Comunicación.

[2] La Agencia Valenciana de Turismo concedió en 2009 una ayuda para el proyecto "Recogida, confección y etiquetado de un corpus piloto del género Promoción de servicios y/o productos turísticos en forma de folleto y páginas web del destino Ciudad de Valencia en castellano, valenciano, inglés, francés y alemán a partir de fuentes turísticas institucionales".

ción que se mantiene a través de Internet, dada la importación que este medio ha adquirido para la promoción y gestión de los servicios turísticos, y por la relativa ausencia de estudios sobre las bases, *discurso*, *turismo* e *Internet*. A través de la Red se planea, se gestiona y se describe el viaje. La Red se ha convertido en una especie de agencia de viajes, en un sistema de promoción publicitaria de lugares y emplazamientos, en un punto de encuentro para conversar sobre las experiencias del viaje y, por supuesto, en un marco de interacción comunicativa inédito y apasionante para el estudioso del lenguaje.

El libro se ha articulado en función del género (o subgénero) que ha tomado como corpus de referencia, con independencia de la lengua vehicular del documento o del elemento lingüístico analizado. Por ello, casi todos los autores empiezan por describir el género que toman como objeto de estudio.

Como era de esperar, el libro se inicia con *El discurso del turismo en Internet: hacia una caracterización de sus géneros,* de Virginia González, en el que se reflexiona sobre la posible clasificación de los discursos turísticos en los diferentes géneros, considerados como si fueran moldes textuales con una serie de propiedades: se describen algunas propuestas teóricas sobre el concepto de género y se lleva a cabo una aplicación a los discursos turísticos concretos. Se trata de una primera aplicación inicial a un entorno complejo, disperso y novedoso, un entorno cada vez más colaborativo, gracias a la Web 2.0.

En el marco de esta interacción, cabe diferenciar claramente aquellos géneros que se dirigen al turista/viajero como receptor del discurso –las páginas privadas e institucionales de promoción o las revistas de viajes– y los géneros (o subgéneros) en los que participa el propio turista/viajero como fuente emisora, los *blogs* o *e-libros de visitas*.

En *Páginas web privadas e institucionales: el uso de la adjetivación en un corpus inglés-español de promoción de destinos turísticos*, Nuria Edo Marzá contrasta el empleo de los adjetivos en las dos lenguas mencionadas con el objetivo de comprobar su coincidencia o disparidad tanto en el número de adjetivos detectados en ambas lenguas como en el tipo de adjetivación que se utiliza para promocionar un destino o un alojamiento como estrategia de persuasión.

Pero más allá de este tipo de estrategias, el discurso turístico se inserta en el marco de una legislación concreta, como se apunta en *De las normativas turísticas a las páginas electrónicas de promoción de hoteles: la clasificación hotelera desde la perspectiva lingüística*, de Julia Sanmartín Sáez. En este texto, se pretende comprobar si las unidades léxicas utilizadas en las descripciones de los hoteles para clasificar estos establecimientos se ajustan a los términos propuestos en las normativas turísticas o responden a otras finalidades pragmalingüísticas.

Justamente, en *Páginas web institucionales de promoción turística: el uso metadiscursivo interpersonal en inglés y español,* de Francisca Suau Jiménez, se perfila el género *página web institucional* de una forma detallada para poder centrarse en el análisis de los elementos que actúan a modo de marcas –los matizadores, los marcadores de actitud, de compromiso o la auto-referencia, entre otros– en las dos lenguas mencionadas.

Y, desde una perspectiva más específica, en *El niño como actor social en el discurso turístico: un estudio de análisis crítico de la construcción discursiva de una identidad de consumidor*, de Rosana Dolón Herrero, se parte de una reflexión sucinta sobre los principios del análisis crítico del discurso para poder caracterizar cómo se construye la identidad del niño en un corpus de páginas web institucionales de promoción turística en lengua inglesa: la revisión de ciertas formas léxicas (*kid, child, kids, children*) de representación en unas áreas temáticas determinadas y el análisis de las colocaciones (y su función sintáctica) de estas mismas formas léxicas son dos de los parámetros empleados en este estudio.

Todavía en el marco del los géneros elaborados por el especialista para el lego en la materia, se inserta *Revistas sobre turismo y viajes en Internet: palabras para novedades, voces como novedad*, de María Estornell Pons, en el que se profundiza en la descripción del léxico más innovador de estas revistas dirigidas a un público general: unidades léxicas como *baby service, hotel boutique* o *late check out*.

Ya en el ámbito de la interactividad discursiva y del propio turista como emisor, surgen los *blogs*, los foros y los libros de visita, en los que viajeros o turistas nos sorprenden con sus opiniones o valoraciones. Así, en *Turistas francófonos en España: análisis de testimonios y relatos de viajeros en* blogs *y foros de Internet*, de María Elena Baynat, se detallan estos cibergéneros y se presenta una relación de los mismos como *relatos digitales* que integran rasgos de los relatos clásicos de los viajes. De hecho, en ambos se presentan imágenes estereotipadas de España, una remisión constante a otras fuentes y el tamiz de la subjetividad como filtro narrativo, entre otros.

Por su parte, en *E-Libros de visitas: estudio de hoteles franceses y españoles*, de Mercedes López-Santiago, se lleva a cabo un estudio de los libros de visita, considerados como una muestra de la interacción discursiva del cliente con el establecimiento hotelero, en la que se valoran los servicios prestados. Estos textos presentan una variada tipología, extensión y forma, que comprende desde la emulación de una carta formal hasta la reproducción gráfica de un comentario oral.

Por último, en *La evaluación de la calidad del discurso turístico traducido en Internet,* de Ángela Almela Sánchez-Lafuente, se realiza una comparación de diversos corpus generales y especializados para valorar el grado de "especialización" del corpus de discurso turístico y se procede a una evaluación de este discurso a partir del análisis de los textos y de la opinión de unos expertos revisores que juzgan la calidad de las traducciones en unas encuestas diseñadas para tal fin.

En suma, en este libro se presentan perspectivas de análisis de un único objeto de estudio, el discurso turístico en Internet, con la finalidad de abarcar una realidad compleja y heterogénea. De este modo, la lingüística nos permite, desde la lexicología, la traducción o el análisis del discurso, explicar mejor estos géneros discursivos que transitan por la Red para promocionar destinos y alojamientos turísticos o describir las experiencias del turista. En definitiva, el turista/viajero se convierte en la figura central de estas páginas, ya sea como destinatario del mensaje, ya sea como productor del texto.

EL DISCURSO DEL TURISMO EN INTERNET: HACIA UNA CARACTERIZACIÓN DE SUS GÉNEROS

VIRGINIA GONZÁLEZ GARCÍA
IULMA-Universitat de València

1. Introducción

Los diversos discursos del ámbito turístico han encontrado en la Red un medio perfecto para la transmisión de contenidos de la más variada naturaleza. La expansión que los géneros turísticos han tenido los últimos cinco años en Internet ha dado un vuelco con las nuevas funcionalidades que ofrece la Red colaborativa o también llamada *Web 2.0*. En palabras de Monsoriu Flor, este concepto "describe a una segunda generación de contenidos de web creados por los propios usuarios de Internet" (2010: 156). El usuario en esta red dinámica es el motor fundamental de su funcionamiento, de tal manera que Tim O'Relly (2006), quien acuñó el término *Web 2.0*, afirma que su desarrollo ha demostrado que "los usuarios añaden valor".

La importancia de este medio digital para el desarrollo de turismo ha llevado, entre otras acciones, a la organización de un *Encuentro Internacional de Turismo*. Mientras tanto, se han ido abriendo diversos debates en forma de artículos o foros, que ponen de manifiesto ciertas inquietudes sobre el futuro del turismo o el estatuto de algunos géneros tras su desplazamiento al soporte digital. Así, en la página electrónica del *Encuentro Internacional de Turismo Online*, se recogen artículos con títulos como los siguientes: "Las agencias de turismo le tienen miedo a Internet", "El turismo en la Web 2.0", "Cómo empezar a usar *Facebook Places* para tu negocio turístico", "Las redes sociales y el turismo", "¿Qué es turismo 2.0?", "¿Qué es Travel 2.0?", etc.[1]

Por otro lado, y en consonancia con el desarrollo digital mencionado, se han acuñado conceptos como el de *turismo digital* y *turismo 2.0*, término este último que da nombre, además, a una comunidad de profesionales del sector turístico.

---

[1] Títulos extraídos de <http://www.encuentroturismoonline.com/articulos-de-turismo-online>.

Dicho concepto se define, en el *blog* de *Travel Marketing – Todo sobre Turismo 2.0*, del siguiente modo:

> ¿Qué es el Turismo 2.0? El Turismo 2.0 es la evolución de los sitios de viajes en Internet que ha surgido con la Web 2.0, la segunda generación de servicios y comunidades web que incentivan la participación y colaboración entre los usuarios.
> [...] la interacción directa del usuario, que genera un valor único, a través de críticas, comentarios, sugerencias a servicios y productos turísticos (líneas aéreas, hoteles, tours, destinos, restaurantes, etc.), compartiendo experiencias, a través de blogs, vídeos y fotos, influenciando directamente la percepción y decisión de otros usuarios y "viajeros potenciales"[2].

La profusión y expansión de estos cibergéneros lleva a cuestionar los límites de su evolución y a compararlos con otros géneros considerados tradicionales, como se comenta en un artículo del *blog* de Paco Nadal (2-XI-2010), en el que el autor se pregunta si las guías de papel van a desaparecer frente al soporte digital que ofrece Internet. La respuesta resulta muy esclarecedora, pues denuncia las carencias de ciertos textos de turismo en Internet:

> En cualquier caso, creo que el debate está equivocado. La discusión no es si papel o digital. Ambos no son más que un soporte. Una forma de presentar la información. Y triunfará la que sea más práctica, versátil y económica.
> La verdadera cuestión es si el hecho de que las guías de viaje se presenten en formato digital va a cambiar también la forma y el rigor a la hora de hacer los contenidos.
> Gran parte de la información turística que circula por internet es pura bazofia. Copia de copia, recorta-pega-y-colorea, notas de prensa transcritas de forma literal o información interesada[3].

La variedad discursiva del ámbito turístico en la Red crece de manera exponencial, y es posible que este nuevo medio y sus géneros propios, a los que nos referiremos en las próximas líneas, hayan actuado modificando los géneros tradicionales del turismo. Se hace necesaria, en consecuencia, una revisión del concepto de *cibergénero* con una aplicación centrada en los géneros del turismo en Internet que valore el grado de adaptación de los géneros tradicionales a este nuevo medio, el aprovechamiento que se ha hecho de sus funcionalidades y el

---

2 <http://www.travelmarketing.biz/blog/index.php/mensajes-travel-marketing-blog/lo-que-todo-profesional-del-turismo-debe-saber-sobre-el-turismo-20/>.

3 <http://lacomunidad.elpais.com/paco-nadal/2010/11/2/-de-verdad-van-desaparecer-guias-viaje-papel->.

nacimiento, como es de esperar, de nuevas formas de comunicación que exploten las posibilidades que la Web 2.0 ofrece a los usuarios interesados en editar y gestionar contenidos. Llevar a cabo dicha revisión requiere un acercamiento previo, general e integrador de las variedades discursivas del turismo en la Red.

Concretamente, nos detendremos en el estudio de las páginas electrónicas del turismo (tanto institucionales como de carácter comercial), los *weblogs* de turismo y sus diferentes manifestaciones, las redes sociales en las que se desarrolla el discurso del turismo y los foros de viajeros. Finalizaremos con una primera aproximación a los *wikis* de viajes y las posibilidades que ofrece el desarrollo futuro de mundos virtuales en el ámbito del turismo. Para ello, nos referiremos a numerosas páginas y recursos electrónicos, así como a fragmentos extraídos del corpus COMET.VAL (Corpus Multilingüe en Turismo de Valencia) elaborado por un grupo de investigadores del Instituto Universitario de Lenguas Modernas Aplicadas (IULMA) de la Universidad de Valencia.

2. Géneros, Internet y turismo

Antes de proceder al análisis pormenorizado de los géneros anunciados, cabe repasar, de forma sucinta, algunas aportaciones destacadas del estudio de los géneros, con especial atención a los llamados *cibergéneros* y a aquellos en los que tiene mayor presencia el discurso del turismo.

Una de las teorías del siglo XX de mayor relevancia en el estudio de los géneros discursivos, que rompe con la concepción anterior centrada en la producción literaria, es la de Bajtín (1979 [1952-1953]), quien caracteriza el concepto de *género* a partir de una serie de funciones y condiciones lingüísticas determinadas, vinculadas con diferentes esferas de la actividad y la comunicación.

Las propuestas más recientes surgen vinculadas al estudio de las *lenguas para fines específicos* y, en este sentido, convienen especialmente para un acercamiento al lenguaje del turismo. En este enfoque se suele ligar el estudio de *género* al contexto para afrontarlo desde una perspectiva multimodal que tiene en cuenta diversos factores, como su explotación en variadas situaciones que pueden ir de lo social a lo profesional. Se trata, por tanto, de una perspectiva socio-cognitiva y etnográfica combinada con la perspectiva lingüística (Bhatia 2002: 17). Igualmente, otro parámetro que contribuye al reconocimiento genérico es el propósito comunicativo o el reconocimiento por parte de la comunidad discursiva (Swales 1990, 2004).

Si el concepto de género discursivo ha sido objeto de múltiples discusiones desde numerosos puntos de vista y escuelas lingüísticas, esta discusión se amplía al concepto de *cibergénero*, pues son muy variados los acercamientos que se han hecho a su descripción y categorización, como señala y recoge Caballero (2008).

En general, las miradas a los géneros electrónicos o cibergéneros prestan especial atención al proceso de integración de los géneros impresos en el nuevo medio digital. En primer lugar, es conveniente evitar la identificación entre medio y género, para partir de una concepción de género como tipos comunicativos aceptados que comparten forma, contenido y propósito (Crowston/Williams 2000). El medio, desde esta perspectiva, posee una función selectiva que influye en el tipo de géneros que son aceptados y facilita, además, que varios géneros se unan en Internet para formar modelos complejos.

Tras examinar un rango de cien páginas electrónicas con la finalidad de determinar sus características genéricas, Crowston y Williams (2000) llegan a la conclusión de que la mayoría reproducen géneros o combinaciones de géneros existentes en medios tradicionales. Metodológicamente, los autores reconocen la importancia del concepto de *propósito* para el establecimiento del género, ya que opinan que puede resultar más útil, en algunos casos, que las diferencias formales.

Shepherd y Watters (1998) afrontan el estudio de los géneros digitales a partir de la introducción de un nuevo elemento en su caracterización tradicional, determinado por el medio digital: la *funcionalidad* (capacidades que están disponibles a través de Internet), de tal manera que mientras que los géneros tradicionales no digitales se caracterizan por el par *contenido-forma*, los cibergéneros se caracterizan por el trío *contenido-forma-funcionalidad*.

Partiendo del mayor o menor aprovechamiento de esta funcionalidad, los autores distinguen entre *cibergéneros existentes* (*extant cybergenres*)[4] y *cibergéneros originales* (*novel cybergenres*), divididos en dos tipos según su grado de fidelidad a un género ya existente en otro medio.

Entre los *cibergéneros existentes* se encuentran, por un lado, las reproducciones menos innovadoras o copias de una fuente original, sin nuevas funcionalidades, que configurarían los *cibergéneros duplicados* (*replicated cybergenres*), cuyo prototipo se halla en los primeros periódicos digitales (consistentes en un simple volcado de los contenidos y estructuras del periódico impreso al nuevo medio); y por el otro, los *cibergéneros variantes* (*variant cybergenres*), también basados en un género existente, pero con mayor uso de las prestaciones que el medio ofrece (textos con hipervínculos, ventanas con audio o vídeo, etc.).

Los *cibergéneros originales* (*novel cybergenres*) nacen, bien como medios independientes de géneros existentes, bien como evolución de un género duplicado. En este último caso, cabe mencionar los *cibergéneros emergentes* (*emergent cybergenres*), que no pueden existir sin el medio digital, pues su característica principal consiste en la explotación de las funcionalidades que este ofrece.

---

[4] La traducción de los términos empleados por Shepherd y Watters es nuestra.

Al grupo de los cibergéneros originales pertenecen también los *cibergéneros espontáneos* (*spontaneous cybergenres*), sin correlato con otros géneros existentes, como la página personal o las preguntas frecuentes (FAQ).

Otros enfoques de los géneros electrónicos se centran en sus propiedades discursivas, poniendo de relieve, por ejemplo, una clara inclinación de los cibergéneros hacia la oralidad, que podría explicarse, en primer lugar, por la reducción del tiempo de espera de respuesta en este medio; en segundo lugar, por la tendencia al uso de un registro informal del lenguaje; y, por último, por la utilidad del hipertexto, que contribuye a la rapidez del sistema referencial (Posteguillo 2002: 30).

En el ámbito específico que nos ocupa, el discurso del turismo, resulta de especial interés seguir una perspectiva de estudio basada en los cambios que se efectúan sobre géneros tradicionales y en la creación de nuevos géneros, ya que, en algunos casos, "las páginas reproducen materiales existentes en papel, adaptados para la difusión telemática", mientras que en otros casos "se trata de materiales específicamente diseñados como hipertextos" (Calvi 2006: 53).

Por otro lado, una página web no es un género propiamente, sino un medio que contiene una serie de "subgéneros que combinan libremente las propiedades de unos macrogéneros fundamentales (guía turística, folleto, anuncio, catálogo, reportaje, etc.)" (ibid.: 53). Conviene no perder de vista, por lo tanto, el carácter propio del medio de Internet y la dificultad de establecer clasificaciones genéricas:

> Entre otros factores, se destaca el impacto de la comunicación a través de Internet, que rompe las convenciones, crea nuevos horizontes de espera, favorece la hibridación genérica y el desarrollo de géneros fronterizos. Asimismo, la intervención directa de los viajeros pone en duda el papel exclusivo del experto en la transmisión de informaciones (Calvi 2010: 21-22).

A pesar de esta complejidad, se puede establecer una clasificación, a grandes rasgos, de los principales tipos de páginas electrónicas centradas en el turismo, entre las que se encuentran páginas relacionadas con la organización turística, páginas de publicidad directa, páginas de carácter promocional, con características similares a los folletos, y páginas que difunden informaciones de interés turístico, cuyo correlato más similar en los géneros tradicionales del turismo serían las guías (Calvi 2006: 53-54).

En conclusión, el estudio de los géneros de Internet debe tener en consideración tres aspectos principales: los diferentes grados de fidelidad que se mantienen con respecto a géneros ya existentes, la aparición de nuevos géneros propios del medio y el carácter híbrido que presenta la Red como medio que acepta gran variedad de géneros en el mismo espacio.

3. Páginas electrónicas de turismo

3.1. Páginas electrónicas institucionales de promoción turística

Las páginas electrónicas institucionales de turismo están adscritas a organismos políticos de carácter estatal, como la página del Instituto de Turismo de España. Otras tienen un carácter regional o local, como la página oficial de turismo de Andalucía, perteneciente a la Consejería de Turismo, Comercio y Deporte de la Junta de Andalucía; la página de turismo de la Cámara de Comercio de Madrid, la página Turisvalencia, dependiente del Ayuntamiento de Valencia, o la página oficial de turismo de Buenos Aires, elaborada por varias entidades públicas de turismo[5].

Las páginas electrónicas institucionales tienen como cometido principal la difusión de una imagen turística y la promoción de diversos destinos. En ese sentido, poseen también propósitos comerciales de venta de determinados productos o servicios turísticos. Se trata de "páginas de carácter promocional, que presentan características parecidas a los folletos" (Calvi 2006: 52), pero conviene especificar, no obstante, en qué grado y de qué manera se produce este paralelismo, pues parece que el contenido propio de los folletos queda considerablemente ampliado en estas páginas. Dedicaremos las siguientes líneas a estos aspectos.

Aunque la organización y el uso de los recursos lingüísticos de las diferentes páginas institucionales presentan gran variedad, predominan rasgos comunes a la mayoría de ellas, como la disposición de la información. Todas ellas muestran, en su página de inicio, un número de secciones que dirigen al interlocutor, de manera más o menos explícita, a la información requerida. Los nombres de estas secciones varían considerablemente de una página a otra; pueden constituir una llamada clara y concisa, como las que aparecen en la página de la Generalitat Catalana: *Cultura, Alojamiento, Actividades y Deporte*, etc.; o una llamada de carácter más promocional, en la que se recurre al lenguaje publicitario, como sucede con la página turística de España: *Ven, Conoce, Disfruta, Saborea, Vive*, imperativos que deben interpretarse como una invitación al usuario a conocer el país.

Con más o menos hipervínculos o secciones en su página de inicio, en general, las páginas de turismo institucionales coinciden, igualmente, en ofrecer información y recursos de diferente naturaleza. Destacan las secciones que ponen a disposición del viajero datos descriptivos y expositivos acerca de determinados destinos o actividades turísticas. En esas páginas el usuario encuentra enlaces a lugares cuyas principales características se describen en función de sus atractivos turísticos: *arte, arquitectura, gastronomía, tradiciones, ocio*, etc.

[5] Todas las páginas citadas en este artículo se recogen en la bibliografía final.

Si atendemos a la descripción de Calvi de los folletos de turismo como género, estos destacan por su papel informativo en combinación con un objetivo promocional para cuya consecución se recurre a la persuasión. Sus características principales, según la autora, son herramientas para vehicular "el elogio, el énfasis y la puesta en relieve de todo posible récord o primacía" (Calvi 2006: 38): uso peculiar del adjetivo y de las formas del superlativo. No sorprende, por tanto, que en un corpus de textos extraídos de páginas electrónicas institucionales de Valencia el adjetivo con mayor índice de frecuencia sea *grande*, en su forma apocopada *gran*. En este mismo corpus, se hace patente esta tendencia a la grandilocuencia:

> El acto **más multitudinario y espectacular** es la Ofrenda de Flores a la Virgen de los Desamparados. Los días 17 y 18 de marzo, desde las 16.00 horas hasta bien entrada la noche, tiene lugar este **brillante desfile** en el que destacan las falleras con su **maravilloso** y **vistosísimo** traje regional, portando ramos de flores a su Patrona (página electrónica de Turisvalencia; negritas nuestras).

> La Iglesia de Santa Catalina es una de las más antiguas de la ciudad. La construcción de la Iglesia se remonta a la Reconquista. La Torre Campanario, barroca del siglo XVII, puede ser **lo más notable** del conjunto y tiene un carácter autónomo respecto a la Iglesia, de tres naves con capillas laterales, bóvedas de crucería y girola con capillas. Ofrece una de las perspectivas urbanas **más bonitas** de Valencia gracias a la **hermosura** y **ligereza** de su torre. Como remate final de **la no menos bella calle** de la Paz se elevan sus cinco plantas, rematadas por un templete que se cubre con cupulín. La Torre de Santa Catalina es un **hito** en la ciudad de Valencia y popular entrada al barrio del Mercat (ibid.).

Otro de los rasgos de los folletos turísticos es que en ellos se adopta un "tono arcaizante y evaluativo, con pretensiones pseudoliterarias" (Calvi 2006: 39). Veamos cómo se recoge esta particularidad en las páginas electrónicas analizadas:

> La casa se levanta sobre una superficie rectangular con ventanas y **balcones recayentes** a la calle de Ruaya y a la calle de la Pepita y consta de planta baja y un único piso. La planta baja **se conforma a modo de sala diáfana** [...]. Por la escalera originaria de acceso a la planta superior, donde se ha reunido valiosa selección de diseños o figurines relativos al **variopinto y riquísimo vestuario** artístico de la cantante, se accede a la antigua vivienda en la que nació la artista, recuperando en lo posible el ambiente y **la atmósfera que impregnara la primera infancia de la inolvidable actriz** (página electrónica de Turisvalencia; negritas nuestras).

Es habitual la combinación de recursos de tipo descriptivo con el discurso más propio de la publicidad (Calvi 2006: 40). En las páginas electrónicas analizadas se observan estrategias propias del lenguaje publicitario, las apelaciones directas al interlocutor –uso de imperativos y de preguntas en segunda persona– son especialmente frecuentes en los enlaces y en las descripciones de las actividades o productos que se promocionan. Los siguientes ejemplos muestran la abundancia de estos elementos en páginas institucionales.

Página de las Islas Baleares: *No te lo pierdas…*; *Sabías…*

Página de Aragón: *Conozca Aragón*; *Siente Aragón*

Página de Euskadi: *Euskadi Saboréala*; *No te lo pierdas*

Página de Perú: *¿Cuánto tiempo tienes?*; *¿Qué quisiera hacer?*; *¿Dónde ir?*

> **Relájate, ponte guapo, mímate… Verás que bien te sientes por dentro y por fuera.** Deja atrás el estrés y las preocupaciones, y adéntrate en un mundo de sensaciones renovadoras; […]. Descubre el mejor tratamiento de belleza: que te cuiden. Te sentirás como nuevo (página electrónica institucional de España; negritas nuestras).

Son comunes en el lenguaje publicitario rasgos como la aparición de eslóganes que caracterizan el destino turístico, ya sea en inglés –*I need Spain*– o en español –*Perú, vive la leyenda; Valencia, increíble, pero cierta*; *Granada, 100% sensación*–. Igualmente, el tono promocional se manifiesta en el uso de epígrafes que pretenden resultar sugerentes para recomendar algunos destinos: *Sentirse marinero en Galicia*; *Garajonay, un bosque de hace millones de años*; *Faros de Galicia: los guardianes del fin del mundo.*

Existen en estas páginas otras secciones en las que se combina información de carácter práctico con una serie de consejos al viajero. Se trata de todos aquellos documentos digitales que aparecen bajo títulos como *info práctica, actualidad, el tiempo, agenda, dónde comer, dónde dormir, antes del viaje…* En este último, por ejemplo, se informa a los futuros viajeros sobre requisitos de entrada y trámites; salud y seguridad; hora, horarios y festivos; idiomas y religión; clima, dinero, comunicaciones, etc. Parece que este apartado se desvía de lo propio de los folletos turísticos y recoge, sin alterarla, un tipo de información habitual en las guías impresas bajo epígrafes como *Datos prácticos*. En estos casos, los usos lingüísticos prescinden por completo de lo estético y se centran exclusivamente en su función informativa:

> ¿Qué hora es en España?
> En cuanto a los husos horarios, se aplica en toda la Península e Islas Baleares el correspondiente al meridiano de Greenwich (GTM) incrementado en una hora en

invierno o en dos horas durante el verano. En las Islas Canarias se aplica el huso horario del meridiano de Greenwich incrementado en una hora durante el verano, por lo que siempre tiene una diferencia horaria de una hora menos con respecto a la que rige en la Península e Islas Baleares.

En otros, también en relación con la información práctica, el lenguaje se reduce a la mínima expresión necesaria para transmitir de forma eficaz datos que se consideran fundamentales, y se predomina el estilo telegráfico, en el que desaparecen adjetivos y verbos para dejar espacio la nominalización desnuda de ornamentos, como sucede con las fichas técnicas de hoteles:

Servicios e instalaciones
Admite tarjetas de crédito, Aire acondicionado en zonas comunes, Alquiler de bicicletas, Antena parabólica, Ascensor, Bar/Cafetería, Cambio de moneda, Internet en zonas comunes, Parking de pago, Restaurante, Servicio médico, Sitio céntrico, Sitio pintoresco, Transporte público próximo.

Lo visto hasta ahora nos muestra que el entorno virtual no parece alterar sustancialmente las características que como género presentan el folleto turístico o la sección de *datos prácticos* de guías de viajes. Conviene comprobar si, además de estos géneros duplicados, la Red aporta otras características propias, alejadas de los géneros tradicionales.

Es evidente que se produce una gran diferencia en la recuperación de la información por parte del usuario-lector, que pasa de una lectura lineal de los materiales a una lectura fragmentada, proporcionada por el recurso de la *hipertextualidad*: "interconexión continua de las ideas relacionadas con el tema de la información básica o fundamental", que intenta imitar el funcionamiento de "la mente humana, que no es una estructura cerrada, con un principio y un final, sino que está basada en la continua relación entre ideas e información a través de estructuras complejas en apariencia aleatorias" (López García 2005: 49).

En relación con este aspecto, fragmentos lingüísticos que resultarían incoherentes en el contexto lineal de los géneros tradicionales tienen cabida ahora gracias al hipertexto. En el siguiente ejemplo se observa cómo los hipervínculos *En el mar*, *Con el deporte*, *En la naturaleza, Cuidándote*, *Pasándolo bien* no recuperan su sentido hasta que se los asocia con *Disfruta*, enlace situado en la parte superior, sobre el que el usuario ha tenido que hacer clic para llegar a esa página (Figura 1).

La hipertextualidad facilita que algunas páginas puedan funcionar como repositorio de documentos de interés para los usuarios, de manera que, en la mayoría de los casos, el futuro viajero puede acceder a un amplio surtido de folletos turísticos de diferentes regiones o destinos turísticos más específicos, así como a guías prácticas institucionales u otros tipos de documentos informativos.

FIGURA 1
Página electrónica de Turespaña (<http://www.spain.info>)

La posibilidad de interacción, presente en mayor o menor grado en las páginas institucionales, constituye otro elemento que aumenta las capacidades de los géneros tradicionales y que tiene lugar en diferentes ámbitos. Así, las páginas electrónicas institucionales permiten crear una interactividad entre el usuario y el sistema:[6] los usuarios pueden llevar a cabo una serie de acciones con el objeto principal de ampliar la información dada o configurar búsquedas personalizadas. Por otro lado, en numerosas páginas aparece la opción de que los usuarios se subscriban a un boletín de noticias. Se ofrecen también buscadores de alojamientos que permiten reservas en línea; agendas con la que los usuarios interactúan, seleccionando fechas y actividades; posibilidades de configurar recorridos propios, etc.; sin olvidar la habitual opción de contactar con los creadores de la página.

Otro aspecto propio de las páginas electrónicas institucionales consiste en un espacio en el que se detallan una serie de hipervínculos a páginas o sistemas externos; destacan los enlaces a redes sociales (género al que se dedicará un apartado más adelante) en las que los visitantes tendrán la oportunidad de realizar interacciones entre usuarios.

Si bien los recursos a dibujos y fotografías son carta de naturaleza de los géneros profesionales del turismo, en el caso de las páginas electrónicas, estos

---

[6] Seguimos la distinción que realiza McMillan (2002: 163-182) entre interactividad usuario con el sistema, usuario con otro usuario y usuario con documento.

han sido mejorados por su carácter multimedia, es decir, por la posibilidad de aceptar multiplicidad de formatos audiovisuales. De esta manera, el usuario puede encontrar integrados en la misma página elementos fotográficos junto con clips de vídeos. En la página de turismo de España, por ejemplo, bajo cada sección aparece una fotografía que se convierte en un clip de vídeo, incrustado en la página. También se recurre a la multimedialidad para presentar los mapas, que abandonan el tradicional formato y permiten una consulta interactiva mediante clics en diversas áreas.

Otro ejemplo de explotación de elementos multimedia es la oficina virtual de turismo que ofrece la página de Turisvalencia (Figura 2): entorno virtual que emula la apariencia de una oficina de turismo a través de la que el usuario puede acceder a diversos documentos descargables: vídeos, folletos turísticos, planos, etc. Se presentan también otros servicios a partir de la interacción con los objetos que aparecen distribuidos en la oficina: ordenadores, tarjetas postales, periódicos, vitrinas, pantallas, etc.[7] Este entorno novedoso sustituye la interfaz de la propia página electrónica y proporciona las mismas posibilidades al futuro viajero.

FIGURA 2
Página web de Turisvalencia (<http://www.turisvalencia.es>)

[7] Este recurso persigue crear en el "visitante virtual" mayor efecto de interacción real (parece que es informado por un empleado de la oficina de turismo), aunque, efectivamente, no deja de ofrecer una interacción entre el usuario y el sistema.

Otra funcionalidad de las páginas electrónicas, de carácter innovador frente a los géneros tradicionales, es la posibilidad de actualización (Yus Ramos 2010: 97). Un ejemplo de ello se halla en la página de Turisvalencia, que pone a disposición de los visitantes una guía turística digital que se actualiza en cada estación o periodo turístico del año. También las agendas culturales que surgen en casi todas las páginas institucionales se aprovechan de la facilidad de actualización que el medio ofrece.

Por otro lado, el medio permite también a los usuarios recibir información inmediata de las actualizaciones que tienen lugar en una página, se trata de la existencia de un medio de redifusión web o RSS.

Estas páginas, debido a su versatilidad y a la gran capacidad de almacenamiento de contenidos que poseen, permiten opciones diversificadas según del tipo de destinatarios. Las que se ofrecen con mayor o menor presencia en las distintas páginas analizadas contemplan diferencias, por ejemplo, entre la información dirigida a viajeros en general y aquella especializada en grupos más concretos. La página de Valencia tiene una sección dirigida al turismo de eventos; la de Buenos Aires diversifica su información según varios perfiles: *chicos*, *negocios*, *estudiantes*, *gay & lesbian*; y la de la Generalitat de Cataluña distingue, por ejemplo, entre *turismo familiar* y *turismo de deportes*.

Del mismo modo, la información puede aparecer diversificada, no ya por el tipo de consumidor del producto turístico, sino según el grado de especialización en el área turística. Así, la página de Andalucía facilita dos accesos, uno abierto para viajeros y otro acceso (registrado) para profesionales del turismo. Esta opción la contempla también la página de Buenos Aires, que diferencia entre *turistas*, *profesionales*, *colaboradores* y *prensa*.

En suma, la página electrónica se convierte en el medio perfecto para dar cabida a una gran heterogeneidad de géneros turísticos tradicionales (folletos, información práctica, guías), que se ven enriquecidos por las funcionalidades que ofrecen características como la hipertextualidad, la interactividad y la capacidad de actualización. Nos encontramos, por lo tanto, siguiendo la clasificación de Shepherd y Watters (1998), con un exponente de *cibergéneros variantes*.

3.2. Páginas electrónicas comerciales

Frente a las páginas institucionales, que conjugan la finalidad de promoción y creación de una imagen turística de determinados lugares con un propósito comercial, las páginas privadas están condicionadas por su marcado carácter transaccional y puramente comercial[8]. En general, podrían ser consideradas como una trasposición a la Red de los servicios que suelen proponer una agencia de viajes o en un turoperador[9]. De hecho, las empresas que mantienen estas páginas son, en muchas ocasiones, agencias de viajes de gran peso y tradición en el mercado; y también empresas nacidas al auspicio de la Red.

En su caracterización de los géneros del turismo, Calvi (2010: 22) incluye este tipo de páginas entre las familias de géneros comerciales, en el macrogénero página electrónica[10].

Las características macroestructurales de estas páginas las convierten en un género fácilmente reconocible por el usuario. Comúnmente, todas ellas presentan, en posición centrada, un buscador múltiple que permite varias posibilidades a los futuros consumidores: hoteles, vuelos, paquetes turísticos e incluso coches de alquiler. El hecho de que los visitantes puedan configurar a su antojo las fechas y datos de búsqueda asegura su carácter interactivo, rasgo fundamental de este tipo de páginas. Los mecanismos de búsqueda y de posterior selección de productos sustituyen todo un proceso que, tradicionalmente, se realizaba de forma oral en las agencias de viajes o por teléfono. La Figura 3 muestra la página de un sitio que recoge todas estas características.

La interactividad también permite que los usuarios dejen comentarios y valoren la calidad de los establecimientos hoteleros en las fichas técnicas correspondientes. Al igual que en las páginas institucionales, el usuario puede compartir los contenidos de estas páginas con sus contactos en las redes sociales más populares. Este carácter interactivo, junto con la posibilidad de actualización constante de este tipo de páginas, es una condición indispensable para asegurar su éxito como motor de ventas de determinados productos y servicios turísticos.

Si tratamos de establecer un paralelismo entre los géneros tradicionales y este tipo de páginas, se impone una asociación clara con el género de catálogo de viaje. Al referirse a su trasposición a la página electrónica, Calvi (2010: 28) señala que este sufre cambios en su estructura, que queda desintegrada debido a su

---

[8] En este grupo de páginas web de carácter privado se engloban otras variedades como las páginas específicas de establecimientos hoteleros, que cuentan además con la opción interactiva que facilitan los libros de visita (tratados por Julia Sanmartín Sáez en este libro), y las páginas de revistas especializadas en turismo (analizadas por Francisca Suau Jiménez en este libro).

[9] La forma *turoperador* es la preferida por la RAE en su *Diccionario panhispánico de dudas* (<http://buscon.rae.es/dpdI/>).

[10] La autora sigue la clasificación de géneros establecida por el equipo GENTT (Géneros Textuales para la Traducción). Este grupo, dirigido por Isabel García Izquierdo, centra sus estudios en las *lenguas para fines específicos* y tiene como objeto mejorar la traducción a partir del estudio de los géneros.

FIGURA 3
Página comercial de Destinia.com

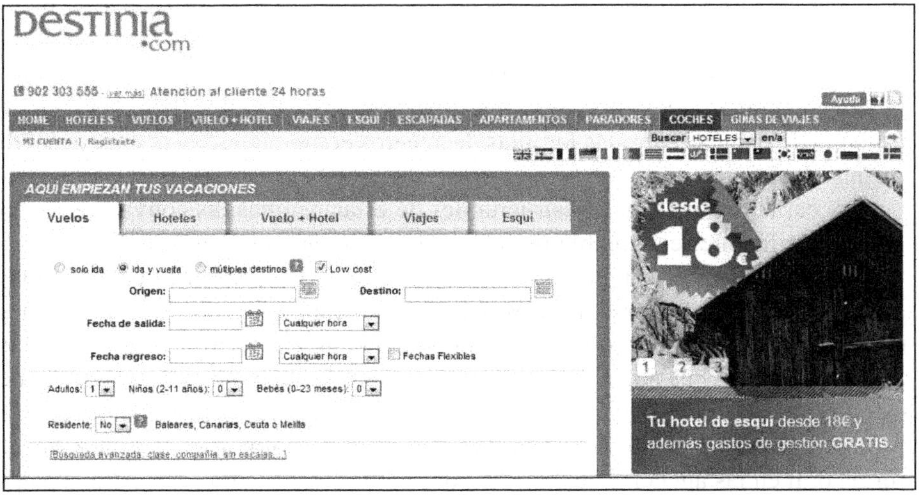

nueva presentación en hipertexto. En efecto, esta posibilidad de hipertextualidad convierte la página en el medio perfecto para el catálogo, de tal manera que, en torno al buscador central, aparecen diseminados todos los hipervínculos que presentan, de manera abreviada, anuncios y reclamos con diversas ofertas en las que el usuario profundizará si está interesado (escapadas, planes para puentes, etc.). También se recurre a la presencia de imágenes de los principales destinos, *banners* animados y vídeos.

Por otra parte, como elementos fundamentales del catálogo, en su medio impreso tradicional, Calvi enumera *hojas técnicas*, *guías prácticas*, *fichas técnicas*, *normativas*, *hojas informativas* y *cartas de presentación*. Con respecto al lenguaje utilizado, destaca también los usos ponderativos y emotivos: "el catálogo ofrece un buen ejemplo de la tensión entre la neutralidad del lenguaje especializado y los elementos culturales, elogiativos, emocionales" (2010: 28).

En el caso que nos ocupa, la trasposición del catálogo al medio electrónico, hemos detectado, en efecto, cierto paralelismo en el tipo de elementos que aparecen, pues proliferan hojas y fichas técnicas, normativas y reglamentos propios de la agencia, etc.

Con respecto a las características lingüísticas observadas en estas páginas, a primera vista destaca, en contraste con las páginas institucionales, la desnudez del lenguaje utilizado y la retórica directa, apelando a una segunda persona, que se emplea para transmitir un mensaje de carácter publicitario. En general, se hace uso de un lenguaje escueto, que consiste principalmente en la enunciación de determinado destino, acompañado de cantidades que estipulan el precio de las actividades propuestas. En estas páginas prima la variedad tipográfica y visual sobre los recursos propiamente lingüísticos: por ejemplo, uso generalizado de distintos tipos, colores y tamaños de letra para indicar los precios.

Si aparecen secuencias lingüísticas más elaboradas, estas presentan una complejidad mínima y un carácter telegráfico: "¡Ya está en Madrid! Los Miserables – Estreno". Se apela directamente al interlocutor: "viaja este mes y te ahorras hasta un 70%", "reservar un crucero a tiempo te cambia la vida", etc. El lenguaje de las fichas técnicas es igualmente reducido a la mínima expresión, puesto que se limita a detallar los componentes que constituyen determinados paquetes o productos, el itinerario del viaje, etc., o a copiar fielmente la letra pequeña legislativa:

Primer día
- Presentación 180 minutos antes de la salida del avión.
- Trámites de facturación y embarque.
- Llegada, traslado y alojamiento (Destinia.com).

Los precios pueden ser alterados por nuestro/os proveedor/es, una vez que el número de plazas previsto para tal efecto se haya completado. Por tanto, el número de plazas es limitado. Si se hubieran completado las plazas de la oferta en el momento de realizar la consulta y existiera disponibilidad en otra tarifa superior, le informaríamos del mejor precio disponible en ese momento sobre las fechas solicitadas (Destinia.com).

Es cierto, como señalaba Calvi (2010), que se produce cierto contraste entre estos fragmentos y otros elaborados estilísticamente: las descripciones de cada destino, más pormenorizadas, que se detienen en detalles artísticos y recurren a usos metafóricos o a la amplificación del lenguaje:

Siete son los puentes que cruzan el río Duero a su paso final por **Oporto** y cuya imponente presencia justifica el sobrenombre de la ciudad **portuguesa** (Destinia.com).

Un poco más alejado del centro de León, pero cuya visita merece la pena es el Hostal de San Marcos, elegante edificio del s. XVI donde actualmente se encuentra el Parador de Turismo y que puede clasificarse como uno de los mejores monumentos del renacimiento español (Destinia.com).

No obstante, parece conveniente matizar la relación que se produce entre estos dos extremos, de la síntesis a la ampulosidad. En las páginas institucionales, como se ha mencionado, destaca el peso específico de los usos valorativos, descriptivos y metafóricos para describir y promocionar diversos destinos. En las páginas comerciales, por el contrario, hay que navegar más para encontrar muestras descriptivas. Esto se debe a que la promoción de una imagen turística de carácter idílico ha pasado a ocupar un segundo plano, porque su objetivo es claramente comercial y se dirige a usuarios que ya tienen una idea del producto que buscan. Por ello, precios y destinos, sin mayor acompañamiento, tienen mayor presencia en ellas en detrimento de matices lingüísticos de carácter más literario.

Los motores de búsqueda y el sistema interactivo por el cual el usuario escoge itinerario, alojamiento y actividades pretenden sustituir, como se ha observado, el proceso que se daría en la conversación oral que tiene lugar en la agencia de viajes con finalidad transaccional. A este respecto, las expresiones lingüísticas quedan reducidas, como se ha visto, a la mínima expresión, y prima la funcionalidad por encima de cualquier retórica oral de la persuasión, puesto que los mecanismos comerciales de márquetin se llevan a cabo mediante imágenes, vídeos y el bombardeo constante de precios que puedan resultar atractivos.

En el caso de los buscadores nos encontramos ante un *género emergente*, pues depende del medio digital para existir, pero constituye una trasposición a este medio de la interacción transaccional entre experto y cliente.

4. *Weblogs* de turismo

En general, existe un consenso a la hora de aceptar el *blog* (*cuaderno de bitácora* o *bitácora*) como un género propio de Internet. Parece confirmada la existencia de un *esquema mental interiorizado del blog* (Yus Ramos 2010: 126-127) que permite a los usuarios reconocerlo fácilmente como género, de tal manera que es previsible y esperable la aparición de determinados elementos. Además de su estructura (a menudo determinada por las plantillas que las compañías ofrecen para diseñarlo) y de la organización de sus contenidos, según un orden cronológico inverso, el *blog* cuenta con una serie de elementos fijos que lo configuran como cibergénero.

Son componentes propios del *blog*: la *entrada* o *post* y los *comentarios*, en los que los usuarios de la Web pueden añadir sus opiniones; los múltiples *enlaces* que refieren a otros *blogs* o páginas web; y las *etiquetas* o *tags* (equivalentes a palabras clave), que dirigen al usuario a otros artículos que compartan este etiquetado. Otro elemento frecuente conforma un sistema de almacenamiento en forma de archivos que permite acudir a entradas de fechas pasadas, a menudo organizadas según la temática.

Calvi clasifica los *blogs* del turismo en la familia de géneros informales, en los que “el turista mismo se transforma en experto y emisor del discurso turístico" (2010: 23). Este género combina, en palabras de la autora, el uso de "elementos disfóricos", por un lado, y, por el otro, el estilo grandilocuente o "eufórico" propio de los géneros de promoción turística.

El *blog* de viajes se constituye como "género narrativo" del sector turístico y sigue el mismo estilo descriptivo que las guías y folletos en combinación con ciertos usos de carácter directivo en el que se trata de orientar a otros posibles viajeros. Tienen como género más próximo los reportajes y artículos de revistas especializadas (Calvi/Bonomi 2008: 196).

Esta descripción es aplicable, específicamente, a uno de los tipos de *blog* en el que aparece el discurso del turismo, el *blog* personal, que se identifica con el diario de viajeros más o menos anónimos. No obstante, como se verá en las líneas que siguen, estas acertadas observaciones quedarán matizadas si se trata de abarcar el amplio espectro de *blogs* que se dedican a materia turística.

Según los elementos que se tengan en cuenta, existen clasificaciones de *blogs* de la más variada naturaleza[11]. En general, interesa aquí una clasificación centrada en el propósito, como la que llevan a cabo Herring *et al.* (2004), quienes distinguen:

- Diario personal: el autor se centra en la narración de su propia vida, sentimientos y pensamientos.
- *Blogs* de filtro: se trata de comentarios sobre contenidos de la Web, que seleccionan la información más relevante de determinados temas.
- *K-logs*: de carácter muy especializado en un ámbito particular, por ejemplo, científico.
- *Blogs* mixtos: que combinan características de algunos de los tipos mencionados.

Desde nuestro punto de vista, la tarea de descripción y análisis de las bitácoras del turismo pasa por una clasificación que tenga en cuenta, además del tipo de contenidos, las características del autor, autores o entidades que lo producen. Así pues, para nuestro objeto de estudio consideramos más adecuada una clasificación como la que sigue, de los que nos ocuparemos aquí:

- *Blogs* de turismo corporativos: que están vinculados a algún otro tipo de género digital y a las entidades de carácter mercantil que lo mantienen.
- *Blogs* de viaje personales: sin carácter mercantil, que pueden ser de dos tipos:

---

[11] Yus Ramos (2010: 121) señala la división entre *blogs* de filtro y *blogs* de tipo diario, y recoge, además, múltiples clasificaciones desde otras perspectivas.

  - *blogs* de autores profesionales;
  - *blogs* de autores aficionados.
- *Blogs* de turismo entre expertos: que se pueden identificar con los *k-logs* de la clasificación de Herring.

4.1. *Blogs* de turismo corporativos

El primer tipo parece seguir una línea determinada por el entorno en el que se inserta. Hay diferentes modalidades con funcionamientos diversos. El *blog* de liligo.com[12], por ejemplo, está asociado a la agencia de viajes en línea que lleva el mismo nombre. Los artículos, de variadas temáticas, se centran en noticias que afectan a los viajeros –cambios en tasas de aerolíneas, normativas, etc.– y aparecen siempre seguidos de buscadores de vuelos a los destinos que se mencionan. El estilo de los artículos de este *blog* suele ser de tipo informativo periodístico, pues se trata de informar sobre las novedades socioeconómicas que afectan al turismo, más que de narrar viajes o recomendar destinos a modo de diario.

Por otro lado, algunos *blogs* ocultan sus pretensiones mercantiles bajo el estilo más propio del *blog* del viajero, dedicado a contar una experiencia, dar sugerencias o consejos, como es el caso del *blog* de Barceló Viajes, al que se accede a través de su revista (*Viajeros Barceló*), o los *blogs* Locuraviajes y Quehoteles. En ellos, el tono más íntimo y directo del diario personal se aprovecha para difuminar toda huella del carácter comercial asociado a la agencia que los mantiene. Así, por ejemplo, en el *blog* Viajeros Barceló, se anima a los usuarios con estas palabras, que presentan la elección del viajero como algo decidido en una comunidad de interés compartido, no impuesto por una empresa:

> **¡Bienvenido!:** La bitácora del viaje en que nos embarcamos juntos, tú y nosotros. Sin intermediarios, un lugar de viajero a viajero donde compartir nuestra pasión por viajar, por ser viajeros, por saber cómo es el mundo que nos está esperando ahí mismo, en la puerta de casa, más allá del día a día... En nuestro Blog vamos a hablar juntos de los destinos más excitantes, a compartir los secretos y descubrimientos que nos hacen los mejores viajeros, y también es el lugar donde conocer toda la información y actualidad sobre nuestros concursos para viajeros. Agréganos, coméntanos, dinos cómo se llega a esa plaza repleta de vida y nosotros te diremos dónde contemplar el cielo más infinito: ¡viajemos juntos!

---

[12] <http://www.liligo.es/blog-viajes/>.

El estudio discursivo de estas páginas, al estar vinculadas a una línea comercial o editorial, supone todo un reto para descubrir de qué manera se cumplen sus estrategias comerciales. Cabe destacar, en un primer acercamiento, el marcado carácter promocional de las entradas de estos *blogs*, que enlaza mayoritariamente con el lenguaje propio de los folletos de viaje. Las apelaciones al interlocutor no pretenden dar directrices de viaje ni consejos útiles, tampoco deben interpretarse como una llamada a la participación en el *blog*, se trata más bien de una invitación (más o menos sutil) a conocer el destino que se promociona[13]:

> Otro evento muy destacable es el **concurso de la Reina del Carnaval**. ¿Te animas?
> ¿Nos vamos a las antípodas?
> ¿Quieres viajar a la India? Haz click aquí.
> ¡Te espero allí! [como hipervínculo tras el que el lector encontrará la promoción directa con un buscador de hoteles en la zona][14]

Se observa un claro predominio de la forma *nosotros*, propia de los reportajes periodísticos, frente al *yo*, más habitual en el *blog* personal:

> Os contamos cuáles son los 10 elementos esenciales que no pueden dejar de ser parte de vuestro equipo.

> El ascenso a la cumbre del volcán Lanín (3776 msnm) puede realizarse desde diferentes rutas, hoy os contaremos de la más accesible y popular: la ruta por la cara Norte.

No faltan los casos de *blogs* asociados a un buscador que, con la excusa de dar consejos sobre determinados destinos, aprovechan para enlazar directamente con sus servicios, como sucede con Quehoteles, asociado a un buscador de hoteles:

> Si has encontrado una buena oferta para alguno de los hoteles en Francfort, te sugerimos que completes tu visita con alguno de los siguientes lugares:

> Hay muchos hoteles en Londres con ofertas muy interesantes para beneficiar el bolsillo del grupo, y pocas ciudades tienen tanta marcha, pero ¿cuáles son los barrios mas marchosos de Londres[15]?

---

[13] De hecho, al final del *blog*, el lector encontrará enlaces del tipo “pide tu presupuesto aquí”.

[14] <http://www.viajerosbarcelo.com/blog-viajeros/>.

[15] <http://blog.quehoteles.info/>.

Para terminar este apartado se debe hacer mención, necesariamente, al *blog* de viajes y turismo más consultado según el portal de información Wikio[16]: Diario del Viajero[17]. Se trata de un *blog* corporativo, auspiciado por Weblogs SL, fruto de varios autores, a los que se les llama editores y tienen un claro carácter profesional. De hecho se describen como "*blog* sobre viajes y destinos con las mejores ofertas para viajar por España y el mundo". Frente al resto de *blogs* descritos, las referencias promocionales son menos directas y se basan en la aparición de anuncios de Google al final de cada artículo, aunque el objetivo comercial sigue siendo el mismo.

Así pues, nos encontramos claramente ante el uso transaccional de un género, comúnmente asociado con una interacción de carácter interpersonal. La pretendida finalidad de dar consejos de viaje enmascara su propósito comercial: promocionar un paquete turístico, una serie de hoteles, una compañía aérea, etc.

4.2. *Blogs* de viajes personales

4.2.1. Blogs *de autores profesionales*

El *blog* de tipo diario, de carácter independiente, tiene como autores tanto a "blogueros" profesionales como a aficionados. El primer tipo suele estar conducido por periodistas de prestigio en el ámbito del turismo.

El *blog* de Paco Nadal[18] o el *blog* La viajera empedernida[19], por mencionar algunos exponentes, conforman prototípicamente este grupo, con un único autor. Se trata de trabajos cuidados, de manos de autores periodistas especializados en viajes. La temática se aleja del tono tradicional de los *blogs* de carácter comercial y sus autores se permiten tratar temas más vinculados con la vida, aventuras y desventuras del viajero, que con la descripción idílica de un destino. Esto último se hace patente en los títulos de sus entradas –"¿Cuántas veces habéis olvidado el ordenador en el control de un aeropuerto?"– y en la atención a asuntos dispares, a veces en mayor consonancia con elementos socioculturales del destino descrito (por ejemplo, el Boca River, equipo de fútbol argentino). Además, su *blog* se permite críticas y manifestaciones de descontento, como, por ejemplo, "¡Sorpresa!, la casa rural no es lo que esperabas", "Iberia, de mal en peor" o "No se te ocurra viajar con Air Comet".

---

[16] <http://www.wikio.es/blogs/top/turismo>.

[17] <http://www.diariodelviajero.com/>.

[18] <http://lacomunidad.elpais.com/paco-nadal/posts>.

[19] <http://www.laviajeraempedernida.com>.

Frente a lo que cabría esperar de la pluma de reporteros especializados en viajes, se detecta un marcado carácter coloquial, directo, siempre en consonancia con los temas tratados, que acorta la distancia entre autor e interlocutores, por un lado, y contribuye a desmitificar, por otro, la concepción idealizada de viaje que aparece en otros géneros o en los *weblogs* corporativos.

> Hasta el moño de las tarifas extras Ryanair
> Son algo más baratas: desde 80 euros por habitación doble con baño privado (vale, tampoco es que las regalen, pero qué quieres, ¡estás en París!)
>
> [...] se adapta rápido a los cambios de su entorno (no como el lince ibérico, que así le va al pobre).

El autor no solo propone herramientas de interacción propias de las plantillas de *blog*, sino que también presta especial atención a la participación de sus lectores a través de llamadas directas a sus contribuciones, por lo que gran parte de sus entradas finaliza con una llamada a la cooperación:

> Y vosotros, ¿habéis olvidado alguna vez el portátil en la dichosa bandejita?
>
> ¿Habéis perdido por descuido u olvido algo importante en un viaje?
>
> ¿Te has visto alguna vez en una situación de estas?
>
> Y tú, ¿eres turista o viajero?

En ese sentido, se cumplen algunas de las razones que Nardi *et al.* (2005: 43) aportan como motivaciones para mantener un *blog*: poner al día a los demás sobre sus actividades, es decir, documentar la vida propia; expresar opiniones para influir en los demás; y utilizar el *blog* como medio para crear una comunidad en la que se intercambian opiniones. Por ello, en estos *blogs* –a diferencia de aquellos corporativos– la interpelación al interlocutor tiene como objetivo el diálogo y el intercambio de pareceres; se da por sentado que va dirigido a quien ya ha viajado o lo hace habitualmente, no solo a un posible o futuro viajero.

Este tipo de *blog* es prototípico del diario personal y destaca estilísticamente por su carácter coloquial, por la cotidianidad de los temas tratados, que difieren de los *blogs* corporativos o más comerciales, pues el autor se permite abordar aspectos propios de una conversación informal entre amigos. Por ello, se descarta el uso de la primera persona en plural para pasar a narrar, en primera persona, los sucesos vividos:

Qué tiempos aquellos de la juventud en la que pasaba las noches de meretriz en meretriz a la sombra tibia de los jardines. Claro, que **ahora soy un hombre casado y no estaría bien esa vida licenciosa**.

Me comieron los mosquitos, es verdad [...].

Las fórmulas de intensificación se separan de lo habitual en otros géneros del discurso turístico (descripciones propias de folletos o guías), en los que predomina la función estética del lenguaje, pues se recurre a mecanismos propios del lenguaje hablado:

[...] pero el deleite de cabalgar por los caminos que bordean las viñas... **es lo más** [...].

Hoteles **cojonudos** en Kenia [...].

Cuando **uno llega** por primera vez y ve esta gigantesca y preciosa estación de tren abandonada, piensa "**demasiada estación para tan poco pueblo**".

Por otro lado, la multimedialidad propia de los *blogs* los convierte en recipientes ideales de diarios de viaje, de tal manera que son frecuentes también los *fotologs* o *videoblogs*, mantenidos por fotoperiodistas o realizadores de vídeo, como el *blog* Rumbo perdido de Joan Vendrell[20].

Estos *blogs* independientes, redactados por profesionales de la comunicación, tienen dos peculiaridades. En primer lugar, es llamativo el contraste que se produce entre los reportajes que aparecen en medios impresos y la libertad narrativa que proporciona el medio digital. Como bien señala Paco Nadal:

Con el blog puedes usar un lenguaje diferente, puedes tratar temas imposibles de tratar en medios impresos, puedes hacer críticas y valoraciones imposible de hacer en los edulcorados y políticamente correctos medios tradicionales, puedes recibir las opiniones (no siempre favorables) de quien te lee, puede haber (y lo hay) debate y lo puedes contar al momento, casi en directo, sin esperar a que te publiquen el reportaje seis meses después[21].

En segundo lugar, cabe mencionar la euforia creciente en torno a las posibilidades que este género ofrece a los interesados en el campo, tal y como se mani-

---

[20] <http://rumboperdido.com/>.

[21] <http://blogs.elpais.com/paco-nadal/2011/01/si-tienes-un-blog-de-viajes-eres-periodista-de-viajes.html>.

festó en la convocatoria 2011 de la Feria Internacional de Turismo (Fitur), donde tuvo lugar el *Primer encuentro de bloggers profesionales*. Además destaca el nuevo impulso que los *blogs* parecen haber dado al periodismo que se articula alrededor de los eventos turísticos. Como apunta el fotoperiodista Rafa García en su *blog*: "La gran mayoría de la gente está utilizando Internet como única fuente para informarse, programar y reservar sus viajes"[22]. Habrá que seguir de cerca, por lo tanto, la creciente profesionalización del *blog* de viajes y observar de qué manera se van perfilando sus características genéricas.

4.2.2. Blogs *de autores aficionados*

Los *blogs* de viajeros aficionados representan prototípicamente las características señaladas arriba por Calvi y Bonomi (2008: 189). Dicha variedad oscila entre el registro más coloquial y el registro formal propio de las descripciones y narraciones de los géneros tradicionales del turismo.

Entre los propósitos de estos blogs, Herring *et al.* (2004) indican que el *blog* de viajes puede funcionar también como *memory blogs*, utilizados para almacenar recorridos, fotos y experiencias, notas para uno mismo a las que se puede recurrir en otro momento. Muchas redes sociales permiten a sus usuarios redactar entradas de *blog*, de manera que resulta dificultoso establecer una generalización acerca de sus rasgos, dada la profusión de este género en la última década.

El *blog* como herramienta al alcance de cualquier tipo de usuario presenta, por lo tanto, una gran variedad de propuestas estilísticas, desde los registros más cuidados a los más informales, en consonancia con la personalidad de su autor. No obstante, en general, se localiza una mayor presencia de recursos habituales en un registro informal, como el uso de léxico coloquial, narración en primera persona y procedimientos ponderativos más propios de registros informales:

> [...] **madre mía qué** nivel de vida hay ahí, **menudas** casonas, **menudos** jardines bien cuidados [...].

> [...] una playa magnífica, en forma de media luna, aguas azules, **bonito, bonito** [...].

> [...] **la ves** de lejos, y tapada por un cristal de seguridad, pero aun así no te deja indiferente **de lo bonita que es y de la delicadeza con la que está hecha** [...].

> [...] **agarramos** el **buga** y nos pusimos rumbo a Brasov, tardamos como una hora en llegar.

---

[22] <http://elfotografoviajero.com/>.

4.3. *BLOGS* DE EXPERTOS

La facilidad de uso del formato de las bitácoras, su versatilidad, la inmediatez que proporciona para publicar contenidos diversos y la posibilidad de interacción con los lectores han favorecido la aparición de *blogs* especializados y centrados en la comunicación entre expertos. En sus contenidos se dedican, principalmente, a valorar con datos sociales y económicos la situación de diversos sectores turísticos. Obsérvese, en esa línea, los nombres que presentan algunas de las entradas que aparecen en *blogs* de la comunidad Turismo 2.0 o en la red social Turismo Rural, entre otras:

Reflexión sobre la ruta del café en Colombia

Calidad en Turismo rural: el debate

La tendencia de la ocupación

Geolocalización de Valores en Turismo: Una visión para 2011

En estos *blogs* predomina el lenguaje formal, de carácter especializado, así como el uso del pronombre *ustedes* y de fórmulas de tratamiento propias de la correspondencia formal (*estimados lectores*). El léxico tiene que ver principalmente con negocios que tienen el turismo como eje central: *turismo deportivo, turismo rural, sector, industria*, etc. Asimismo, se insertan en numerosas ocasiones gráficos o estadísticas que ejemplifican los datos que se aportan.

Estos *blogs* de expertos configuran, por tanto, un rico caudal de textos a los que se puede acceder con la intención de estudiar las características del discurso más especializado del turismo.

4.4. DE LOS GÉNEROS TRADICIONALES AL *BLOG*

Ciertos géneros tradicionales del turismo, como el reportaje de viajes, los artículos en revistas de turismo o los informes en revistas especializadas del sector turístico parecen haber sufrido una translación a un género propio de la Red: el *blog*. En algunos casos se observa una permanencia de las características discursivas propias del género (*blogs* de expertos o de agencias de viajes), si bien las funcionalidades que aportan las herramientas interactivas y de indexación de contenidos incrementan sus capacidades.

En otros casos, la integración de géneros tradicionales en el marco del *blog* actúa transformando sus propiedades. En el caso de los *blogs* personales de profesionales, se detecta, en primer lugar, un cambio en la selección de asuntos, que se realiza con una mayor libertad, de manera que se amplía considerablemente el espectro temático; y, en segundo lugar, una clara voluntad de usar registros informales, de marcado carácter coloquial, hecho que confirma la hipótesis de Posteguillo (2002) sobre la tendencia a incluir elementos del lenguaje hablado en los cibergéneros.

Los *blogs* de viajeros aficionados, por su parte, responden al nacimiento de un nuevo género, más informal y no profesional[23], que populariza la producción de textos de temática turística y tiene como objeto compartir una experiencia centrada en torno al viaje.

5. Redes sociales

5.1. El discurso turístico en Twitter y Facebook[24]

Aunque Twitter y Facebook sean dos plataformas que responden a funcionamientos y objetivos diferentes, resulta conveniente tratarlas conjuntamente si nos referimos a la adaptación del discurso turístico a estos medios, ya que la presencia de páginas o *twitters* turísticos obedece a una misma estrategia y los hipervínculos entre ambos sistemas son continuos y habituales.

En primer lugar, es necesaria una referencia al todavía reciente fenómeno del *microblogging*, que se da en sitios en los que los usuarios pueden escribir textos breves que no superen una cantidad establecida de caracteres (140 en Twitter y 420 en Facebook). En el caso de Twitter, destaca la versatilidad y capacidad de actualización continua de este sitio que permite enviar los mensajes desde otros dispositivos como el teléfono móvil (en forma de sms) u otras múltiples aplicaciones de mensajería instantánea[25]. El usuario se convierte en seguidor de una serie de personas o entidades y recibe todas las entradas o *tweets* que se van publicando. Del mismo modo, puede publicar sus propias entradas o las de otros usuarios (*retweet*). También se puede aprovechar esta plataforma para fines comerciales y publicitarios.

---

[23] No obstante, los *blogs* podrían relacionarse con los diarios de viaje. Convendría examinar las diferencias entre ambos, pues la finalidad podría verse alterada al publicarse en un medio de gran difusión, frente al diario de viaje, de carácter más íntimo.

[24] El primer sitio de Twitter en español apareció a finales de 2009 (<http://es.wikipedia.org/wiki/Twitter>) y Facebook comenzó a usarse en español en 2007 (<http://es.wikipedia.org/wiki/Facebook>).

[25] Francisco Yus Ramos (2010) realiza un excelente análisis del proceso de interpretación de los mensajes de Twitter desde el enfoque de la pragmática y la teoría de la relevancia. En esta misma obra trata, desde la misma perspectiva, el fenómeno de Facebook.

Facebook se ha convertido en prototipo de sitio de red social y en el más visitado entre los existentes. Se trata de una red de carácter generalista, que pone a disposición de cada usuario una serie de herramientas de presentación y de comunicación: creación de un perfil, con datos personales, que se puede actualizar en cualquier momento (por ejemplo, cuando el usuario cambia su lugar de residencia o está de viaje); una ventanilla de estado en la que se invita a responder a la pregunta "¿Qué estás pensando?" y en la que, comúnmente, los usuarios insertan información de diversos tipos (no tiene por qué responder necesariamente a esta pregunta), añaden comentarios, hipervínculos a otras páginas de Internet y a páginas de vídeo o audio, fotografías, etc. En este espacio son muy frecuentes los hipervínculos que remiten a Twitter, a un determinado *blog* que mantiene el usuario, a una página personal o a cualquier otra aplicación de la Web 2.0. Por otro lado, en la página de su perfil el usuario dispone de un apartado llamado *muro*, donde el resto de sus "amigos" pueden dejarle un mensaje que podrá ser visualizado por todos los usuarios con los que compartan conexiones. La plataforma proporciona, igualmente, servicios de correo electrónico, chat, así como otras aplicaciones específicas del entorno de Facebook.

La plataforma Facebook ofrece la posibilidad de crear páginas que "son para que las organizaciones, las empresas, los famosos y las marcas difundan información de forma oficial y pública a personas que elijan conectarse con ellos", según apuntan sus creadores. Las páginas cuentan con características muy similares a las de los perfiles de usuarios individuales.

Tanto el fenómeno del *microblogging* como el de las redes sociales están siendo explotados de forma recurrente por las empresas de servicios turísticos, dentro de una tendencia en el mundo publicitario, que ha dado en llamarse *marketing viral*:

> Estrategia de *marketing* cuyo objetivo es lograr que cada usuario que integra el público objetivo se anime a contar el mensaje objeto de una campaña a sus contactos, generalmente por medio del correo electrónico y de las redes y medios sociales. También se denominan campañas "boca-oreja" (Monsoriu Flor 2010: 87).

Como señala Capdevilla Domínguez, la capacidad interactiva de estos medios permite "modificar una conducta, crear nuevos movimientos de opinión, promover manifestaciones, crear grupos de apoyo a causas concretas o conseguir crear una moda que genere el consumo de un determinado producto" (2010: 11). Por lo tanto, encontraremos en estas dos plataformas páginas y perfiles correspondientes a múltiples agentes del fenómeno turístico: revistas especializadas, agencias de viajes, redes y comunidades de viajeros, instituciones públicas de turismo, etc. Por citar algunos ejemplos, los servicios de estas dos plataformas son utilizados por el Ayuntamiento de Valencia (Turisvalencia), la Comunidad de

Madrid, la página Atrápalo, Tripadvisor, un portal de turismo rural, otro de turismo ecológico, etc.

Estas herramientas nacidas en la segunda generación de Internet permiten a empresas e instituciones posicionarse y hacerse presentes de manera continua y recurrente en la Red, y publicar de forma inmediata contenidos que pueden ser redistribuidos, a su vez, por los receptores iniciales. Veamos, pues, las características de los mensajes o entradas que estas entidades producen.

En general, y en una primera aproximación que conduce a realizar futuras investigaciones en profundidad de este fenómeno, se detecta, por un lado, el recurso al mensaje del tipo anuncio publicitario, en el que se invita a participar en determinado evento o a visitar ciertos destinos. En este sentido, las fórmulas lingüísticas y las estrategias empleadas corresponden al campo de la publicidad turística: preguntas retóricas como primera llamada de atención, utilización del imperativo, apelaciones directas al interlocutor, uso de eslóganes, etc. La restricción de espacio determina que el lenguaje sea directo y se huya de la ampulosidad lingüística. Se trata, casi siempre, de un texto breve al que le sigue un hipervínculo en el que el usuario podrá ampliar información. Los autores de *blogs* utilizan este medio, por lo general, para informar de las nuevas entradas que van editando.

> ¿Todavía no sabes que hacer en el puente de octubre? Queremos que vengas a Valencia. Conoce nuestras ofertas, te proponemos buenos planes para urbanitas, románticos, playeros y amantes de los espacios verdes con ganas de disfrutar de buena gastronomía, ocio y agenda cultural[26].

> Reyno de Navarra, tierra de diversidad: Sanfermines, Camino de Santiago, Pirineos, Pamplona, La Ribera, Olite, Estella, Bardenas Reales, chistorra, pacharán[27]...

> Comparamos los precios de los distintos hoteles del mercado para que elijas el que mejor te convenga. Además contamos con una comunidad de viajeros online[28].

Abundan invitaciones a eventos, que son una trasposición de la agenda cultural que aparece en muchas páginas institucionales:

> La terraza del Umbracle acoge hasta el 30 de marzo una exposición de 20 esculturas de gran formato del artista Juan Ripollés, que con esta selección inunda de "color y luminosidad" uno de los espacios de la Ciudad de las Artes y las Ciencias[29].

---

[26] <http://www.turisvalencia.es/ofertas>.

[27] <http://www.turismo.navarra.es>.

[28] <http://www.trivago.es>.

[29] <http://www.lasprovincias.es/v/20101204/sociedad/ripolles-planta-cara-calatrava-20101204.html>.

Por otro lado, son frecuentes los comentarios que no aluden de manera directa al producto que se trata de promover o vender. El objetivo de estas entidades es hacerse presentes en la Red y mantener permanentemente abierto el canal con los interlocutores; una estrategia, que, al igual que sucede en el *blog*, aprovecha el objeto primigenio de la plataforma (estar en contacto con otros usuarios, compartir intereses, etc.), de carácter más personal, para ocultar una meta comercial. Por ello, frente a la llamada explícita al consumo de productos turísticos, estas entidades insertan comentarios y notas alejadas, a primera vista, de este objetivo:

> Faltan algunos días para la llegada de la Primavera, pero aun [sic] así, queremos darle la bienvenida. Con el deseo de que esta maravillosa melodía os alegre el inicio de un Feliz fin de Semana.
>
> ¿Plantamos un árbol?, no. Plantemos un árbol, es nuestra obligación. ¿No os parece?

El tono informal y amistoso, el uso de coloquialismos y fórmulas más cercanas, por ejemplo, de felicitación de determinadas fiestas, también contribuye a atenuar el efecto directo de la publicidad:

> Buenos días! Os deseamos un feliz puente y animaros a venir a Gijón, hay muchas cosas para hacer.
>
> Feliz día a todos nuestros compañeros guías profesionales del turismo.
>
> Saludos a todos nuestros seguidores.

En esta línea destaca, por ejemplo, la necesidad de llamar a la interacción, ya que cabe tener en cuenta que, cada vez que un usuario participa con algún comentario o marca la opción “me gusta”, sus contactos pueden visualizar este dato, así que dichas acciones contribuyen a la difusión de la noticia:

> Ha llegado el fin de semana de Carnaval. Contadnos, ¿de qué os disfrazaréis? ¿Tenéis alguna fiesta preparada?
>
> Bloggers opinan sobre su restaurante favorito en Madrid. ¿Cuál es el tuyo?
>
> Madrid es candidata a sede de la RyderCup 2018. Entre todos tenemos que conseguir el máximo apoyo. ¡Deja tu mensaje de apoyo aquí!

Nos encontramos, pues, con el surgimiento de un género propio de Internet, un *cibergénero espontáneo*, en la terminología de Shepherd y Watters (1998):

comentarios de turismo en *microblogs* y redes sociales generalistas (no especializadas en temáticas concretas). Este género tiene carácter profesional, marcadamente publicitario, pero se permite innovaciones en el lenguaje que tienden a usos familiares y coloquiales, de nuevo condicionados por su inserción en unas plataformas que surgen con un objetivo informal de comunicación entre pares, cuyas características se basan en la aportación continua de información y la limitación de espacio para el texto. Se hace uso de este medio de naturaleza más informal en la comunicación entre expertos o agentes del turismo y el público en general, aprovechando hábilmente la posibilidad de cercanía que proporciona y transformando los usos lingüísticos habituales en la promoción turística.

5.2. Redes sociales no profesionales específicas para viajeros

Aunque en el ámbito del turismo comienza a ser difícil discernir entre lo personal y lo comercial, existen redes sociales, de carácter especializado, en las que el objetivo es crear comunidades entre usuarios que comparten determinados intereses. En el caso del turismo, si bien es cierto que muchas de estas redes están vinculadas a buscadores de viajes, agencias, etc., se reserva un espacio para las comunidades o redes de viajeros. La comunicación en ellas se realiza de manera horizontal, entre usuarios que suelen ser viajeros sin ningún interés lucrativo.

Una de las grandes redes, Tripwolf, se autodefine como *guía social*[30]. En ella conviven artículos de escritores especializados en viajes con la información que aportan viajeros aficionados: "con criterio que combina contenido editorial profesional con el contenido generado por un usuario –una colección de experiencias de miles de viajeros por el mundo" (página electrónica de Tripwolf).

Las opciones colaborativas que se ofrecen a los viajeros son muy variadas. Para empezar, los usuarios registrados tienen la posibilidad de señalar cuando determinados textos están desactualizados. Además, al funcionar la comunidad Tripwolf como una red social cuyo primer cometido es compartir datos sobre viajes, plantes de viajes, viajes realizados, fotos, el usuario, como en otras redes, puede tener sus propios amigos.

Tripadvisor es otro portal de viajes que mantiene también una comunidad de viajeros, pues su filosofía es ofrecer "consejos reales en los que se puede confiar de viajeros auténticos"[31]. El concepto participativo de esta red permite a los usuarios insertar críticas de servicios, locales, lugares, compañías, etc. Los

[30] <http://www.tripwolf.com/es/>.

[31] <http://www.tripadvisor.com>.

miembros de la comunidad de viajeros pueden ver, en el perfil de sus contactos, los lugares que estos han visitado y las críticas que han escrito.

La comunidad Viajeros.com[32] representa de manera más prototípica el concepto de red social: "Viajeros.com es una comunidad de viajeros de todo el mundo, reunidos para hacer amigos, contar sus experiencias y aprender de las de los demás, compartir alojamiento, aprender de otras culturas y costumbres". Así pues, en ella, los participantes, además de las opciones habituales (participar en el foro, crear un *blog*, etc.), pueden buscar amigos y conocer a otras personas. Para empezar, el buscador aquí no tiene carácter comercial, sino que permite contactar con otros individuos según determinados parámetros: personas que deseen viajar a un destino, personas que estén dispuestas a mostrar el lugar donde viven, personas que deseen intercambiar vivienda y personas que hayan viajado a determinado lugar. En su perfil, cada usuario tiene la posibilidad de publicar un diario de viaje, crear un álbum de fotos, redactar opiniones, dar consejos a otros viajeros o escribir notas.

Con respecto al contenido de las entradas que los usuarios aficionados insertan en estas redes, se percibe cierta similitud con las de los *blogs* personales, pues la variedad de tipos de usuarios dota de gran heterogeneidad estilística este género: se observa una tendencia a la aparición de fórmulas enfatizantes propias del registro coloquial junto con la presencia de secuencias descriptivas en las que predomina un cuidado propio de los géneros descriptivos del turismo, y el uso de *yo* frente al menos frecuente *nosotros*. Véase, así, el contraste entre las dos intervenciones que se añaden abajo:

> Es un lugar donde el tiempo parece detenerse. Se vive en otra dimensión. Calmado y alegre va transcurriendo el día. De clima muy fresco y seco, ideal llevar siempre abrigo [...]. ves como vuelan por encima de las cabezas de la gente que estábamos de público salen 2 a la vez uno por la derecha y otro por la izquierda así que has de elegir cuál mirar, no tenemos los ojos como los camaleones que uno mira para un lado y el otro para el otro jajajajajaja además nos pondriamos viscos [*sic*] jajajajaja... en las fotos no se ve tan bien el espectáculo.

5.3. Redes sociales profesionales del turismo

El sistema de red social se ha convertido en una herramienta de comunicación y actualización constante de contenidos entre expertos del ámbito del turismo. Destacaremos únicamente las redes Turismo 2.0 y Turismo Rural, ambas trata-

---

32 <http://www.viajeros.com/>.

das ya al referirnos a los *blogs*. La primera se define a sí misma como "comunidad online del turismo".

Además del espacio dedicado a la creación de *blogs* de temática profesional, estas redes proporcionan también la opción de compartir comentarios breves, en los que, si bien, el grado de formalidad es menor en comparación con el que se observaba en los *blogs*, no se llega a observar un tono coloquial claramente marcado, pues siempre quedan marcas del lenguaje formal:

> Encantada de conocerte y de colaborar contigo, lamento el distanciamiento de Programas de turismo rural motivados por mi jubilación de Agencia Córdoba Turismo pero estoy a tu disposición respecto a la temática que es apasionante [...].

> Hola saludos desde México. En relación al artículo me parece muy interesante, en si nuestra empresa ha comenzado a incursionar en esta nueva área pero con variante, mi socio (socialmedia manager) y un servidor hacemos un plan de trabajo enfocado [...].

5.4. Foros de viajeros

Muchas de las redes o comunidades de viajeros mencionadas constan de un foro, que tratamos aparte porque consideramos que sus características lo separan considerablemente de los comentarios breves en redes, como se observará a continuación.

El foro responde a un tipo de comunicación asincrónica, horizontal e interpersonal (López García 2005: 112). La horizontalidad se produce porque todos los usuarios pueden participar como emisores y receptores. Además, el discurso de temática turística suele efectuarse entre viajeros no especializados en el sector.

Los foros de viajeros reúnen características que los emparentan con géneros tradicionales como "los apartados prácticos de las guías y artículos de las revistas", o las interacciones entre operadores y clientes (Calvi/Bonomi 2008: 189). Sin embargo, la diferencia principal, en este caso, se halla en que la comunicación no se da ya entre experto y lego, sino entre viajeros aficionados, por lo cual su adscripción a los géneros profesionales se puede cuestionar. Nos encontramos, de nuevo, al igual que con los *blogs* y las entradas de las redes sociales, con un género informal, aunque de temática especializada, surgido del aprovechamiento de un género propio de la red.

Tras un análisis cuantitativo y cualitativo de las características genéricas de los foros de viajeros, Calvi y Bonomi (2008: 199) concluyen señalando varios aspectos destacables: la estructura pregunta-respuesta como armazón discursiva, presencia de rasgos coloquiales, y abundancia de léxico semi-técnico y verbos de recomendación.

6. El futuro, no tan lejano

6.1. *Wikis* de viajes

Comenzábamos estas páginas señalando las características de la Web 2.0, su carácter cooperativo y la riqueza que aporta la participación de los usuarios. En nuestra opinión, el mejor exponente de esta filosofía es el sistema *wiki*, que "nombra una colección de páginas web de hipertexto, cada una de las cuales puede ser visitada y editada por cualquier cibernauta" (Piscitelli 2005: 86).

El lector tendrá en mente la enciclopedia digital colaborativa más difundida y consultada, Wikipedia. Sin embargo, este es solo un ejemplo del poder del sistema *wiki* como generador de escritura colaborativa y su capacidad para democratizar la divulgación de la información y el conocimiento. Como señala Piscitelli:

> En un mundo jerárquico, donde casi todo está organizado no tanto por los que saben sino por los que pueden y quieren; donde la brecha entre el saber y el hacer se multiplica a diario, generando dificultades y frustraciones a granel, el ejemplo de los wikis y de su nave insignia, la Wikipedia, muestra que hay otra forma de hacer las cosas y que, por suerte, podemos participar en esas construcciones complementarias (2006: 89).

Es previsible que, dado el interés general que despiertan los hechos relacionados con el turismo (el viaje en particular) y el alto grado de participación que se ha observado entre el sector no especialista de viajeros aficionados, esta herramienta prometa un gran desarrollo, aplicado al turismo, en los próximos años.

De momento, entre otros, cabe destacar la existencia de dos *wikis* dedicados a los viajes: Wikitravel[33] y Wikideviajes[34]. En ambos, el funcionamiento es exactamente el mismo y su objetivo es, como se indica en el primero, "crear una guía de viajes global", de tal manera que cualquier usuario debidamente registrado en la página podrá crear sus propios contenidos, bien a partir de las sugerencias que se ofrecen regularmente, bien por propia iniciativa. El carácter cooperativo de la página no se detiene en la redacción libre de entradas, sino que también es posible gestionar y editar artículos creados por otros autores. Se trata, por lo tanto, de una herramienta que favorece la interacción entre usuario y documento. Véanse, como ejemplo, las peticiones de colaboración que aparecen en Wikitravel:

> Mantenimiento: El artículo de México necesita una revisión de mayúsculas. Hace falta la imagen de su bandera.

---

[33] <http://wikitravel.org/es/>.

[34] <http://www.deviaje.com/wikideviajes/>.

Votaciones: Haz clic en Wikitravel: Votaciones para estar al tanto de los asuntos a votar en Wikitravel [...].

Borrado de artículos: Artículos candidatos a ser borrados por carecer de interés para Wikitravel. Puedes ver los candidatos e incluir alguno aquí.

Por sus características, los textos que aparecen en estos *wikis* muestran una clara trasposición de los rasgos genéricos propios de las guías de viaje y folletos turísticos. De hecho, las plantillas que se ponen a disposición de los editores de contenidos presentan una estructura coincidente con estos géneros, que incluyen también la posibilidad de editar itinerarios y guías de conversación. Predomina, en general, el calco de los estilos correspondientes a folletos y guías, aunque se detectan, si bien en menor medida que en otros géneros del turismo no profesionales, ciertos rasgos de informalidad y subjetividad, como la presencia de la primera persona o la aparición de elementos conversacionales:

Coma y salga
El Tequila es indispensable para finalizar una buena jornada de excursión (sin pasarse), además, el guía nos comentó que ahuyenta a los mosquitos que pululan por las explanadas. Solo cuide de no usarlo bajo el sol, porque podría manchar su piel. A donde quiera que vaya, lleve siempre una botella de agua purificada, ¡pues hace muuucho calor!

Será necesario, en trabajos futuros, atender a la manera en que los rasgos de formalidad se combinan con el lenguaje coloquial en estos textos y determinar en qué medida predominan unos sobre otros.

7.2. Mundos virtuales

En los últimos años, Internet permite a los usuarios acceder a mundos virtuales en tres dimensiones en los que pueden crear un avatar propio que los represente e interactuar con otros avatares u objetos de manera similar a la que tendría lugar en el mundo real. El universo virtual más popular es *Second Life*. Los avatares disponen de chat de audio o de texto para comunicarse entre ellos, además de la opción de mensajería instantánea (Yus Ramos 2010: 235).

En previsión del desarrollo futuro que estos mundos virtuales tendrán como herramienta de comunicación y de intercambio comercial (dado que es posible realizar la compra/venta de objetos), muchas empresas e instituciones han creado ya su sede en este mundo. Aunque de momento parece no haber mucha actividad en el sector turístico en español, será conveniente estar alerta y observar los parámetros por los que se rigen los intercambios conversacionales interpersonales y transaccionales en esta plataforma, pues ya se pueden visitar lugares virtuales como la Casa de Canarias, Ibiza, etc. En ellos el usuario dispone de exposiciones virtuales y paneles informativos que, mediante un sistema de hipervínculos, llevan a páginas electrónicas. Baste, para terminar este apartado, una imagen como muestra.

FIGURA 4
Sede la Casa de Canarias en *Second Life*

8. Conclusiones

Las líneas anteriores constituyen un esbozo que caracteriza los principales cibergéneros en los que el discurso turístico tiene presencia con el objeto de establecer un punto de partida para estudios que, de manera cualitativa y cuantitativa, profundicen en las particularidades de cada uno de ellos.

La disparidad y heterogeneidad genérica que presenta el discurso turístico lo hace especialmente adecuado para ser integrado en el medio digital, que proporciona nuevas funcionalidades a géneros tradicionales. Con todo, aunque en algunos medios estos géneros no vean alteradas sus características discursivas (folletos, catálogos), sí ven aumentadas sus capacidades gracias a elementos como el hipertexto, la multimedialidad, la interactividad o la capacidad de actualización.

Se observa, por otra parte, una tendencia clara hacia el uso de registros menos formales que los habituales en el discurso turístico, que tienden al carácter conversacional y a la utilización de elementos propios de la oralidad, condicionados por las funcionalidad de cibergéneros como el *blog*, los foros o los comentarios en redes sociales. Sin embargo, el discurso descriptivo y narrativo de géneros turísticos, con unas características social y culturalmente establecidas, lleva a usuarios no expertos en la materia a depurar en ocasiones sus usos lingüísticos en un intento por emular estilos propios de guías, reportajes o folletos turísticos.

La aparición de nuevos géneros digitales del turismo, como los comentarios en redes sociales, que no existirían sin determinados sistemas de la Web 2.0, supone un estímulo para profundizar en las características que estos presentan y en el efecto que tiene en el discurso turístico la proliferación de autores generadores de discurso basado en el turismo. El uso de modelos discursivos de carácter interpersonal con finalidad transaccional configura otra de las líneas en las que conviene seguir indagando en el futuro, desde la perspectiva del análisis crítico del discurso.

Referencias bibliográficas

BAJTÍN, Mijaíl (1979 [1952-1953]): *Estética de la creación verbal*. México: Siglo XXI.

BERLANGA, Inmaculada/MARTÍNEZ, Estrella (2010): "Ciberlenguaje y principios de retórica clásica. Redes sociales: el caso Facebook", en: *Revista Venezolana de Información, Tecnología y Conocimiento* 7, 2, mayo-agosto, 47-61.

BHATIA, Vijay K. (1993): *Analysing Genre: Language Use in Professional Settings*. London/New York: Longman.

— (2002): "Applied genre analysis: A multi-perspective model", en: *Ibérica* 4, 3-19.

— (2004): *Worlds of Written Discourse: A Genre-Based View*. London/New York: Continuum International Publishing Group.

CABALLERO, Rosario (2008): "Theorizing about Genre and Cybergenre", en: *CORELL: Computer Resources for Language Learning* 2, 14-27.

CALVI, Maria Vittoria (2006): *Lengua y comunicación en el español del turismo*. Madrid: Arco/Libros.

— (2010): "Los géneros discursivos en la lengua del turismo: una propuesta de clasificación", en: *Ibérica* 19, 9-32.

CALVI, Maria Vittoria/BONOMI, Milin (2008): "El lenguaje del turismo: de los textos especializados a la Comunidad del viajero", en: Navarro, Carmen/Rodríguez Abella, Rosa María/Dalle Pezze, Francesca/Mioti, Renzo (eds.): *La comunicación especializada*. Bern: Peter Lang, 181-202.

CAPDEVILLA DOMÍNGUEZ, David (2010): "Las Redes Sociales. Tipología, uso y consumo de las redes 2.0 en la sociedad digital actual", en: *Documentación de las Ciencias de la Información* 33, 45-68.

CROWSTON, Kevin/WILLIAMS, Marie (2000): "Reproduced and emergent genres of communication on the World Wide Web", en: *The Information Society* 16, 201-215.

HERRING, Susan/SCHEIDT, Lois Ann/BONUS, Sabrina/WRIGHT, Elijah (2004): "Bridging the gap: A genre analysis of weblogs" en: *Proceedings of the 37th Annual Hawaii*

International Conference on System Sciences. Los Alamitos (CA): IEEE Computer Society.

López García, Guillermo (2005): *Modelos de comunicación en Internet*. Valencia: Tirant lo Blanch.

McMillan, Sally. J. (2002): "Exploring models of interactivity from multiple research traditions: Users, documents, and systems", en: Lievrouw, Leah A./Livingston, Sonia (eds.): *Handbook of New Media*. London: Sage, 162-182.

Monsoriu Flor, Mar (2010): *Diccionario web 2.0*. Madrid: Creaciones Copyritght.

Nardi, Bonnie A./Schiano, Diane J./Gumbrecht, Michelle/Swart, Luke (2004): "Why we blog", en: *Communications of the ACM* 47, 12, diciembre, 41-46.

O'Reilly, Tim (2006): "Qué es 2.0. Patrones del diseño y modelos del negocio para la siguiente generación del *software*", en: *Portal de la Sociedad de la Información de Telefónica*, <http://sociedadinformacion.fundacion.telefonica.com/DYC/SHI/seccion=1188&idioma=es_ES&id=2009100116300061&activo=4.do?elem=2146>.

Piscitelli, Alejandro (2005): *Internet, la imprenta del siglo XXI*. Barcelona: Gedisa.

Posteguillo, Santiago (2002): "Netlinguistics and English for Internet Purposes", en: *Ibérica* 4, 21-38.

Shepherd, Michael/Watters, Carolyn (1998): "The Evolution of Cybergenres", en: Sprague, Ralph (ed.): *Proceedings of the 31th Annual Hawaii International Conference on System Sciences*. Los Alamitos (CA): IEEE-Computer Society, 97-109.

Swales, John M. (1990): *Genre Analysis: English in Academic and Research Settings*. Cambridge: Cambridge University Press.

— (2004): *Research Genres: Exploration and Applications*. Cambridge: Cambridge University Press.

Yus Ramos, Francisco (2010): *Ciberpragmática 2.0*. Barcelona: Ariel.

Sitios web citados

Cámara de Comercio de Madrid (portal oficial): <http://www.descubremadrid.com>.

Catalunya Turisme (portal oficial): <http://www.gencat.cat/turistex_nou/home_cast.htm>.

Consejería de Turismo, Comercio y Deportes de la Junta de Andalucía (portal oficial): <http://www.andalucia.org>.

Destinia.com (portal de viajes): <http://www.destinia.com>.

Deviaje (*wiki*): <http://www.deviaje.com/wikideviajes/>.

Diario del Viajero (*blog*): <http://www.diariodelviajero.com/>.

El Fotógrafo Viajero (*blog*): <http://elfotografoviajero.com/>.

Encuentro Internacional de Turismo Online (portal oficial): <http://www.encuentroturismoonline.com/articulos-de-turismo-online>.

Facebook (red social): <http://www.facebook.com>.

Instituto de Turismo de España: <http://www.spain.info>.

La viajera empedernida (*blog*): <http://www.laviajeraempedernida.com>.

Liligo.com (*blog*): <http://www.liligo.es/blog-viajes/>.
Paco Nadal (*blog*): <http://lacomunidad.elpais.com/paco-nadal>.
Quehoteles (*blog*): <http://blog.quehoteles.info/>.
Second Life (universo virtual): <http://www.secondlife.com>.
Travel Marketing – Todo sobre Turismo 2.0 (*blog*): <http://www.travelmarketing.biz/blog/>.
Tripadvisor (portal de viajes): <http://www.tripadvisor.com>.
Tripwolf (red social): <http://www.tripwolf.com/es/>.
Turismo 2.0 (red social): <http://www.turismo20.com/>.
Turismo de Aragón (portal oficial): <http://www.turismodearagon.com/web/>.
Turismo de la ciudad de Buenos Aires (portal oficial): http://www.bue.gov.ar/>.
Turismo de Euskadi (portal oficial): <http://www.turismoa.euskadi.net/s11-18805/es>.
Turismo de Granada (portal oficial): <http://www.turgranada.es/>.
Turismo de las Islas Baleares (portal oficial): <http://www.illesbalears.es>.
Turismo de Perú: <http://www.peru.info/es/>.
Turismo Rural (red social): <http://www.redsocialturismorural.com/>.
Turismo Valencia (portal oficial): <http://www.turisvalencia.es>.
Twitter (red social): <http://www.twitter.com>.
Viajeros (red social): <http://www.viajeros.com/>.
Viajes Barceló (*blogs*): <http://www.viajerosbarcelo.com/blog-viajeros/>.
Wikio (portal de información): <http://www.wikio.es/blogs/top/turismo>.
Wikitravel (*wiki*): <http://wikitravel.org/es/>.

PÁGINAS WEB PRIVADAS E INSTITUCIONALES: EL USO DE LA ADJETIVACIÓN EN UN CORPUS INGLÉS-ESPAÑOL DE PROMOCIÓN DE DESTINOS TURÍSTICOS

NURIA EDO MARZÁ
IULMA-Universitat Jaume I

1. La industria del turismo: un "gigante" muy particular

El turismo como tal nace en el siglo XIX a raíz de la Revolución Industrial y del incremento que esta supuso en el número de desplazamientos cuya intención principal era el ocio, el descanso, la cultura, la salud, los negocios o las relaciones familiares.

El *Diccionario de la lengua española* de la Real Academia define la unidad léxica (UL) *turismo* como: "la actividad o hecho de viajar por placer; el conjunto de los medios conducentes a facilitar estos viajes; y el conjunto de personas que realiza este tipo de viajes" (RAE 2010).

El análisis del turismo como conjunto o agrupación de los tres significados aducidos arriba es una tarea harto compleja en tanto en cuanto las características y el número de participantes, tipologías, situaciones, agentes, objetivos, contextos y otros parámetros a tener en consideración a la hora de caracterizar esta industria o sector en su conjunto escapan, en la mayoría de los casos, a una caracterización clara y estanca, bien definida o fácil de elaborar.

Por ejemplo, la tipología de productos turísticos es amplia y variada, y pueden encontrarse cientos de clasificaciones de estos productos. A nivel muy general y dejando de lado tipos de turismo muy específicos (como el turismo espacial), podríamos enumerar dentro de esta tipología el turismo de masas (el más convencional y normalmente asociado al turismo de sol y playa), el turismo individual (en el que no intervienen los operadores turísticos), el turismo cultural (dentro del cual encontraríamos el turismo monumental, urbano, arqueológico, de compras, literario, gastronómico, etc.), el turismo natural (como el turismo rural, micológico o el agroecoturismo entre mucho otros), el turismo activo (como el turismo de aventura o el turismo termal o de salud entre otros) y el turismo de negocios.

En cuanto a los participantes, existen dos tipos básicos dentro de la comunidad discursiva de la industria del turismo: los expertos en el área (especialistas en la materia y agentes de la gestión de esta industria) y los legos o no expertos en el área (los turistas en sí) (Edo Marzá 2010). A los primeros (expertos) los podríamos considerar agentes o participantes "constantes", porque siempre forman parte de la comunidad discursiva turística, y a los segundos (los turistas), participantes "circunstanciales" en dicha comunidad, porque entran y salen de la misma en función de la actividad turística realizada (al viajar o dejar de hacerlo). Entre los expertos encontramos, por ejemplo, a los guías y operadores turísticos, a los empleados de las agencias de viajes, a las personas que trabajan de cara al público en hoteles y diferentes espectáculos turísticos, etc.

Además, la gran cantidad de temas interrelacionados que forman parte de lo que se entiende por "turismo", esto es, alojamiento, recreo, gestión del destino turístico y patrimonio entre otros (Balboni 1989), otorgan a la industria del turismo una rica naturaleza multidimensional e incluso multidisciplinar.

Pese a o, quizá, debido a esta complejidad inherente a la industria del turismo –que la hace cada vez más variada y atractiva–, el sector turístico es una pieza clave en la economía de muchos países, algunos de los cuales sobreviven prácticamente de manera exclusiva de los ingresos que les reporta dicho sector. De hecho, el turismo es la primera industria a nivel mundial. No obstante, se trata de un sector frágil en muchos sentidos, puesto que suele mostrar un comportamiento fluctuante, irremediablemente unido a los ritmos económicos de las naciones y al comportamiento de las economías mundiales. Cuando no hay dinero, a lo primero que se renuncia suele ser al ocio. Por ello, a la hora de "engrasar" el engranaje del turismo y hacerlo funcionar a buen ritmo, es fundamental dar a conocer y "vender" el destino turístico de manera efectiva y atrayente para el turista potencial. En este sentido, los conceptos de destino y márquetin –así como sus fundamentos– juegan un papel primordial que aumenta su capacidad de atracción al conjugarse ambos; el rol crucial del primero (destino) dentro de la industria del turismo lo reconocen numerosos autores como Ryan y Cave:

> Given the primacy of "destination" in tourism as the away-from-home locale wherein attractions and activities are located, it is not surprising that a significant component of the academic tourism literature has been devoted to "the destination" (2005: 143).

En este contexto, la importancia de la mercadotecnia o márquetin deriva de la necesidad que el destino turístico tiene de estas estrategias de mercado: el márquetin de los destinos turísticos es una pieza clave de la industria turística al representar el "conjunto de principios y prácticas que buscan el aumento del comercio, especialmente de la demanda", así como el "estudio de los procedimientos y recursos tendentes a este fin" (RAE 2010), algo fundamental a la hora de promocionar de manera efectiva un destino.

Como señalan Bigné, Font y Andreu,"tradicionalmente, el *marketing* de los destinos tenía como finalidad incrementar el número de visitas, considerando el turismo como cualquier otro producto" (2000: 32). Sin embargo, tal y como apuntan estos mismos autores, no se debe identificar el márquetin de destinos únicamente con promoción del destino, sino con la satisfacción de las necesidades de los turistas y la comunidad local. Es decir, una vez atraído el cliente, habrá que intentar que permanezca en el destino y que lo haga cumpliendo todas sus expectativas de manera que sea el germen del márquetin más eficaz que existe: el popular "boca a boca". Cuando "vendemos" (promocionamos) un destino turístico y en general cualquier "producto" vendible, lo que buscamos principalmente es atraer la atención del potencial comprador tratando de convencerle de que dicho "producto" satisfará sus necesidades y deseos; intentamos llegar al mayor número de personas, a un público cuanto más amplio, mejor. Buscamos aumentar en lo posible la demanda del producto, procurando alcanzar altos niveles de satisfacción en el cliente, que será, si queda complacido, nuestro mejor elemento promocional.

Es por todo lo comentado hasta el momento, por sus particularidades y objetivos, que la industria del turismo busca la plataforma de promoción que mejor se adecúe a sus necesidades en cada momento, habiendo encontrado en Internet un aliado imprescindible.

2. El turismo y las nuevas tecnologías: el uso de las páginas electrónicas con fines promocionales

Como veremos en esta sección y partiendo de lo comentado en el apartado anterior, el uso de las Tecnologías de la Información y la Comunicación (TIC) es hoy en día un aspecto fundamental en la industria del turismo en general y en la promoción de los destinos turísticos en particular:

> El turismo es o puede ser considerado una industria estrechamente vinculada con los sistemas de información, sobre todo si tenemos en cuenta que hablamos de una extensa industria donde sus productos/servicios son bienes intangibles y que precisan de una información fidedigna, actualizada, amplia y detallada para su promoción y, sobre todo, para su óptima comercialización (Majó/Galí 2002: 397-398).

Sin embargo, siendo un poco más específicos, no es solo la industria del turismo la que puede beneficiarse de la informática sino que también esta última necesita del turismo; tal y como apunta Álvarez (1998: 135), dos hechos permiten pensar en una estrecha interrelación entre la industria turística y la informática: el primero, que la información está en los mismos cimientos de la industria turística y es parte fundamental de la misma y, el segundo, que el turismo, al ser la primera industria mundial, se convierte potencialmente en el principal cliente de la industria informática.

En este estudio vamos a centrarnos en un cibergénero o en el que muchos consideran "el cibergénero" por excelencia: las páginas web o electrónicas, y más específicamente en las páginas web promocionales de destinos turísticos. Con un corpus de páginas web de este tipo analizaremos y compararemos el uso de la adjetivación tanto en español como en inglés en dichos sitios web, pero para ello primero hay que clarificar ciertos aspectos sobre qué consideramos una página web, qué debe contener una Web de calidad y por qué o de qué manera son importantes para la promoción de los destinos. En general, se podría decir que una página web es un documento electrónico que se halla en una red informática (World Wide Web), al que se accede mediante enlaces de hipertexto y que generalmente forma parte de un sitio web. Calvi (2010) considera las páginas web como un ejemplo de macrogénero, esto es, un producto tangible, identificable sobre todo por el emisor y el canal utilizado, así como por un propósito dominante, pero caracterizado a su vez por la hibridación de diferentes géneros, tipologías textuales, estilos, etc. Del mismo modo, describe la página web dentro del ámbito turístico como un macrogénero cuyo propósito dominante suele ser el promocional y que puede contener guías descriptivas, guías prácticas, secciones reservadas a los profesionales (con foros, normativas, etc.), foros de viajeros, *blogs*, etc. Estas páginas web pueden ser emitidas por instituciones nacionales, autonómicas, municipales, por organizaciones comerciales o por comunidades de viajeros. El hecho de que la página web sea un macrogénero, afirmación con la que estamos totalmente de acuerdo, no viene sino a aumentar la complejidad inherente a la industria turística, pero también la enriquece sobremanera por el abanico de posibilidades que se abren a la hora de promocionar los diferentes destinos turísticos.

Hasta hace unos años, el proceso de promoción turística se realizaba a través de los folletos tradicionales, que debían estar dirigidos a mercados potenciales específicos. Con la aparición de Internet, nos encontramos frente a un mercado mucho más global (el de los usuarios de Internet), en el que no hace falta dar un folleto en mano para que llegue a alguien, sino que ese alguien pueda encontrar la información que busca con tan solo una dirección web o un mensaje de búsqueda correcto y un "click".

> The tourism industry is a global Enterprise that has captured the relevance of the web as a new mass medium for contacting potential receivers all over the world and promoting tourist products both in domestic and international markets (Pierini 2009: 95).

Así pues, además de tener el potencial de poder llegar a un número infinitamente superior de usuarios y de poder ser mucho más perdurable que el folleto tradicional (teniendo un uso indefinido en el tiempo), la promoción a través de Internet, y más concretamente a través de páginas web puede ser actualizada periódicamente e incluso adaptada al perfil de cada usuario, tiene un coste menor que el folleto, permite recopilar una mayor cantidad de información, especialmente de tipo visual, y ofrece una inmediatez difícil de conseguir con otros medios o soportes. Sin olvidar que, al tratarse de un macrogénero, puede incluir otros cibergéneros complementarios e interactivos como pequeños foros de opinión. Por tanto, hemos elegido las páginas web promocionales como género o macrogénero para estudiar la adjetivación por el potencial que representan, por su uso cada vez más extendido y demandado, por su inmediatez y accesibilidad. y por ser lo que consideramos el presente y el futuro de la información turística.

Teniendo en cuenta este objetivo promocional que pretendemos analizar desde la perspectiva de los adjetivos utilizados, no es difícil deducir que la regla de oro a la hora de diseñar y construir cualquier página web es que la navegación sea clara y sencilla para que la información llegue de manera directa y sin ambages. Para ello, el texto en las páginas web debe **invitar a leer,** por lo que toda "buena Web" debe evitar los textos pequeños o poco legibles. La información debe ser clara, representativa y relevante. Además, deben cuidarse los pequeños detalles de manera que la Web sea un reflejo del buen servicio ofrecido. Los colores y las fuentes deben estar elegidos con acierto y deben evitarse las **imágenes superfluas** porque, pese a la importancia del contenido visual, este debe tener sentido y no "empalagar". Las páginas deben poder imprimirse correctamente y se debe facilitar el **contacto vía email** con los responsables de la Web. Deben evitarse por todos los medios los errores **ortográficos y gramaticales**. (WebTaller.com 2010). En cada Web, la información debe ser pertinente, veraz, adecuada y no superflua y el estilo debe ser capaz de motivar a seguir leyendo. Conocer las características básicas de una buena Web ha sido fundamental en este estudio, especialmente a la hora de seleccionar las páginas que posteriormente han formado parte de nuestro corpus. Los arriba mencionados han sido algunos de los parámetros o criterios adoptados a la hora de seleccionar las páginas web que se analizan en este estudio y las claves a la hora de entender de qué manera, además de mediante el mero uso de adjetivos, una página web promocional de destino turístico en su conjunto cumple con su misión.

3. La importancia del lenguaje en la promoción de los destinos turísticos: la adjetivación

Como se deduce de los dos apartados anteriores, las estrategias de mercadotecnia tienen indudablemente un componente visual que resulta crucial y determinante, máxime cuando nos referimos a la promoción de los destinos turísticos. Tal y como hemos visto en la sección 2, las páginas web no se concebirían sin el papel fundamental que juega la imagen en ellas. No obstante, el lenguaje juega igualmente un papel fundamental a la hora de atraer al turista a través de una página web, porque puede ser tanto o más concreto e informativo que la imagen en muchos casos y, sobre todo, porque ahorra espacio en la página web. En palabras de Majó y Galí: "podemos definir la información turística como el conjunto de servicios que se ofrecen al turista con el objetivo de informarlo y orientarlo durante su estancia, o incluso, todas aquellas informaciones que le ayudarán a prepararlo de forma más precisa" (2002: 397). El turismo está irremediable y necesariamente ligado a la información y a la correcta transmisión y recepción de la misma, ya sea a través de la imagen o del lenguaje. Una de las claves del turismo radica en crear, alimentar o incrementar el interés del turista por descubrir lugares nuevos y nuevas vivencias, y es esto precisamente lo que esta industria trata de mantener vivo, fomentar y promocionar a la hora de "vender" destinos. El turista quiere descubrir pero para ello necesita contar de antemano con ciertas garantías y tener la información necesaria para cerciorarse de que su experiencia turística será placentera.

Cuando un usuario entra en la página web de un hotel para efectuar una reserva, no solo le interesa (y mucho) ver imágenes reales de las habitaciones en las que se hospedará, el comedor..., sino también conocer características concretas (tarifas, posibilidad de añadir camas supletorias, accesibilidad a una conexión wi-fi, etc.) que solo pueden explicitarse mediante el lenguaje. Pero aún hay más, puesto que junto con la información objetiva de las características del destino, todas las páginas web que promocionan algún destino turístico tienden a emplear párrafos verdaderamente plagados en algunos casos de adjetivos, con el fin de persuadir y "enamorar" mediante el lenguaje al turista potencial. Como apunta Pierini (2009), los adjetivos, utilizados tanto para modificar como para modular o elaborar el significado de los nombres, juegan un papel crucial en el discurso, ya que se usan para describir una entidad, poniendo de relieve y enfatizando alguna propiedad o característica, o para expresar una opinión, un juicio o una actitud emocional hacia una entidad, teniendo el poder de condensar una evaluación en un único lexema.

Con el uso un tanto exagerado o hiperbólico de la adjetivación, a veces se corre el peligro de despertar en el usuario expectativas desmedidas, perspectivas demasiado optimistas que no favorecen a la industria si el cliente se siente en cierta medida defraudado o decepcionado al finalizar su experiencia turística en el destino. No hace falta hacer una búsqueda demasiado intensiva en Internet para darse cuenta del exhaustivo y a veces algo exagerado uso de la adjetivación en las páginas web. En el ejemplo que encontramos abajo, por ejemplo, y que ha sido extraído de nuestro corpus de estudio (ver apartado 5), comprobamos la profusión de adjetivos (en negrita en el texto) utilizados a la hora de promocionar un hotel:

> Situado en la **privilegiada** zona de la costa Azahar, el hotel Marina d'Or 5 estrellas está ubicado en **primera** línea de playa, cerca del resto de hoteles y apartamentos [...].
>
> Dispone de 184 habitaciones, incluyendo **espléndidas** suites, suites junior y habitaciones **adaptadas** para minusválidos. Es un hotel **moderno** y **funcional**, con **excelentes** y **exclusivas** vistas al mar. Con un **alto** nivel de servicio y atención al cliente, ofrece una **excelente** oferta gastronómica en su restaurante buffet **especializado** en cocina mediterránea (Web Marina d'Or).

Del mismo modo, una descripción o presentación de un destino turístico demasiado "descafeinada" en una página web corre el peligro de desalentar al turista que busca información desde su ordenador y decepcionarlo antes siquiera visitado el destino. Si el turista prefiere que se ensalcen las bondades del destino turístico o que se presenten de manera objetiva, neutral y en tono meramente descriptivo, dependerá, suponemos, del tipo de turista, pero pese a lo que pueda parecer a simple vista, también es cierto que no es raro encontrar párrafos promocionales meramente descriptivos:

> El Hotel Rural El Rosal es un establecimiento que viene prestando sus servicios de alojamiento y restauración desde 1992. A principios del año 2008 se realizó una *profunda* reforma en todas las estancias de mismo: habitaciones, cafetería, restaurante (Web de hoteles Muchoviaje.com).

El uso más o menos profuso de adjetivos, la descripción más o menos exagerada de los aspectos positivos de un destino y la calidad de la información turística en general tendrán siempre un eminente sentido subjetivo, pues son muchas las variables que los condicionan y variadas son también las preferencias del turista potencial. Así pues, entre estas variables a "premiar" (valorar positivamente) o "castigar" (valorar negativamente) por el turista encontramos, según Majó y Galí (2002), las siguientes:

- La relevancia o adecuación de la información según lo solicitado;
- La exhaustividad y detalle, por exceso o por defecto, de la información obtenida;
- La focalización y precisión;
- La adecuación temporal entre la obtención de la información y las necesidades del turista;
- Finalmente, el formato con que se presenta la información.

El uso de la adjetivación incidirá principalmente en los tres primeros puntos mencionados arriba y contribuirá, por tanto, a que el turista potencial considere, o no, la información proporcionada relevante, adecuada y detallada en su justa medida. El uso de la adjetivación tanto por exceso como por defecto afectará de forma distinta a la percepción del turista y podrá desalentarle desde el primer momento, agradarle y por tanto captarle o resultarle un ejercicio empalagoso en el que solo se le trata de "vender humo".

Para analizar la adjetivación en las páginas web promocionales de destinos turísticos, en este artículo partiremos de la base de que el lenguaje del turismo puede ser considerado como una lengua de especialidad debido a una serie de razones que en él se cumplen, tales como: la existencia de géneros propios (guías de viajes, revistas de viajes y turismo, catálogos de viajes, folletos de hoteles, páginas web, billetes, reservas, etc.), el hecho de tener un carácter funcional para los objetivos comunicativos y el hecho de promover la creación de léxico especializado. De este lenguaje de especialidad nos centraremos, como ya hemos dicho, en el uso de la adjetivación, y trataremos de extraer conclusiones relevantes para entender mejor el uso de estas unidades léxicas tanto en inglés como en español en las páginas web promocionales de destinos turísticos. Antes de pasar al análisis propiamente dicho de estas unidades, el apartado 4 da cuenta de la metodología empleada, los objetivos perseguidos y el tipo de resultados a obtener en este estudio.

4. Metodología de análisis: el corpus de estudio, herramientas de explotación y objetivos

Este estudio y los resultados que de él se derivan se originan en el análisis de un corpus bilingüe (inglés y español), no anotado y compilado *ad hoc* de páginas web relacionadas con la industria del turismo y que tienen en común el hecho de ser páginas promocionales de algún destino turístico (incluyendo como tal la promoción del alojamiento en dichos destinos). Para ello, nos hemos centrado en las páginas web promocionales de diversas ciudades y lugares (destinos turísticos en sí), así como en los alojamientos (principalmente páginas web de hoteles) ofertados en dichos destinos.

El inicio real de este estudio se sitúa, sin embargo, en el proyecto COMET. VAL (Corpus Multilingüe en Turismo de Valencia), destinado a compilar un corpus multilingüe con el mismo nombre de textos promocionales web procedentes de fuentes institucionales del destino "ciudad de Valencia". Así pues, este corpus COMET.VAL se compiló, en origen, en una base de datos terminológica en Filemaker que contaba con registros en español, inglés, francés, alemán y catalán.

Posteriormente, esta base de datos incorporó registros de otros muchos destinos turísticos alrededor del mundo así como muestras representativas de todos los géneros textuales característicos de la industria del turismo –no solo de páginas web de fuentes institucionales– en español, inglés y francés. Asimismo, para la realización del presente estudio se ha procedido a compilar el corpus tomando muestras textuales no solo de COMET.VAL y de su posterior implementación, sino incorporando, además, muestras procedentes del corpus de estudio "Tánger" (corpus de gestión hotelera aún en desarrollo), que contiene básicamente información procedente de páginas web de hoteles.

Como ya se ha venido apuntando, el presente estudio pretende dar cuenta del uso de la adjetivación en las páginas web turísticas, principalmente las de hoteles y las de sitios web oficiales que promocionan destinos turísticos. Por ello, el hecho de haber compilado los corpus COMET.VAL (y su implementación) y "Tánger" en una base de datos en Filemaker nos ha permitido poder recuperar ahora y compilar en un corpus *ad hoc* (especialmente diseñado para la realización de este estudio) aquellas muestras textuales que queremos analizar: sitios web de promoción de destinos turísticos y páginas web de hoteles en español y en inglés, no considerando para este estudio otras muestras textuales de estos corpus pertenecientes a otros géneros. A esto hay que sumar una implementación propia llevada a cabo en el corpus de español por presentar este, en un principio, un número de palabras menor al del corpus inglés. Los datos cuantitativos y la composición del corpus de estudio pueden observarse en las Tablas 1 y 2.

TABLA 1
Composición, contenido y número de palabras del corpus de estudio ESPAÑOL

Corpus de estudio ESPAÑOL	**Contenido**	**Nº de palabras**
COMET.VAL y su implementación	Páginas web institucionales del destino turístico ciudad de Valencia (español). Páginas web (institucionales o no) de otros destinos turísticos españoles o de habla hispana.	10 945
Tánger	Páginas web de hoteles en español.	110 219
Implementación propia	Páginas web (institucionales o no) de otros destinos turísticos españoles. Páginas web de hoteles en español.	44 034
Nº total de palabras en español		**165 198**

TABLA 2
Composición, contenido y número de palabras del corpus de estudio INGLÉS

Corpus de estudio INGLÉS	Contenido	Nº de palabras
COMET.VAL y su implementación	Páginas web institucionales del destino turístico ciudad de Valencia (versión en inglés). Páginas web (institucionales o no) de otros destinos turísticos de habla inglesa.	16 011
Tánger	Páginas web de hoteles en inglés.	145 438
Nº total de palabras en inglés		**161 449**

Una vez compilado el corpus de estudio bilingüe se ha procedido a la explotación, observación y análisis de los datos contenidos en él mediante el uso del programa WordSmith Tools 5.0 (WST); un programa de análisis de corpus textuales gracias al cual se pueden explotar grandes cantidades de texto mediante búsquedas de carácter léxico, (con)textual o estadístico.

En nuestro caso, el análisis llevado a cabo –en base al tipo de datos/resultados que queríamos obtener– ha sido el siguiente: en primer lugar, con la herramienta Wordlist de WST, hemos elaborado listados de frecuencia desprovistos de palabras gramaticales para observar la incidencia de las distintas categorías gramaticales en nuestro corpus –prestando una especial atención al lugar que ocupan los adjetivos y al peso específico de cada categoría en el corpus–. A continuación, hemos estudiado las unidades léxicas con mayor frecuencia de aparición, intentando extraer conclusiones significativas en cuanto a la composición del corpus o a los lexemas de uso frecuente y característico en los géneros web promocionales turísticos.

En segundo lugar, hemos analizado con mayor detalle los listados de frecuencia seleccionando los adjetivos que aparecen entre las 1000 palabras más frecuentes del corpus y hemos creado unas tablas que nos han permitido visualizar de manera conjunta los adjetivos más frecuentes en ambas lenguas de trabajo.

En tercer lugar, hemos clasificado los adjetivos según una tipología propia que nos ha permitido reconocer los tipos de adjetivos más utilizados con fines promocionales en las páginas web en ambas lenguas y las conclusiones que pueden derivarse de ello.

En cuarto lugar, mediante la herramienta Concord de WST y más específicamente sus aplicaciones "Concordancias" y "Colocados", hemos analizado el uso de ciertas estructuras y colocaciones que muestran un uso especialmente significativo en nuestro corpus y que, por tanto, pueden ser representativas del discurso turístico en el género promocional.

Por último, hemos tratado de determinar si el uso de la adjetivación, tanto a nivel cualitativo como cuantitativo, está ligado con el género web promocional, es decir, si en el género promocional web se da, como cabe esperar, un uso elevado y a veces un tanto hiperbólico de la adjetivación.

5. Resultados del análisis

Como ya hemos dicho, la primera parte de los resultados obtenidos con WST y de la cual hemos intentado extraer conclusiones es la relativa a los listados de frecuencia. Estos listados permiten observar y analizar las categorías más comunes en los lenguajes de especialidad y aunque, como apunta Vargas Sierra (2005), las unidades léxicas del lenguaje se materializan en todas las categorías posibles, presentan siempre lo que se podrían denominar "categorías preferentes". La categoría gramatical más común en la cual se materializan los términos es, con mucha diferencia, el nombre, seguido del adjetivo y del verbo, si bien esta última categoría se da en una proporción mucho menor. En este sentido, el marcado carácter nominal de los lenguajes de especialidad parece estar fuera de toda duda (Sager *et al.* 1980; Cabré Castellví 1993; Lerat 1995 entre muchos otros). Si observamos las Tablas 3 y 4 apreciaremos cuáles son las 10 unidades léxicas más frecuentes en cada lengua de nuestro corpus de estudio, lo cual nos permitirá además concluir *a priori* y a grandes rasgos si dicho corpus ha estado correctamente compilado dependiendo de si las palabras más frecuentes están estrechamente relacionadas con la promoción del destino turístico y de su alojamiento, y son lo que podríamos llamar términos o unidades léxicas "esperables" dada la temática de estudio. Hay que apuntar, no obstante, que en ambos casos, tanto para el corpus en inglés como en español, se ha llevado previamente a cabo un filtrado de palabras gramaticales. Es decir, para el análisis de resultados significativos es necesario hacer una preselección de las que realmente son las palabras más frecuentes en cualquier corpus, esto es, las palabras gramaticales o funcionales: una serie de palabras vacías de contenido y sin un valor específico para los recuentos de frecuencia o para fines terminológicos/terminográficos pero extremadamente comunes y frecuentes en cualquier tipo de texto (artículos, preposiciones, etc.). Una vez eliminadas estas palabras de nuestro corpus mediante la aplicación de listados a modo de filtro en la aplicación Wordlist, tanto en español como en inglés, observamos que 9 de las 10 palabras más frecuentes en nuestro corpus son nombres y que la unidad restante es en ambos casos un adjetivo (*avai-*

lable y *gran*). Además, la unidad léxica más común es, en ambos casos y con mucha diferencia, *hotel,* lo cual no es de extrañar, puesto que la parte más amplia (con mayor número de palabras) en la composición de ambos corpus es la correspondiente a la promoción de alojamientos turísticos (hoteles) en los diversos destinos. Deducimos que por la misma razón las palabras *servicio* y *service/services* también aparecen en ambos listados con frecuencias muy elevadas y lo mismo sucede con otras unidades léxicas estrechamente relacionadas con la gestión hotelera: *breakfast, available, family* o *habitaciones*. No sorprende tampoco encontrar entre las más frecuentes en inglés la palabra *London*, ya que es uno de los destinos turísticos sobre los que más información se ha vertido en el corpus. Lo mismo sucede, pero a nivel general y en español, con la unidad léxica *ciudad* (dado que la mayoría de los destinos turísticos promocionados son ciudades) o con otras como *centro* o *zona*. Observando pues ambos listados y la composición del corpus creemos que parece haber una coherencia interna entre el tema objeto de análisis y el corpus de estudio, lo cual es un requisito fundamental antes de proceder a cualquier análisis más detallado.

Puesto que el centro de nuestra investigación son los adjetivos, diremos que, tal y como se muestra en la Tabla 5, de las 1000 primeras unidades léxicas más frecuentes en inglés, 213 son adjetivos. Esto implica que un 21,3% de las 1000

TABLA 3
Las 10 unidades léxicas más frecuentes del corpus INGLÉS

Orden según frecuencia	Unidad léxica	Frecuencia en el corpus INGLÉS (nº apariciones)
1	HOTEL	1241
2	LONDON	951
3	FACILITIES	554
4	GUESTS	478
5	SERVICES	477
6	BREAKFAST	435
7	AVAILABLE	431
8	SERVICE	378
9	FAMILY	369
10	INFORMATION	366

TABLA 4
Las 10 unidades léxicas más frecuentes del corpus ESPAÑOL

Orden según frecuencia	Unidad léxica	Frecuencia en el corpus ESPAÑOL (nº apariciones)
1	HOTEL	1018
2	HABITACIONES	572
3	CIUDAD	442
4	SERVICIOS	332
5	RESTAURANTE	296
6	CENTRO	295
7	ZONA	278
8	ENCUENTRA	272
9	SERVICIO	272
10	GRAN	258

palabras más frecuentes en inglés son adjetivos, es decir, aproximadamente una quinta parte. Del mismo modo, tal y como podemos observar en la Tabla 6, de las 1000 primeras unidades léxicas más frecuentes en español, 198 son adjetivos; o sea que un 19,8% de las 1000 palabras más frecuentes en español son adjetivos, lo que también equivale aproximadamente a una quinta parte de las unidades léxicas analizadas. Bajo el punto de vista cuantitativo, el número de adjetivos en ambas lenguas parece similar y equilibrado sin que pueda afirmarse que ninguna de las dos haga un uso significativamente mayor de la adjetivación.

Somos conscientes de que muchas de las palabras aquí contenidas pueden pertenecer a otras categorías gramaticales además de al adjetivo pero se ha decidido incluirlas bajo el epígrafe único de “adjetivo” por cuestiones prácticas y operativas, si bien debe tenerse en cuenta que las frecuencias de algunas de estas unidades léxicas con varias categorías posibles y consideradas aquí como adjetivos exclusivamente no son reales, porque computan la frecuencia de la palabra en cualquiera de sus categorías.

También hay que apuntar que las listas no han sido lematizadas, por lo que, con fines comparativos, ejemplos como *double* (291), deberían computar en español como 149 ocurrencias totales, resultantes de sumar los lexemas *doble* (88) y *dobles* (61).

TABLA 5
Adjetivos en inglés y frecuencia de los mismos
(seleccionados de entre las 1000 unidades léxicas más frecuentes en el corpus)

Orden en el listado de frec.	Adjetivo	Frec.	Orden en el listado de frec.	Adjetivo	Frec.
7	AVAILABLE	431	158	LOCAL	89
18	DOUBLE	291	175	SPACIOUS	83
28	FREE	253	179	COMPLETE	82
42	PRIVATE	216	181	REQUIRED	82
44	STANDARD	203	189	EASY	79
51	LUXURY	187	193	EXCELLENT	78
57	SPECIAL	177	220	LEISURE	71
69	PERSONAL	159	235	MINIMUM	67
76	SINGLE	153	252	LUXURIOUS	64
86	PERFECT	145	255	TRADITIONAL	64
90	COMFORTABLE	142	266	ACCEPTED	61
92	CENTRAL	141	269	DESIGNED	61
95	IDEAL	138	275	BRITISH	60
96	FRIENDLY	137	281	TRIPLE	59
101	TWIN	135	286	LIMITED	58
108	MODERN	126	294	CONTINENTAL	56
119	DIRECT	116	300	CONTEMPORARY	55
120	ONLINE	116	310	FOLLOWING	54
130	SELF	110	315	UNITED	54
133	PUBLIC	108	320	MAJOR	53
136	SHORT	107	335	INTERNATIONAL	51
155	BEAUTIFUL	91	341	WIRELESS	51

TABLA 5 (Cont.)

Orden en el listado de frec.	Adjetivo	Frec.	Orden en el listado de frec.	Adjetivo	Frec.
358	CORPORATE	48	470	COSY	37
362	LARGEST	48	472	DRY	37
364	SHARING	48	478	PRIOR	37
365	SQUARE	48	480	RELATED	37
368	COMMITTED	47	484	ELEGANT	36
371	GRAND	47	487	EXECUTIVE	36
376	SAFE	47	488	FRESH	36
383	NEAREST	46	494	WHITE	36
385	SUPERIOR	46	497	CLASSIC	35
392	RELAXING	45	498	COMPLEX	35
395	ADDITIONAL	44	499	EXPRESS	35
399	EXTRA	44	503	SITTING	35
401	INCLUDED	44	512	FINE	34
408	FURNISHED	43	516	LOWER	34
410	HISTORIC	43	523	VALID	34
411	STYLISH	43	528	FAMOUS	33
421	BUDGET	41	536	UNIQUE	33
431	DECORATED	40	543	FANTASTIC	32
435	NATURAL	40	555	SHARED	32
438	SEASONAL	40	559	WELCOMING	32
447	LITTLE	39	567	LATE	31
450	NATIONAL	39	572	SECURE	31
456	ACCESSIBLE	38	578	ADDED	30
469	WONDERFUL	38	582	EXTERNAL	30

TABLA 5 (Cont.)

Orden en el listado de frec.	Adjetivo	Frec.
587	LEGAL	30
588	LOVELY	30
591	PROFESSIONAL	30
593	REAL	30
597	EXTENSIVE	29
600	PEACEFUL	29
602	RELAXED	29
609	CHARMING	28
618	OPTIONAL	28
620	POPULAR	28
622	ROMANTIC	28
623	ROYAL	28
648	TOURIST	27
661	CONSIDERED	26
663	DELIGHTFUL	26
666	EXCLUSIVE	26
667	FABULOUS	26
668	FINEST	26
673	ORIGINAL	26
674	OUTDOOR	26
679	SPECIFIC	26
680	STUNNING	26
681	SUPERB	26
686	HOT	25

Orden en el listado de frec.	Adjetivo	Frec.
690	OUTSTANDING	25
696	VEGETARIAN	25
698	ACTIVE	24
700	APPLICABLE	24
739	LICENSED	23
745	ROUND	23
749	SPECTACULAR	23
758	ALLOWED	22
770	HAPPY	22
772	IMPRESSIVE	22
774	PREVIOUS	22
789	COMBINED	21
790	CONVENIENT	21
791	DEDICATED	21
792	DELICIOUS	21
795	EXCEPTIONAL	21
797	FLEXIBLE	21
801	INTERACTIVE	21
819	APPROPRIATE	20
825	BUSY	20
849	PICTURESQUE	20
852	REFURBISHED	20
853	RESPONSIBLE	20
856	SUITABLE	20

TABLA 5 (Cont.)

Orden en el listado de frec.	Adjetivo	Frec.	Orden en el listado de frec.	Adjetivo	Frec.
857	SUPER	20	939	FITTED	18
860	WORLDWIDE	20	946	LOW	18
864	AMERICAN	19	948	MID	18
867	AWARE	19	951	ORGANIC	18
875	CONDITIONED	19	959	REGARDING	18
882	EXCITING	19	960	REGULAR	18
891	LISTED	19	964	SELECTED	18
893	MAGNIFICENT	19	965	SEND	18
896	MEMORABLE	19	966	SERVICED	18
910	STRONG	19	983	COMPREHENSIVE	17
918	VARIOUS	19	985	CONVERTED	17
923	BLACK	18	987	DELIVERED	17
926	CHARGED	18	988	DENTAL	17
931	DESIGNATED	18	990	DISABLED	17
932	DESIRABLE	18	994	ENJOYABLE	17
935	EQUAL	18	998	INDOOR	17

TABLA 6
Adjetivos en español y frecuencia de los mismos
(seleccionados de entre las 1000 unidades léxicas más frecuentes en el corpus)

Orden en el listado de frec.	Adjetivo	Frec.	Orden en el listado de frec.	Adjetivo	Frec.
10	GRAN	258	68	ACONDICIONADO	115
51	NATURAL	136	72	INTERIOR	111
60	SANTA	125	73	MAYOR	111

TABLA 6 (Cont.)

Orden en el listado de frec.	Adjetivo	Frec.	Orden en el listado de frec.	Adjetivo	Frec.
85	CERCA	97	194	EXTERIOR	61
88	REAL	96	195	IMPORTANTE	61
93	MEJOR	94	197	NUEVO	61
102	ANTIGUO	90	210	ELEGANTE	58
105	IDEAL	89	215	BUEN	57
107	DOBLE	88	223	TURÍSTICO	57
115	TRADICIONAL	85	233	AMPLIA	55
119	COMPLETO	82	241	TRADICIONALES	54
122	GRANDES	81	248	GRATUITO	52
129	RURAL	79	249	IMPORTANTES	52
130	UBICADO	79	255	TURÍSTICA	52
133	EQUIPADAS	77	256	DIFERENTES	51
136	MODERNO	76	258	INTERNACIONAL	51
137	ANTIGUA	75	260	ALTA	50
138	CULTURAL	75	272	NACIONAL	49
144	PRIMERA	73	276	ÁRABE	48
153	MEJORES	71	282	MEDIO	48
155	FUERTE	70	284	PROPIO	48
156	NATURALES	70	293	PRINCIPALES	46
177	CENTRAL	66	295	ÁRABES	45
179	LIBRE	65	296	BUENA	45
183	ESPECIAL	64	299	EXCELENTE	45
184	PRINCIPAL	64	307	INDIVIDUALES	44
193	DOBLES	61	309	NUMEROSOS	44

TABLA 6 (Cont.)

Orden en el listado de frec.	Adjetivo	Frec.
310	PRIVADO	44
316	SITUADA	43
317	AMPLIAS	42
320	GÓTICO	42
323	PEQUEÑO	42
333	GENERAL	41
334	MODERNAS	41
335	NUMEROSAS	41
336	PRIMER	41
345	PERFECTO	40
350	TOTAL	40
353	CONOCIDA	39
355	DECORADAS	39
361	ACOGEDOR	38
362	AGRADABLE	38
371	ÚLTIMO	38
382	NUEVA	37
390	FÁCIL	36
392	LOCAL	36
399	RODEADO	36
401	SINGULAR	36
403	ÚLTIMA	36
409	CONFORTABLE	35
411	DISPONIBLE	35

Orden en el listado de frec.	Adjetivo	Frec.
414	FAMOSA	35
426	ALTO	34
427	ARTÍSTICO	34
433	FINALES	34
435	INDIVIDUAL	34
438	MÁXIMO	34
446	BAJA	33
455	SUPLETORIA	33
460	CLÁSICO	32
462	ELEGANTES	32
463	ESPECIALES	32
468	SIGUIENTES	32
471	URBANO	32
474	CONFORTABLES	31
479	PEQUEÑOS	31
480	POPULAR	31
484	SANTO	31
487	ÚNICO	31
491	DIFERENTE	30
493	ESPECTACULAR	30
496	LITORAL	30
498	MEDIEVAL	30
499	MEDITERRÁNEO	30
500	MODERNA	30

TABLA 6 (Cont.)

Orden en el listado de frec.	Adjetivo	Frec.	Orden en el listado de frec.	Adjetivo	Frec.
511	CONTEMPORÁNEO	29	613	FERIAL	25
520	ORIGINAL	29	614	GRANDE	25
522	POPULARES	29	618	MAYORES	25
523	PRIVILEGIADA	29	631	ANDALUZ	24
528	ACTUAL	28	633	BELLAS	24
533	FAMOSO	28	648	PRÓXIMO	24
536	JUNIOR	28	649	PÚBLICO	24
537	JUSTO	28	655	TRANQUILO	24
544	ÚNICA	28	656	TURÍSTICOS	24
547	AMPLIO	27	658	ACTIVO	23
553	LUJOSO	27	661	ANTIGUOS	23
558	MONUMENTAL	27	664	BLANCO	23
561	PEQUEÑA	27	666	COMPLETA	23
564	TÍPICA	27	667	COMUNES	23
566	ABIERTA	26	669	CONVERTIDO	23
570	CERCANO	26	671	CUADRADOS	23
582	GRANADINO	26	673	ESCASOS	23
585	INAUGURADO	26	674	EXCLUSIVO	23
599	SUPERIOR	26	682	ORIGINALES	23
605	ANTIGUAS	25	683	PALACIOS	23
607	CALIENTE	25	703	ESPAÑOLA	22
610	FANTÁSTICO	25	704	ESTÁNDAR	22
611	EQUIPADA	25	709	INTERESANTE	22
612	ESPECTACULARES	25	712	NOBLES	22

TABLA 6 (Cont.)

Orden en el listado de frec.	Adjetivo	Frec.	Orden en el listado de frec.	Adjetivo	Frec.
715	PLENA	22	864	ALTAS	18
717	POSIBLE	22	869	ARTESANAL	18
740	EXCELENTES	21	872	BONITO	18
746	HISTÓRICOS	21	882	ELABORADOS	18
753	PERFECTA	21	884	ESPACIOSAS	18
756	RENACENTISTA	21	908	RELAJANTE	18
772	BARROCA	20	910	ROMÁNTICA	18
773	BARROCO	20	916	ÚLTIMOS	18
779	CONOCIDO	20	919	VIEJA	18
780	CUIDADO	20	937	DEPORTIVAS	17
782	DISPONIBLES	20	940	DISTINTAS	17
789	HISTÓRICA	20	942	EXCEPCIONAL	17
792	IMPRESIONANTE	20	943	EXQUISITA	17
794	MAGNÍFICO	20	944	EXQUISITOS	17
805	PRÁCTICA	20	945	EXTREMO	17
808	REALES	20	946	FAMILIAR	17
813	SEGUNDA	20	951	INTERESANTES	17
815	TRANQUILA	20	954	MAGNÍFICA	17
826	CULTURALES	19	961	PEQUEÑAS	17
836	GASTRONÓMICA	19	965	RURALES	17
839	HERMOSOS	19	967	SITUADOS	17
846	NECESARIO	19	972	VARIADA	17
850	PRIMEROS	19	976	ANDALUZA	16
861	ÚLTIMAS	19	995	CUIDADA	16

Como apuntábamos entre los objetivos de este estudio, vamos a proceder a clasificar los adjetivos más relevantes de las Tablas 5 y 6 de manera que podamos establecer una tipología de los adjetivos más comunes o más utilizados en el género web promocional. Para ello, partiremos de la tipología de Pierini (2009), adaptándola a lo que creemos que es nuestro contexto de estudio y nuestras necesidades. Así pues, basándonos en la observación de los adjetivos obtenidos en ambas lenguas de estudio y en la clasificación de Pierini (2009), podemos establecer que las principales categorías en las que podríamos englobar los adjetivos extraídos de nuestro corpus serían:

TABLA 7
Propuesta de tipología de adjetivos para este estudio

1. Adjetivos descriptivo-verificables (referidos a características físicas, objetivas y verificables del tipo espacio/tamaño, cantidad).
2. Adjetivos objetivo-intangibles (referidos a características objetivas pero intangibles del tipo tiempo, disponibilidad, coste).
3. Adjetivos de singularidad, originalidad y/o exclusividad.
4. Adjetivos estético-sensoriales.
5. Adjetivos de bienestar o comodidad.
6. Adjetivos “excelsos” (referidos a lo extraordinario).
7. Adjetivos de popularidad.
8. Adjetivos de exaltación de lo propio (autenticidad).
9. Adjetivos de calado emocional.
10. Adjetivos de modernidad-tradición.

Hemos intentado a continuación ilustrar la tipología arriba mostrada con adjetivos extraídos de nuestro corpus de estudio para ver si dicha tipología se adecúa a las categorías más utilizadas en el género web promocional de destinos turísticos. Hemos incluido la frecuencia con que dichos adjetivos aparecen en el corpus de manera que la clasificación de los adjetivos represente de forma más fiable la representatividad de los mismos en el dominio, si bien todos ellos pueden ser considerados significativos *a priori* porque figuran entre las 1000 palabras más frecuentes de nuestro corpus.

1. **Adjetivos descriptivo-verificables (referidos a características físicas, objetivas y verificables del tipo espacio/tamaño, cantidad).**

   Dobles (61), *individuales* (44), *gótico* (42), *pequeño* (42), *decoradas* (39), *individual* (34), *supletoria* (33), *medieval* (30), *blanco* (23), *estándar* (22), *renacentista* (21), *barroca* (20)...

   Single (153), *twin* (135), *spacious* (83), *triple* (59), *wireless* (51), *white* (36), *refurbished* (20), *black* (18)...

2. **Adjetivos objetivo-intangibles (referidos a características objetivas pero intangibles del tipo tiempo, disponibilidad, coste).**

   Interior (111), *cultural* (75), *exterior* (61), *gratuito* (52), *internacional* (51), *nacional* (49), *privado* (44), *disponible* (35)...

   Available (431), *standard* (203), *international* (51), *historic* (43), *budget* (41), *executive* (36), *optional* (28), *licensed* (23), *serviced* (18), *indoor* (17)...

3. **Adjetivos de singularidad, originalidad y/o exclusividad.**

   Singular (36), *único* (31), *diferente* (30), *original* (29), *exclusivo* (23), *única* (28), *exclusivo* (23), *originales* (23)...

   Unique (33), *original* (26), *exclusive* (26), *exceptional* (21)...

4. **Adjetivos estético-sensoriales.**
   Entre los adjetivos que pretenden llegar al turista potencial a través de la evocación sensorial y de la exaltación de las cualidades estéticas de un destino encontramos:

   Especial (64), *elegante* (58), *privilegiada* (29), *lujoso* (27), *espectaculares* (25), *bellas* (24), *activo* (23), *originales* (23), *impresionante* (20), *tranquila* (20), *hermosos* (19), *relajante* (18), *bonito* (18), *exquisita* (17), *exquisitos* (17)...

   Luxury (187), *beautiful* (91), *luxurious* (64), *relaxing* (45), *stylish* (43), *elegant* (36), *fantastic* (32), *peaceful* (29), *delightful* (26), *fabulous* (26), *stunning* (26), *happy* (22), *delicious* (21), *picturesque* (20)...

5. **Adjetivos de bienestar o comodidad.**

Privado (44), *acogedor* (38), *agradable* (38), *confortable* (35), *confortables* (31), *accesible* (38)…

Private (216), *comfortable* (142), *cosy* (37), *welcoming* (32), *suitable* (20)…

6. **Adjetivos "excelsos" (referidos a lo extraordinario).**
Entre los adjetivos que ensalzan de manera superlativa las bondades de un destino, hallamos:

Mejor (94), *ideal* (89), *mejores* (71), *principal* (64), *excelente* (45), *perfecto* (40), *máximo* (34), *privilegiada* (29), *superior* (26), *excelentes* (21), *perfecta* (21), *magnífico* (20), *excepcional* (17), *extremo* (17), *magnífica* (17)…

Perfect (145), *ideal* (138), *excellent* (78), *major* (53), *largest* (48), *grand* (47), *superior* (46), *wonderful* (38), *delightful* (26), *fabulous* (26), *finest* (26), *superb* (26), *outstanding* (26), *spectacular* (23), *impressive* (22), *super* (20), *magnificent* (19)…

7. **Adjetivos de popularidad.**

Famosa (35), *popular* (31), *populares* (29), *famoso* (28)…

Famous (33), *popular* (28)…

8. **Adjetivos de exaltación de lo propio (autenticidad).**

Tradicional (85), *árabe* (48), *árabes* (45), *local* (36), *típica* (27), *granadino* (26), *andaluz* (24), *española* (22), *artesanal* (18), *andaluza* (16)…

Local (89), *British* (60), *American* (19)…

9. **Adjetivos de calado emocional.**

Especial (64), *natural* (40), *agradable* (38), *romántica* (18)…

Natural (136), *friendly* (130), *lovely* (30), *romantic* (28), *charming* (28), *exciting* (19), *desirable* (18), *enjoyable* (17)…

10. Adjetivos de modernidad-tradición.

Antiguo (90), *tradicional* (85), *moderno* (76), *antigua* (75), *modernas* (41), *conocida* (39), *nueva* (37), *moderna* (30), *contemporáneo* (29), *actual* (28), *antiguas* (25), *antiguos* (23), *histórica* (20), *conocido* (20), *vieja* (18)...

Modern (126), *contemporary* (55), *classic* (35)...

Apreciamos un predominio de los adjetivos descriptivo-verificables –que atribuimos a la necesidad de proporcionar información real, objetiva, funcional y útil en el sentido estricto de la palabra–, cosa que también ocurre con los adjetivos objetivo-intangibles. Del mismo modo los adjetivos estético-sensoriales y excelsos juegan un papel fundamental y, por otra parte, nada sorprendente, puesto que corroboran la importancia de atraer al turista por los sentidos ensalzando las bondades de los destinos de forma muy marcada.

Además, entre los adjetivos mostrados en las Tablas 5 y 6, apreciamos la gran cantidad de lexemas que coinciden en ambas tablas como significativos, es decir que son muchos los conceptos representados a través de adjetivos que se dan tanto entre los adjetivos más comunes en inglés como en español en nuestro corpus. La Tabla 8 muestra parte de estas equivalencias comunes entre los adjetivos más frecuentes en ambos corpus. De esto podemos deducir que los adjetivos mediante los que se pretende promocionar un destino suelen ser muy similares en la mayoría de los casos en ambas lenguas y suelen, por tanto, hacer referencia al mismo tipo de cualidades y estados e incidir en los mismos aspectos, por lo que tanto el inglés como el español harían un uso de la adjetivación similar en las páginas web promocionales de los destinos turísticos.

Por último, observamos que tanto en inglés como en español es común y esperable el uso de comparativos y superlativos a la hora de definir las cualidades de los destinos turísticos. Para analizar este uso, que hemos detectado como frecuente en el género web promocional turístico, hemos centrado nuestra búsqueda –con la aplicación Collocates de Concord– en las palabras *más* y *more* (en el caso de los comparativos en ambas lenguas) y en *el/la/los/las más*, *the most* y *the *est*[1] (en el caso de los superlativos en ambos idiomas). Hemos detectado por este medio que es algo más común el uso de las estructuras comparativas con

[1] *The *est* es el lenguaje de búsqueda utilizado para indicarle a WST que queremos recuperar todas aquellas palabras que acaban en "est" y que tienen delante un *the*, puesto que esta es la manera en que se forma el superlativo de los adjetivos "largos" en inglés.

TABLA 8
Equivalencias comunes entre los adjetivos más frecuentes en español e inglés en nuestro corpus

available – disponible	*comfortable – confortable, confortables*	*spacious – espaciosas*
double – doble, dobles	*central – central*	*complete – completo, completa*
free – gratuito	*ideal – ideal*	*easy – fácil*
private – privado	*friendly – agradable*	*excellent – excelente, excelentes*
luxury, luxurious – lujoso	*modern – moderno, moderna, modernas*	*traditional – tradicional, tradicionales*
special – especial, especiales	*public – público*	*contemporary – contemporáneo*
single – individual, individuales	*beautiful – bonito, hermosos, bellas*	*international – internacional*
perfect – perfecto, perfecta	*local – local*	Etc.

adjetivos en español que en inglés, donde, sin embargo, predominan más los adjetivos que hemos denominado excelsos (y que por tanto de algún modo ya llevan implícita la marca superlativa) y los superlativos que en español. Con Collocates, hemos recuperado los colocados más frecuentes con respecto a la palabra de búsqueda o nodo ordenándolo por posición e indicando su frecuencia en cada caso. Con esta herramienta hemos compilado, pues, las colocaciones más habituales de estos usos en nuestro corpus, habiéndonos centrado en la observación de los colocados de *más, more, the most* (palabras de búsqueda o nodos) en posición R1, esto es, los que aparecen como primera palabra a la derecha del nodo, por ser los más comunes y significativos, y hemos indicado su frecuencia en dicha posición con respecto al nodo.

Así pues, en español obtenemos:

> ***El/la/los/las más:*** *importantes* (32) // *importante* (15); *tradicionales* (6) // *tradicional* (4); *grande* (11) // *grandes* (5); *populares* (9); *altas* (9); *emblemáticos* (9); *antigua* (7); *interesantes* (6); *pequeños* (7); *antiguo* (4); *bellas* (4); *singulares* (4); *variados* (3); *agradable* (5); *concurridas* (5); *exigentes* (5); *famosa* (4).

Mientras que en inglés, el programa nos ha recuperado los siguientes colocados como significativos a nivel cuantitativo:

More: *enjoyable* (4).
The most: *discerning* (11); *most comfortable* (9); *most important* (6).

Del mismo modo, hemos observado la frecuencia de la estructura superlativa inglesa *the *est* (nodo) –en este caso nos hemos centrado en la frecuencia del nodo en sí y no de los colocados R1– lo que nos ha permitido constatar el uso común de adjetivos superlativos del tipo:

The best (100), *the highest* (30), *the largest* (21), *the finest* (20), *the nearest* (11), *the latest* (9) y *the richest* (7).

Por último, por considerarlo especialmente significativo y característico del género web promocional, tal y como los resultados previos han mostrado, hemos querido corroborar mediante la observación de algunas líneas de concordancia el uso hiperbólico de los adjetivos en este género, planteándonos hasta qué punto la imposibilidad de cumplir con las expectativas generadas en el turista mediante el lenguaje no pueden ser un factor negativo a largo plazo. El "sobreuso" de los adjetivos excelsos o el "sobreuso" de adjetivos de casi cualquier categoría a la hora de ensalzar las bondades de un destino turístico puede ser un ejemplo de lo que Dann (1996) denomina la "técnica de la euforia" (*euphoria technique*) y que podría ilustrarse con los siguientes ejemplos de nuestro corpus de estudio:

[...] con siete piscinas, la **mayor** de ellas con un diseño **espectacular** y vistas **sobresalientes**, tiene una **inteligente** distribución que crea zonas **semiprivadas**.

Situated in a **premier** position on the castle headland with **magnificent** sea views of the **beautiful** North Bay of Scarborough and Yorkshire Coast.

Podemos afirmar sin miedo a equivocarnos y por lo que se desprende de nuestro corpus que esta técnica de la euforia (sean cuales sean sus resultados dependiendo del tipo de turista) se da con asiduidad en el género promocional web en ambas lenguas, lo que hace absolutamente necesario el uso un tanto hiperbólico de los adjetivos.

6. Conclusiones

Tal y como se ha visto a lo largo de este estudio, en todo este conglomerado de situaciones, tipologías y aspectos de diversas índole que se conjugan para dar lugar, forma y sentido a la industria turística encontramos un género o macrogénero que hoy en día destaca por encima del resto en este sector: la página web. La mercadotecnia del turismo o del destino turístico no se entendería hoy en día sin las páginas web, cuyo componente visual parece innegable y crucial de la misma manera que lo es el lenguaje como transmisor de información concreta y necesaria al turista potencial. Es el lenguaje lo que ha centrado la atención de este estudio y más concretamente el uso de los adjetivos como unidad léxica fundamental a la hora de persuadir, puesto que, como se desprende de la tipología elaborada para su clasificación, los adjetivos pueden expresar significados sensoriales, emocionales, descriptivos…, todos ellos con el fin de transmitir una imagen que atraiga al turista al destino promocionado.

De todo lo visto hasta el momento parece deducirse que los adjetivos contribuyen en gran manera al carácter enfático y evaluativo de la mayoría de páginas web promocionales de destinos turísticos, ya que todas ellas pretenden enfatizar y poner de manifiesto de forma atractiva los aspectos positivos de producto o servicio ofrecido de manera que estos destinos resulten atractivos y conviertan al turista potencial en turista real de nuestro destino.

Obviamente, los resultados obtenidos y, por tanto, el tipo de adjetivos analizados han dependido mucho de la composición del corpus. El hecho de que las páginas web de hoteles de los múltiples destinos turísticos constituyeran un más que importante porcentaje de la composición del corpus no ha hecho sino dar lugar a la aparición de gran cantidad de adjetivos relacionados con el alojamiento y su gestión, que han sido además los adjetivos más específicos de cuantos hemos encontrado y, por consiguiente, los que podríamos calificar como más especializados y también más objetivos por limitarse a transmitir información real y útil del lugar. El resto de adjetivos apelan directamente a la persuasión del turista, siendo especialmente comunes aquellos adjetivos destinados a ensalzar de manera superlativa las cualidades de los destinos turísticos y sus alojamientos, a fomentar una imagen positiva y deseable del destino, presentándolo en muchos casos de manera exagerada. Estos adjetivos destinados a emocionar, a llegar a la subjetividad del receptor, persuadir y, por ende, a promover la acción de viajar al destino elegido son los que predominan en ambas lenguas en el género web promocional del destino turístico.

Referencias bibliográficas

Álvarez, Charo (1998): "Turismo y nuevas tecnologías", en: *Revista Valenciana d'Estudis Autonòmics* 25, 135-150, <http://www.pre.gva.es/argos/fileadmin/argos/datos/RVEA/libro_25/135-25.pdf>.

Balboni, Paolo (1989): "La microlingua del turismo come 'fascio di microlingue'", en: *Microlingue e letteratura nella scuola superiore*. Brescia: La Scuola, 56-61.

Bigné, J. Enrique/Font, Xavier/Andreu, Luisa (2000): *Marketing de destinos turísticos: análisis y estrategias de desarrollo*. Madrid: ESIC.

Cabré Castellví, María Teresa (1993): *La terminología: teoría, metodología, aplicaciones*. Barcelona: Antártida/Empúries.

Calvi, Maria Vittoria (2010): "Los géneros discursivos en la lengua del turismo: una propuesta de clasificación", en: *Ibérica* 19, 9-32.

Dann, Graham (1996): *The Language of Tourism: A Sociolinguistic Perspective*. Wallingford, CAB International.

Edo Marzá, Nuria (2010): "The discourse community of the tourism industry: a focus on genre conventions for balanced corpus composition", en: *Actas del IX Annual Conference of the European Association of Languages for Specific Purposes*. Hamburg (Alemania).

Lerat, Pierre (1995): *Las lenguas especializadas*. Barcelona: Ariel.

Majó, Joaquim/Galí, Nuria (2002): "Internet en la información turística", en: *IV Congreso Turismo y Tecnologías de la Información y las Comunicaciones*. TuriTec, 397-409, <http://www.turismo.uma.es/turitec/turitec2002/actas/Microsoft%20Word%20-%2026.MAJOGIRONA.pdf>.

Pierini, Patricia (2009): "Adjectives in tourism English on the web: a corpus-based study", en: *Círculo de Lingüística Aplicada a la Comunicación* 40/2009, 93-116.

Real Academia Española (2010): *Diccionario de la lengua española*. Versión online: <http://buscon.rae.es/drae/>.

Ryan, Chris/Cave, Jenny (2005): "Structuring destination image: a qualitative approach", en: *Journal of Travel Research* 44, 2, 143-150.

Sager, Juan C./Dungworth, David/McDonald, Peter F. (1980): *English Special Languages: Principles and Practice in Science and Technology.* Wiesbaden: Oscar Brandstetter.

Vargas Sierra, Chelo (2005): *Aproximación terminográfica al lenguaje de la piedra natural. Propuesta de sistematización para la elaboración de un diccionario traductológico*. Tesis doctoral de la Universidad de Alicante, Facultad de Filosofía y Letras, Departamento de Filología Inglesa.

Páginas electrónicas consultadas

Web de hoteles Muchoviaje.com: <http://hoteles.muchoviaje.com/hoteles/hotel-hotel-rural-el-rosal-en-cuenca-espana_ho667492.aspx>.

Web Marina d'Or (2011): <http://www.marinador.com>.

WebTaller.com (2011): <http://www.webtaller.com/maletin/articulos/reglas_de_oro_del_desarrollo_web.php>.

DE LAS NORMATIVAS TURÍSTICAS A LAS PÁGINAS ELECTRÓNICAS DE PROMOCIÓN DE HOTELES: LA CLASIFICACIÓN HOTELERA DESDE LA PERSPECTIVA LINGÜÍSTICA

JULIA SANMARTÍN SÁEZ
IULMA-Universitat de València

1. A modo de preámbulo

El propósito de esta investigación se concreta en precisar si las diversas denominaciones halladas en las páginas electrónicas de promoción y de gestión de hoteles se ajustan a las normativas o, por el contrario, responden a finalidades pragmáticas específicas. Estas páginas se podrían considerar como el discurso menos especializado en el ámbito de la gestión hotelera, ya que se dirigen a un público lego y profano en la materia. Justamente, esta opción nos permite comprobar los usos pragmalingüísticos y las estrategias que se emplean para llamar la atención del lector e intentar incidir en su actuación posterior. El emisor del texto desea persuadir al receptor, pero debe respetar los límites que imponen las normativas legales sobre los establecimientos hoteleros. Existe, pues, un límite que se debe respetar: una frontera difusa entre estrategias publicitarias y normativas legales. Esta frontera constituirá nuestro espacio de intervención, nuestro objeto de descripción desde una perspectiva lingüística aplicada.

Adentrarse por las páginas electrónicas de hoteles para llevar a cabo esta descripción lingüística supone enfrentarse a un análisis complejo, dado el número abrumador de documentos y datos que se manejan (Sanmartín Sáez en prensa). Por este motivo, en este trabajo se ha optado por acotar el objeto de estudio desde una doble orientación. La decisión de acotar dicho objeto no solo afecta al corpus de referencia sino también al tipo de unidades léxicas seleccionadas. Así pues, el corpus quedará delimitado por la adscripción del español a su modalidad peninsular, esto es, se restringirá diatópicamente al español de España[1]. Se revisarán tanto

[1] En un trabajo anterior (Sanmartín Sáez en prensa) comprobamos la disparidad entre algunos usos léxicos del español de España y de Chile en este tipo de discurso turístico. Queda pendiente la labor de abordar un contraste general que tenga presente todas las variedades geográficas del español.

las normativas turísticas como las páginas electrónicas de hoteles de tres comunidades autónomas de España (Comunidad de Andalucía, Comunidad de Galicia y Comunidad Valenciana), ya sean servidores comerciales de hoteles o páginas electrónicas institucionales. En estas páginas se atenderá únicamente a las denominaciones de los establecimientos hoteleros. Además de contrastar estas dos fuentes de datos (normativas y páginas electrónicas de promoción y gestión de alojamientos), comprobaremos con la ayuda de diversos diccionarios generales qué significado se les atribuye fuera del ámbito de especialidad, esto es: ¿sabe el hablante medio los rasgos más importantes que estructuran estos conceptos en la legislación o adquiere un producto sin conocer sus rasgos definitorios?

En cuanto al tipo de unidades determinadas, nos centraremos en las denominaciones de los establecimientos de alojamiento porque consideramos que constituyen un nudo conceptual esencial en este tipo de discurso.

2. Unidad y diversidad del mercado turístico español

Es consabido que en cada comunidad autónoma hay una normativa hotelera específica y, por consiguiente, pueden existir denominaciones singulares en cada una de estas comunidades[2]. Tomamos como punto referencia el informe presentado el 28 de enero de 2000 en Fitur *Unidad del Mercado Turístico Español*, coordinado por Fernando Bayón Mariné[3]. En dicho estudio[4] se analizan las diferencias que presentan las diversas normativas y se recogen las denominaciones principales de los alojamientos, divididos habitualmente en hoteleros y extrahoteleros:

> Los Alojamientos turísticos han sido objeto de todo tipo de definiciones terminológicas y conceptuales que sistemáticamente han ido aportando **elementos nuevos, no todos acertados ni uniformes** [...].

---

[2] Esta situación también se reproduce de manera similar en Europa, donde, a pesar de ser miembros los diferentes países de la Comunidad Económica Europea, no existe todavía una legislación común de las clasificaciones hoteleras (Arcarons i Simon *et al.* 2008). En estos momentos, parece que hay diez países que están intentando unificar estas categorías hoteleras.

[3] <http://www.mesadelturismo.com/>.

[4] Un análisis posterior, más actual y reducido, llega a conclusiones similares: "las categorías hoteleras cambian de una comunidad a otra, lo cual crea inseguridad a nuestros turistas actuales y potenciales [...]. Falta de regulación internacional sobre la categoría de los establecimientos hoteleros y los requisitos mínimos que los alojamientos deben cumplir" (Aznar Paracuellos 2009). De hecho, este tipo de conclusiones ya se ha convertido en una especie de generalización entre los estudiosos (Martín Rojo 2004).

> Al hacer una tabla comparativa se descubrió que había una serie de conceptos que eran comunes a todas las Comunidades Autónomas, o al menos que su contenido era tratado de forma semejante. Incidir sobre ello no arrojaría ninguna luz sobre la materia, por ejemplo: ámbito de aplicación del decreto, concepto de establecimientos hoteleros, naturaleza de los mismos... Por eso el análisis comparativo debe referirse a aquellos **puntos donde se aprecie la diversidad conceptual, esto es: Categorías, Hoteles especiales y Requisitos administrativos** [...] (las negritas son nuestras).

A partir de una revisión de este texto comparativo se comprueba que, más allá de la clasificación en *hoteleros* (*hotel* y *pensión*) y *extrahoteleros* (*apartamentos turísticos*)[5], con sus correspondientes definiciones, las diferencias denominativas y conceptuales son constantes al no existir una legislación común. En este sentido, nos encontramos, por un lado, ante unas unidades léxicas especializadas cuyo significado varía en función del contexto de la comunidad autónoma correspondiente, y, por otro, ante distintos términos para el mismo concepto. Esto confirma que los discursos especializados no siempre cumplen la propiedad de univocidad que se les asignaba tradicionalmente, una propiedad o criterio que hoy ya no se asume desde las perspectivas más comunicativas[6] y cognitivas de la Terminología como disciplina (Temmerman 2001).

En suma, este panorama terminológico no favorece la unificación ni la comprensión de usuarios de diferentes comunidades. Por ello, no cabe duda de que los establecimientos hoteleros de España deberían intentar unificar denominaciones y conceptos que favorecieran que el consumidor supiese qué tipo de producto está adquiriendo, ya que no podemos olvidar que nos encontramos fundamentalmente ante un producto de consumo, no ante una disciplina teórica cuya ambigüedad, sinonimia o polisemia surge porque existen diversas corrientes epistemológicas desde las que se acuñan diversos términos o se conceptualiza de forma distinta el mismo objeto, como, por ejemplo, sucede en la lingüística. De ahí, la consideración de que sería conveniente un panorama más unificado sin que nuestra intención sea llevar a cabo una intervención de estandarización terminológica.

---

[5] También coinciden en las categorías por estrellas o en el calificativo "Gran Lujo": solo podrá ser usado por los establecimientos clasificados en la categoría de cinco estrellas y declarados con tal carácter por la Administración.

[6] Compartimos plenamente todos los principios que configuran la propuesta de Teoría Comunicativa Terminológica descrita por Cabré Castellví (2001: 19-25), en especial, la consideración de los términos como unidades poliédricas, de la comunicación como una actividad *in vivo* y el reconocimiento de la variación como inherentes a la comunicación especializada.

En esta dirección, ya surge la norma internacional UNE-ISO 18513:2003:

> Esta norma europea contiene las definiciones de un número de términos comúnmente utilizados en la industria turística. La norma está diseñada para facilitar la comprensión entre los usuarios y proveedores de servicios turísticos.
>
> Ayudar a los consumidores a elegir servicios turísticos con conocimiento de causa, permite incrementar el potencial de una elección que satisfaga sus expectativas o incrementar el grado de satisfacción. La industria turística se beneficiará al tener consumidores mejor informados (ISO 2004: 6).

3. Las normativas turísticas y su aplicación en tres comunidades autónomas: sobre colocaciones y compuestos

Como ya se ha indicado en el preámbulo, procederemos a revisar términos y conceptos de la clasificación hotelera en la legislación turística de tres comunidades y a su contraste con páginas electrónicas privadas e institucionales de hoteles para determinar si se ajustan o no a las directrices de la legislación. Las normativas turísticas se encuentran a disposición de cualquier internauta en la Red y, en este sentido, se pueden considerar como *cibergéneros existentes* –véase la clasificación de géneros propuesta por Virginia González García en este libro– y, más concretamente, como *cibergéneros duplicados*, ya que se trata de una mera reproducción del texto impreso original que se traslada a este nuevo soporte. En cambio, las páginas electrónicas o páginas web institucionales reproducen características presentes en soportes impresos tradicionales, como el folleto, a las que añaden elementos más interactivos. Su función principal es la promoción de una imagen y de un destino, y, en este marco, agregan determinados servicios o datos de carácter más práctico (y de *gestión*) como el alojamiento, en el que nos centraremos.

3.1. Comunidad Autónoma de Andalucía

En el caso de Andalucía, el documento comparativo de las legislaciones turísticas, citado con anterioridad, ha quedado desfasado[7] al publicarse el 2 de marzo de 2004 un nuevo texto legal, el Decreto 47/2004, de 10 de febrero, de establecimientos hoteleros, al amparo de la capacidad de la comunidad autónoma de com-

[7] Dicho documento se basaba fundamentalmente en dos decretos: el Decreto 110/86, de 18 de junio de 1986, sobre ordenación y clasificación de establecimientos hoteleros de Andalucía; y el Decreto 14/1990, de 30 de enero de 1990, sobre requisitos mínimos de infraestructura de establecimientos hoteleros y apartamentos turísticos. Con posterioridad al 2004, se publica el Decreto 492/2008, que apenas cambia el decreto actual y solo establece algunas precisiones de medidas y requisitos.

petencia exclusiva en ordenamiento del turismo y con el objetivo de aumentar la calidad de los servicios turísticos y proteger los derechos de los usuarios turísticos[8]. Ahora bien, poco se puede proteger este derecho si el consumidor no conoce qué rasgos debe cumplir obligatoriamente un establecimiento hotelero. Reproducimos de un modo sintético y literal la clasificación, articulada en *grupos*, *categorías*, *modalidades* y *especialidades*:

I. Clasificación de establecimientos hoteleros[9] en cuatro **grupos**:

Los dos primeros deben ocupar la totalidad o parte independiente de un edificio, o conjunto de edificios de forma homogénea, disponiendo de entradas propias; en cambio, a los dos segundos no se les exige este requisito.

1) **Hoteles**: 5 a 1 estrellas.
2) **Hoteles-Apartamentos**: 5 a 1 estrellas. Aquellos establecimientos destinados a la prestación del servicio de alojamiento turístico que, reuniendo los requisitos mínimos exigidos a los establecimientos hoteleros, cuentan, además, con las instalaciones adecuadas para la conservación, elaboración y consumo de alimentos y bebidas dentro de cada unidad de alojamiento.
3) **Hostal** (de 2 y 1 estrella): Deben estar dotados de aseo en todas las unidades de alojamiento.
4) **Pensiones** (categoría única): Pueden tener los aseos o baños fuera de la unidad de alojamiento.

II. Categorías:

Nivel del establecimiento hotelero dentro del grupo al que pertenezca: por estrellas.

III. Los establecimientos tienen que obligatoriamente adherirse a una **modalidad**:

La clasificación de un establecimiento hotelero, en función de su localización, en alguno de los destinos genéricos siguientes: playa, ciudad, rural y carretera y, además, tienen una serie de requisitos.
Modalidades de **playa** (Zona influencia del litoral, y no superen los 1500 metros de acceso a la playa desde el establecimiento), **ciudad** (en suelo calificable como urbano, urbanizable ordenado o urbanizable sectorizado), **rural** (ubicado en medio rural) o **carretera** (situados en áreas o zonas de servicio de carretera. También en áreas de transporte o mercancías).

---

[8] También se indica expresamente: "En el texto legal se determinan los medios para alcanzar una oferta turística con personalidad propia de modo que, asumiendo el contexto estatal e internacional en que nos encontramos, recoja, al mismo tiempo, las peculiaridades que permitan vertebrar nuestra oferta con un sello e identidad propios, cuya finalidad no debe ser otra que la permanencia en la vanguardia del mercado turístico".

[9] "**Establecimiento hotelero:** el conjunto de bienes o, muebles o inmuebles que, formando una unidad funcional autónoma, es ordenado por su titular para la adecuada prestación del servicio de alojamiento hotelero" (Decreto 47/2004: 3).

IV. Los establecimientos pueden elegir o no un tipo de **especialidad**:

La clasificación voluntaria de un establecimiento hotelero en función de sus peculiaridades arquitectónicas, de las características de los servicios prestados o de la demanda principal a la que esté orientado.

a) Vinculados a modalidades

Modalidad de hotel de carretera:
Moteles: Se facilita alojamiento en unidades de alojamiento, compuestas de dormitorio y cuarto de baño o aseo, existiendo aparcamientos para automóviles, contiguos o próximos a aquellos.
Modalidad hotel rural:
Albergue (se regula en el decreto correspondiente).
Establecimiento hotelero de montaña: Ubicados en una zona de montaña o en las proximidades de una estación de invierno.
Establecimientos hoteleros de naturaleza: Ubicados en un espacio natural protegido, siempre que orienten su oferta a la realización de actividades en contacto con la naturaleza, incorporando servicios a tal efecto.

b) Sin vinculación a modalidades

Establecimiento hoteleros deportivos: Aquellos que cuenten con las instalaciones suficientes para la práctica de al menos dos deportes, de los que se excluirán la natación y los deportes de mesa.

Establecimientos hoteleros familiares: Deberán contar con las siguientes instalaciones y servicios (jardín con un mínimo de 250 m, parque infantil, sala de televisión, sala de juegos, instalaciones deportivas, piscina, servicio de guardería durante el día, servicio de animación, menú infantil, cunas gratuitas y obligatorias
Establecimientos hoteleros gastronómicos: Aquellos cuya característica principal es la prestación del servicio de restauración a los usuarios del servicio de alojamiento y al público en general, con platos de la comida internacional, nacional, andaluza y de la comarca de que se trate
Establecimientos hoteleros de congresos y negocios: Debe contar con servicios de traducción, sala de conferencias, sala de reuniones, despachos para los usuarios, servicios ofimáticos, fax, Internet, ordenador, servicio de mensajeros, secretariado, cambio de moneda, etc.
Establecimientos monumentos: Situados en bienes declarados de interés cultural.

Además, en el Decreto 20/2002 de 29 de enero, de Turismo en el Medio Rural y Turismo Activo, se alude exclusivamente a los establecimientos de alojamiento turístico en el medio rural[10]:

[10] En relación con las denominaciones de los establecimientos del turismo rural, véase el análisis de Calvi (2006b), en el que se da cuenta de la presencia de términos culturales y de su

a) **Casas rurales** con categoría básica y superior. Deben tratarse de viviendas de carácter independiente, no existir más de tres viviendas en el mismo edificio y no superar la capacidad de alojamiento de veinte plazas.
b) Los establecimientos hoteleros y **apartamentos turísticos**. Están constituidos por una sola edificación, aunque pueden contar con unidades anejas independientes, no deben superar las tres plantas, capacidad alojativa inferior a veintiuna plazas, etc.
c) Los complejos turísticos rurales: están compuestos por un conjunto de inmuebles que constituyen una unidad de explotación no inferior a 21 plazas en su conjunto y no superior a 250, con zonas verdes comunes y un máximo de tres plantas. Las que sean propiedad de la Junta de Andalucía se denominan *Villas turísticas*.
d) Los demás establecimientos turísticos cuya normativa específica así lo determine. Así, se consideran viviendas turísticas de alojamiento rural aquellas que mantienen los mismos rasgos que las casas rurales, y, además, se les exige que sean ofertadas al público para su utilización temporal.

Los establecimientos de alojamiento rural se especializan en:

1) Agro-turismo. 2) Albergue. 3) Aulas de naturaleza. 4) Casa forestal. 5) Casa molino. 6) Casa cuevas: modelo de vivienda troglodita excavada en materiales blandos e impermeables de zona rocosa. 7) Chozas y casas de huerta. 8) Cortijo: Construcción que sirve o ha servido de gestión de una explotación agraria mediana o grande, correspondiente generalmente al tipo de casa-patio, con un espacio central en torno al cual se distribuyen las distintas dependencias, presentando una tipología de carácter tradicional. Es generalmente de menor dimensión que las haciendas y con una mayor simplificación en sus dependencias. 9) Granja-escuela. 10) Hacienda. 11) Refugio. 12) Alojamientos especiales.

En las páginas electrónicas[11] institucionales, como la Web oficial de turismo de Andalucía[12], en los datos más prácticos, se distinguen tipos de alojamientos

uso terminológico normalizado en el marco de las normativas autonómicas, lo cual no coincide del todo con las conclusiones obtenidas en el presente estudio.

[11] Curiosamente la Confederación de Empresarios de Málaga (CEM) ha creado una página electrónica "Diseño e imagen para establecimientos turísticos", en la que incorpora un glosario con voces relacionadas con el arte y los establecimientos hoteleros y una recopilación de temas de interés, entre los que se encuentra Internet como espacio para ofertar el producto turístico (<http://www.cem-malaga.es/portalcem/novedades/2010/Dis&Ima/contenidos/temario.html>), una de cuyas funciones consiste en "publicar información más o menos estratégica, con ofertas de servicios, productos promocionales, etc.".

[12] <http://www.andalucia.org/alojamientos/>.

–apartamento, camping, albergue, hotel, hotel-apartamento, pensión, casa rural y *hostal–*; modalidad *–ciudad, carretera, playa* y *rural–*; y categoría *–estrellas,* en el caso de hoteles, por ejemplo–. El apartado *Tipos* incorpora alojamientos hoteleros y extrahoteleros –como *apartamentos, casas rurales* o *camping–*, esto es, no articula la información en función de estos dos conceptos *–hotelero* y *extrahotelero–*, en que se basan todas las legislaciones en materia de alojamiento turístico. En total, se clasifican 4488 establecimientos hoteleros. De estos, 195 se consideran como *hostales* y 1224 como *pensiones*.

La descripción que se ofrece de cada alojamiento se estructura en torno a diversas pestañas: datos, fotos, vídeos y comentarios; si bien en función del tipo de alojamiento (pensión/hotel) la descripción o ficha técnica es más breve o exhaustiva. En la pestaña *Datos*, se incluyen a su vez diversos campos:

- [Texto breve]: contiene información presentada en forma de texto breve con un tenor claramente publicitario.
- Información general, en el que se incorpora de nuevo un apartado para *tipo*, *categoría* y *modalidad*, habitaciones, capacidad y número de registro.
- Tipos de público[13]
- Localización y contacto
- Mapa

A partir de la revisión de esta clasificación, sorprenden diferentes cuestiones; así, en el interior del texto se alude, por ejemplo, a una nueva categoría no contemplada en la normativa, como sucede con *hotel con encanto*:

> Hotel Casa Palacio de Carmona. Casa de Carmona es un Hotel de Lujo de 34 habitaciones nacido de la rehabilitación de una magnífica casa-palacio del siglo XVI. Pionera en España en la categoría de los **“Hoteles con Encanto”** y perteneciente a la organización Relais & Châteaux; desde su inauguración en 1991 ha destacado por su decoración con numerosas antigüedades y por su colección de grabados.

En otras ocasiones, en el texto descriptivo se utiliza con mucha frecuencia *hotel con encanto*, *encantador hotel* o *ambiente familiar*, con cierta ambigüedad, ya que no se cumplen los requisitos de la normativa reproducida anteriormente

---

[13] Destaca el apartado *Tipo de público* en el que se selecciona el usuario más adecuado de cada hotel: “Datos: Abades Fuensanta es un área de servicio integral y moderno, situado a solo 10 minutos de Granada, con acceso directo a la Autovía A-92. / Información general; Tipo Hotel, Categoría: Tres estrellas, Modalidad: carretera, Habitaciones: 24, Capacidad: 40 / Tipo de público: Negocio, Jóvenes, Amigos, Viajo Solo”.

para considerarlos propiamente como *hotel con encanto* u *hotel familiar*, por ello se busca la colocación[14] más próxima, *hotel con trato familiar* u *establecimiento familiar*; sintagmas que aparecen de forma recurrente en los textos, pero no se pueden considerar propiamente como unidades denominativas:

> 100% fun Un **hotel con encanto** y ambiente familiar, escondido en la naturaleza y cerca de la playa más de moda de la zona, en un lugar idílico para pasar unas vacaciones inolvidables.
>
> Este **encantador hotel** está en la apacible zona de Guadix, a solo 30 minutos de viaje de Granada. Cuenta con un total de 43 habitaciones, de ellas 41 dobles y dos suites.
>
> Pensión Al Qutun Algodonales Especial para grupos, **familiares** y amigos. Comida casera y trato **familiar**. Capacidad para 60 personas, habitaciones compartidas, amplias zonas verdes, piscina,
>
> Pensión Acuario Moguer El Hostal Acuario lleva más de 12 años ofreciendo un **trato familiar** y acogedor en pleno corazón de Mazagón. Cuenta con habitaciones equipadas con baño, aire acondicionado, calefacción y televisión.
>
> Confortable Hotel situado en plena ciudad de Córdoba. Es un **establecimiento familiar**, acogedor y de un trato agradable.

Desde la perspectiva del análisis lingüístico, resulta relativamente sencillo determinar si una estructura sintagmática se puede considerar como unidad denominativa con una simple prueba de conversión sintáctica en estructura copulativa y con una prueba de coordinación de adjetivos, teniendo siempre presente que se trata de un discurso de especialidad, esto es, que el sentido que se asigna a la estructura no coincide con el de la lengua general.

---

[14] Compartimos plenamente la afirmación de Val Álvaro de que "los compuestos sintagmáticos revelan una de las fronteras más difíciles de trazar entre léxico, morfología y sintaxis [...]. El compuesto lleva la formación de un concepto unitario que permite la designación de una realidad específica" (1999: 4763-4765). En este sentido, además de propiedades sintácticas para establecer la fijación se presenta el rasgo semántico. Ahora bien, establecer si existe un concepto unitario o no supone un escollo, ya que nos hallamos en el ámbito del discurso de especialidad, en el que los conceptos quedan establecidos de un modo muy exhaustivo por la descripción de los rasgos en las normativas. En esta línea, tan solo podemos afirmar que detectamos construcciones fijas frecuentes (que denominamos *colocaciones*) y algunas de estas construcciones constituyen unidades denominativas. En relación con los términos *colocación, compuesto* y *locución*, remitimos también al trabajo de Ruiz Gurillo (2001).

De este modo, la estructura sintagmática *hotel familiar* significa, para el hablante común, que un *hotel es familiar*; es decir, se interpreta como *hotel* (sustantivo) 'establecimiento hotelero' + *familiar* (adjetivo) 'relativo a la familia', con lo cual el hablante podría inferir que se trata de un hotel gestionado por una familia, y que su tamaño no sería muy grande; o que se destina a un público formado principalmente por familias.

Por el contrario, desde la perspectiva del discurso de especialidad, un *hotel familiar* debe contar, según las normativas, con las siguientes instalaciones y servicios: jardín con un mínimo de 250 m, parque infantil, sala de televisión, sala de juegos, instalaciones deportivas, piscina, servicio de guardería durante el día, servicio de animación, menú infantil, cunas gratuitas y obligatorias.

De hecho, el concepto no coincide en los dos discursos; por ello, el texto descriptivo de promoción de hoteles no debería jugar con esta doble perspectiva, con los dos tipos de discursos (general y especializado). Los diccionarios, al menos los especializados, deberían recoger estos sentidos. En esta línea, compartimos plenamente las palabras de Piera y Valera Ortega en el capítulo, cuyo título, "Relaciones entre morfología y sintaxis", es bastante representativo de la idea que aquí sustentamos:

> De hecho, en el caso de los compuestos como los formados por nombre más sustantivo, el criterio de opacidad sintáctica que así se manifiesta es a veces el único que permite distinguir el compuesto de la agrupación formada por sintaxis libre. Dicho de otro modo: una forma denominativa tiene cuando menos un grado mínimo de no composicionalidad, consistente en que se aplica a un subconjunto propio de los posibles referentes de esa composicionalidad estricta [...]. En consecuencia toda forma denominativa debe hallarse recogida en el diccionario, pues su significado debe aprenderse (1999: 4411).

En la página electrónica de la Diputación de Málaga[15], que incluye la descripción de 1378 alojamientos, también se halla un dato curioso. En la pestaña que permite acceder a la presentación de los tipos de establecimientos se encuentra el término *hotel escuela*, no contemplado en la normativa: *hotel, pensión, apartamento, camping, albergue, casa rural, parador, hotel-apartamento, residencia universitaria, hotel escuela, zona de acampada* y *cortijo*. Es más, se considera como una categoría el *cortijo*.

Tampoco coinciden las clasificaciones en otros buscadores más institucionales, como la Guía rural andaluza[16], en la que se recogen desde *cabañas* hasta

---

[15] <http://www.malaga.es/turismo/alojamientos/>.

[16] <http://www.guiaruralandaluza.com/turismoengranada/index.php>.

cuevas (como alojamientos típicos y singulares): *apartahoteles, alojamiento completo, hoteles, apartamentos, habitaciones, casas, bungalows, cabañas, plazas, cuevas.*

En el caso de páginas privadas, más similares a la interacción que se lleva a cabo en una agencia de viajes como el servidor de hoteles o central de reservas, Booking.com[17], se puede constatar que las clasificaciones que facilita el servidor para buscar alojamiento no coinciden con las denominaciones de la normativa:

a) Por estrellas.
b) Tipo de establecimiento: *apartamento, hotel, hostal, albergue, complejo vacacional, villa/bungalow.*
c) Instalaciones que posee.
d) Perfil de hotel: *Playa/costa, romántico/luna de miel, spa/relax, familiar, económico/mochilero, escapada urbana, lujoso, de diseño, compras, esquí/deportes de esquí, rural, golf/deportes, gourmet, castillo, montañas, naturaleza/vida salvaje, business.*
e) Cadenas hoteleras.

Además, llama la atención porque considera el concepto *de compras* para aquellos hoteles que están próximos al centro y a sus establecimientos comerciales; también denomina *hoteles para business* aquellos que están céntricos o bien comunicados y poseen un centro de negocios entre sus instalaciones, por ejemplo.

Otra de las páginas privadas analizadas es Hoteles en Andalucía[18], que reenvía a la página Máshoteles[19]. Se trata de otro buscador de alojamientos en el que destaca la falta de seguimiento de la clasificación hotelera: solo se da un listado de hoteles (60 en la provincia de Sevilla, 15 en Almería, 43 en Cádiz, 23 en Córdoba, 49 en Granada, 56 en Sevilla, 65 en Málaga) y la colocación más habitual es *moderno hotel, confortable hotel, hotel acogedor* y *apartamentos tranquilos y completos.* Además, se consideran denominaciones sin correspondencia en la normativa, como *hotel de convenciones* u *hotel para negocios y convenciones, apartamento turístico, hotel boutique, hotel cortijo, bungalow* y *hotel con encanto* o *encantador hotel.* En descripciones como *hotel urbano* sí se ajusta el término, aunque no se justifica desde una descripción de la normativa:

> El Hotel Eurostars Isla Cartuja [...]. Este **moderno y elegante hotel** [...] tiene 4 plantas y un total de 72 habitaciones [...]. Este confortable **hotel urbano** está muy

[17] <http://www.booking.com/>.
[18] <http://www.andalucia-es.com/>.
[19] <http://www.mashoteles.com/>.

cerca de una parada de transporte público y muy próximo de la zona turística, y es un lugar adecuado además para celebrar todo tipo de eventos en él.

Apartamentos tranquilos a las afueras de Sevilla.

Apartamentos turísticos situados entre el aeropuerto de Sevilla y el casco antiguo, junto al Palacio de Congresos.

Situado en el barrio de Triana, junto a la Cartuja. **Confortable hotel** ideal para viajes de negocios y de ocio. Amplias instalaciones, garaje, salones y restaurante entre otros.

Moderno hotel de convenciones junto al palacio de Congresos de Sevilla.

Elegante hotel boutique en el centro comercial de Sevilla. Este hotel se sitúa en pleno centro comercial de Sevilla.

Un **hotel acogedor** en el centro de Almería.

En Castellar de la Frontera se encuentra este **hotel cortijo** de nueva construcción, respetuoso con la arquitectura típica andaluza de patios, fuentes y balcones enrejados. Dispone de 74 habitaciones, bar, restaurante, piscina, salas de convenciones y parking privado.

Magnífico complejo de 50 **bungalows** construidos en un estilo típico andaluz y rodeados de jardines tropicales.

Hotel de negocios en el centro de Granada [...]. Sus habitaciones de alto confort están totalmente equipadas y se adaptan a las necesidades de los hombres y mujeres que viajan por motivos de negocios, como para los turistas que visitan la ciudad andaluza. Todas las estancias de este hotel disponen una cómoda mesa de trabajo así como de conexión wifi.

Otra cuestión que también se debe mencionar es la inclusión en el nombre propio del establecimiento de voces consideradas como términos que designan un tipo de alojamiento tradicional, como sucede con *posada* u *hospedería*; alojamiento moderno, como *resort*; o una forma de construcción singular andaluza como en *cortijo*:

La **Posada** San Fernando se encuentra en pleno corazón del Conjunto Histórico de Carmona, localidad a 40 km de Sevilla. Este municipio, además de su belleza histórica, cuenta con 561 yacimientos arqueológicos y 15 inmuebles declarados Monumento.

Hospedería de San Francisco en Córdoba.

Hotel OC **Cortijo** el Sotillo.

Magnífico complejo de 50 bungalows construidos en un estilo típico andaluz y rodeados de jardines tropicales. San Roque Golf **Resort** está enclavado en el centro de los campos de golf de Sant Roque Club y ofrece a sus clientes muy amplios apartamentos.

Finalmente, como era de esperar, los establecimientos son, en su mayoría, *hoteles* con la excepción de algunos *hostales*, los cuales incluso se catalogan como *casas rurales*:

El **hostal** se encuentra situado en la avenida principal de Antequera, dentro del casco histórico, artístico y económico de la ciudad; gracias a sus modernas y confortables instalaciones y a su céntrico emplazamiento.

Hostal el escudo de Mijas. **Casa Rural** situada en Mijas Pueblo, a 3 km de la playa, y rodeada de 4 campos de golf, con 10 habitaciones dobles con todas las comodidades, minibar, caja fuerte, climatizado, tv, secadores, decoración muy cuidada estilo rústico.

3.2. Comunidad Autónoma de Galicia

Al igual que en la comunidad anterior, se han publicado normativas legales posteriores al texto comparativo de estudio, como la Ley 14/2008, de 3 de diciembre, de turismo de Galicia, en la que se alude de un modo explícito al tipo de información que se debe ofrecer al cliente y a las categorías de establecimientos hoteleros:

Derechos de las usuarias y de los usuarios turísticos. Derecho de información. La usuaria o usuario turístico tiene derecho a recibir información comprensible, veraz, objetiva y completa sobre las características y el precio de los bienes y servicios que se le ofrecen antes de contratarlos.

Toda información engañosa, incluso la publicitaria, dará lugar a la usuaria o al usuario turístico el derecho a recibir la prestación o servicio turístico en las condiciones acordadas o anunciadas […].

Modalidades de la actividad de alojamiento[20]
Establecimientos hoteleros: establecimientos que situados en uno o en varios edificios próximos, o en parte de ellos, que estén dedicados a dar hospedaje, con ánimo de lucro, al público en general.

[20] Forma un capítulo aparte los *complejos turísticos*: establecimientos que además de prestar alojamiento complementan su oferta con actividades turísticas de servicios comple-

a) **Hoteles:** Establecimientos que ofrezcan alojamiento, con o sin comedor y otros servicios complementarios, ocupen la totalidad de uno o varios edificios o una parte independizada de ellos, cuyas dependencias constituyan una explotación homogénea con los requisitos técnicos para su categoría (de una a cinco estrellas).
b) **Residencias turísticas:** Establecimientos que ofrezcan alojamiento, con o sin comedor y otros servicios complementarios, y tengan una estructura que les impida conseguir la clasificación de hoteles.

Apartamentos y viviendas turísticas[21]**:** Bloques o conjuntos de apartamentos, las casas, bungalows, y otras edificaciones semejantes, que oferten alojamiento turístico, profesional y habitualmente, mediante contraprestación económica.

Campamentos de turismo
Establecimientos de turismo rural: Edificaciones ubicadas en medio rural que, por sus especiales características de construcción, emplazamiento y tipicidad, prestan servicios de alojamiento turístico mediante contraprestación económica. Se clasifican a su vez en a) hoteles rurales, b) casas grandes y **pazos**: los establecimientos de turismo rural situados en pazos, castillos, monasterios, casas grandes, casas rectorales o inmuebles de singulares características o valor arquitectónico, c) casas rurales, d) otros fijados reglamentariamente.

La especialidad de **agroturismo** será aplicable a las explotaciones agrarias, ganaderas o forestales que, juntamente con el hospedaje, oferten servicios generados por la propia explotación.

Albergues turísticos
Cualquier otra que se fije reglamentariamente.

A diferencia de lo que acontecía en la anterior normativa, en el Decreto 267/1999, de 30 de septiembre, por el que se determina la ordenación de los establecimientos hoteleros[22], que reproducimos a continuación, ya no se detallan las especialidades y se utiliza el término *residencia turística* en lugar de *pensión*.

mentarios de las previstas VI. Se denominarán *ciudad de vacaciones* cuando cumplan una serie de condiciones en el título.

[21] Los apartamentos se dividen en dos grupos: a) Edificios/Complejos; y b) Conjuntos: *categorías* (de cuatro a una llave), *modalidades* (playa, ciudad, carretera y rural) y *especialidades* (de naturaleza, deportivos y familiares).

[22] Resulta llamativo que en el *Decreto* se vuelva a insistir en la necesidad de proteger los derechos del turista: "Es imprescindible, pues, la articulación de unas reglas de juego claras para el sector, pero también, muy especialmente, para ese usuario especialísimo (el turista) que se desenvuelve en un ambiente en principio ajeno y poco conocido y que lo hace merecedor de una tutela singular en la defensa de sus derechos irrenunciables, en una sociedad moder-

Hoteles de 5 a 1 estrellas.
Pensiones de 3 a 1 estrellas.
Especialidades de los hoteles:

Hoteles-Apartamentos
Son hoteles apartamentos aquellos que por su estructura y servicios disponen de las instalaciones adecuadas para la conservación, elaboración y consumo de alimentos dentro de la unidad de alojamiento, y que como mínimo constarán de dormitorio, salón-comedor, baño o aseos y cocina.

Moteles
Son moteles los establecimientos situados fuera de los núcleos urbanos y en las proximidades de las carreteras, en los que se facilita alojamiento para estancias normalmente no superiores a 24 horas, en departamentos que tienen entradas independientes desde el exterior, y están compuestos de dormitorio.

Balneario
Se consideran establecimientos hoteleros balnearios los que oferten la utilización de aguas termales, declaradas como tales por los órganos competentes, como servicios hídricos de relax o terapéuticos, o la prestación de servicios de talasoterapia, ya sea en el propio establecimiento o en otro próximo de la misma localidad con que los tengan concertados.

Deportivos
Podrán considerarse hoteles deportivos aquellos que cuenten con las instalaciones suficientes para la práctica de al menos dos deportes, de los que se excluirán la natación y los deportes de mesa.

Clubes
Son aquellos establecimientos vinculados a la realización de las actividades de los clubs turístico-deportivos.

Familiares
Los establecimientos hoteleros familiares deberán contar con las siguientes instalaciones y servicios: Jardín, con una superficie mínima de 2 m por plaza alojativa, con un

---

na y avanzada que, además, otorga a estos un fundamento constitucional". También se indica que justamente esta apuesta por una normativa autonómica se asienta en una defensa de la identidad: "La autonomía normativa, por otra parte, debe servir, sin distanciarnos del entorno normativo del ámbito estatal y europeo, para dar respuesta y poner en valor todas nuestras peculiaridades que permitan vertebrar una oferta con sello e identidad propias, tal como se requiere hoy en día si se quiere encontrar un lugar de privilegio en los mercados".

mínimo de 250 m. Parque infantil con aparatos o instalaciones de recreo. Sala de televisión. Sala de juegos. Instalaciones deportivas. Piscina. Servicio de guardería, al menos durante el día. Servicio de animación acorde con la clientela de carácter familiar, con una programación específica de actividades para niños. Menú infantil. Cunas gratuitas y obligatorias.

De ciudad
Podrán considerarse establecimientos hoteleros de ciudad los situados en núcleos urbanos de más de 50 000 habitantes.

De playa
Podrán considerarse establecimientos hoteleros en playa todos aquellos situados a menos de 500 metros de una playa de mar. Esta distancia podrá ser ampliada en determinados casos, en los casos de franjas de litoral con regímenes especiales de protección.

De montaña
Podrán considerarse establecimientos hoteleros de montaña todos aquellos situados en una zona de montaña o en las proximidades de una estación de invierno.

De naturaleza
Podrán considerarse establecimientos hoteleros de naturaleza aquellos situados en un espacio abierto y natural que constituya un enclave adecuado para la realización de actividades en contacto con la naturaleza.

Gastronómicos
Los establecimientos hoteleros del grupo hoteles podrán obtener la especialidad de gastronómicos siempre que presten los servicios de restauración de acuerdo con los requisitos que se indican en los siguientes artículos.

De temporada
Son establecimientos hoteleros de temporada todos aquellos en los que su funcionamiento se limita a una determinada época o épocas, siempre que su duración no exceda en conjunto de siete meses al año.

Paradores
Son aquellos establecimientos hoteleros pertenecientes a la Red de Establecimientos Turísticos que, bajo la denominación de paradores, son propiedad del Estado.

Posadas
Son aquellos establecimientos hoteleros, que bajo la denominación de ***pousada***, pertenecen a la Xunta de Galicia o a las administraciones locales, cumplen los requisitos establecidos para ellos en la Ley de ordenación y promoción del turismo en Galicia.

Rústicos
Son establecimientos hoteleros rústicos los situados en espacios o núcleos de población de naturaleza rural o de escasa complejidad urbanística.

Monumentos
Son aquellos establecimientos hoteleros del grupo hoteles situados en bienes de interés cultural declarados, catalogados o inventariados como tales por el órgano competente de la Xunta de Galicia, de conformidad con lo establecido en la Ley 8/1995, del 30 de octubre, del patrimonio cultural de Galicia.

Albergues turísticos
Esta lista podrá ampliarse con el fin de incorporar aquellos que exija el mercado.

Queda prohibido el uso de la palabra turismo, así como la de *parador* reservada a la Administración turística del Estado, y la de *posada* reservada a la Administración turística gallega como título o subtítulo de los establecimientos turísticos en consonancia artículo 32 de la Ley 9/1997, de 21 de agosto, de ordenación y promoción del turismo en Galicia. Queda así mismo prohibido el uso de iniciales, abreviaturas, o términos que puedan inducir a confusión.

Se han analizado diferentes páginas electrónicas, como la Web institucional Turgalicia[23] y, en especial, su sección *Dónde alojarse*, estructurada en *Hoteles, Pensiones, Apartamentos, Campamentos de turismo, Ciudad de Vacaciones, Turismo Rural* y *Todos los alojamientos*. Hemos revisado cada uno de estos apartados; si bien la información o descripción textual es casi nula, solo se incluyen los siguientes datos a modo de ficha técnica, los cuales varían en función del establecimiento: localización, fotografías, número de habitaciones y servicios, servicios para convenciones, salones, distancia a lugares relevantes, regímenes, tipos de aguas o tratamientos. En el caso de los hoteles, permite la búsqueda por especialidad:

- *apartamento* (13 registros): se denominan como *aparthoteles*, como *Hotel apartamento* en el nombre propio o con la etiqueta ambigua *residencial.*
- *balneario* (22 registros): en casi todos los nombres propios aparece el término *balneario*, que alterna con *termas* o *baños*.
- *ciudad de vacaciones* (2 registros): uno de ellos es un claro error y el otro, denominado *Pazo Los escudos Hotel Resort*, no justifica, por los servicios

[23] <http://www.turgalicia.es/>. Esa página institucional se ofrece en más lenguas: *galego, español, português, english, français, deutsch, italiano, català, euskera…*

que describe, su consideración como ciudad de vacaciones. Eso sí, en la denominación sabe combinar estratégicamente lo idiosincrásico y pintoresco, el *pazo*, con lo moderno desde la perspectiva lingüística, el *resort.*

- *club* (0 registro).
- *deportivo* (1 registro): consideramos un error este registro porque se trata de un *hotel spa* y no tiene relación con el concepto de la normativa; *Spa Oca Galatea.*
- *familiar* (2 registros): los dos con guardería, animación infantil y área de juegos para niños, y uno de ellos con habitaciones familiares; lo que en principio podría justificar la especialidad.
- *gastronómico* (12 registros): no se justifica la especialidad.
- *montaña (de)* (4 registros): no hay ninguna indicación explícita en la página que justifique la especialidad.
- *monumento* (17 registros): en la página aparece la etiqueta de *edificio histórico* para justificar la especialidad; además, en el nombre propio de estos hoteles se suelen encontrar nombres comunes relacionados con edificios históricos o singulares: *pazo, castelo, convento, palacio, hospedería,* etc.
- *motel* (24 registros): en la descripción textual no hay nada que justifique la especialidad, a no ser la indicación de *garaje gratuito*. Por las imágenes o fotografías sí se infiere el carácter de motel, ya que se aprecia en todas ellas la existencia de un garaje individual para el vehículo.
- *naturaleza (de)* (24 registros): no hay ninguna indicación explícita en la página que justifique la especialidad.
- *parador* (11 registros): no se justifica la especialidad. En todos los registros, la palabra *parador* forma parte de la denominación del establecimiento hotelero.
- *playa (en)* (40 registros): no hay ninguna indicación explícita en la página que justifique la especialidad. Como en casos anteriores, se atestiguan palabras que forman parte del campo léxico del mar, integradas en la denominación del nombre propio: *atalaya, faro, mar, navío, atlántico, estrella de mar, gaviota, duna, proa, punta cabicastro, mar del norte, playa, isla,* etc.
- *pousada* (2 registros): el término ya se documenta en el nombre propio: *Pousada Castillo de Soutomaior, Pousada de Portomarín*
- *rústico* (65 registros): no hay ninguna indicación explícita en la página que justifique la especialidad.
- *temporada (de)* (53 registros): la especialidad solo se justifica por el apartado *Periodo de funcionamiento.*

Resulta sorprendente que en muchos de estos hoteles convivan en la misma descripción la palabra *hotel* con *residencia*, porque se supone que pertenecen a categorías distintas: *Hotel Suarna. Hotel 1 Estrella. Residencia.* De hecho, cuando se busca por la categoría *pensión* aparecen todos los registros etiquetados como *pensiones* con diferentes estrellas y con la etiqueta adjunta *residencia.*

Al tratarse de la Comunidad de Galicia, se observa la inclusión de voces gallegas en la denominación de los hoteles*: a casa da madriña, a forxa, canónigo de galegos, casa das bentinas, a roxoa, as maceiras, campaniola,* etc. También destaca que la palabra *pazo* forme parte de la denominación de 15 hoteles: *o pazo, pazo do río, pazos alba, pazo de Mendoza…*

Se ha revisado igualmente la sección *Dónde alojarse* (pestaña Ayuda rápida) de la Web oficial de turismo de A Coruña[24], que permite una búsqueda por: *hoteles (de 5 a 1 estrellas), apartamentos turísticos, balnearios, campamentos de turismo, hostales y pensiones, hoteles apartamentos, hoteles con salones, motel* y *residencias.*

Dicha clasificación no se ajusta a la propuesta de la normativa legal de clasificación de los establecimientos turísticos de Galicia y, además, en algunos apartados no se documenta ningún registro, como en *residencia* o *balneario.* Incluye más de 26 registros en hostales y pensiones, en los cuales la palabra *pensión* se integra como *Pensión Santa Clara* o *Pensión Roma.* No hay descripción textual ni referencia a las especialidades.

En relación con las páginas privadas se han analizado diversos servidores o centrales de reserva, como Hoteles en Galicia[25], que, al igual que Hoteles en Andalucía, remite a *Máshoteles.* En concreto, se ha revisado la descripción de 41 hoteles de A Coruña con conclusiones similares a Andalucía. Aparecen denominaciones que, en principio, la normativa más reciente ya no incluye (*hotel familiar,* la variante *hotel urbano* para *hotel de ciudad, hotel gastronómico, hotel histórico* como variante de *hotel monumento*):

> **Hotel familiar** en Arteixo. El Hotel Las Viñas es un acogedor y familiar establecimiento ubicado en el bonito pueblo pesquero de Arteixo […]. El Hotel Las Viñas está especialmente dirigido a empresas y ejecutivos ya que cuenta con 4 salas completamente equipadas con capacidad hasta 400 personas.

> Un hotel junto al centro histórico de Santiago. Este **hotel urbano** está situado en la Avenida de Lugo, entre el centro histórico y monumental de Santiago de Compostela y los edificios administrativos del gobierno autonómico.

---

24 <http://www.turismocoruna.com/web/>.

25 <http://www.galicia-es.com/>.

El **Hotel Gastronómico** Casa Rosalía es una antigua Casa de Labranza de 250 años de antigüedad totalmente reformada, pero que conserva su estructura original de piedra y madera.

Histórico hotel en el centro de Santiago de Compostela. El hotel Compostela es un clásico de los hoteles de la ciudad, con una imagen totalmente renovada. Albergado en un edificio histórico, el hotel Compostela goza de una excelente ubicación en el centro de la ciudad [...].

A estas denominaciones se suman nuevas estructuras sintagmáticas a modo de compuestos con función designativa, así *hotel funcional* u *hotel con encanto*:

Un **hotel funcional** en Santiago. Este moderno establecimiento cuenta con 60 habitaciones totalmente equipadas. El Hotel Área Central cuenta, además, con salón de desayunos, servicio de lavandería, etc., ubicado en un centro comercial rodeado de restaurantes, cafeterías, tiendas y un Spa urbano. Ideal para viajes de placer y de negocios.

Hotel con encanto en Santiago de Compostela. El Hotel Virxe da Cerca es un acogedor hotel que se alza sobre un monumental edificio, original de 1700 y que ha sido cuidadosamente restaurado.

También se observa lo siguiente:

a) La estructura sintagmática no se convierte en unidad denominativa, sino en una clara colocación. Por ejemplo, los hoteles siempre son modernos (o se han reformado recientemente o totalmente) y acogedores (o confortables):

Moderno y acogedor hotel en La Coruña. El Hotel Moon es un establecimiento de reciente construcción situado en el corazón de La Coruña.

b) Se utilizan términos específicos de la clasificación, como *ciudad vacacional*, *apartamento* o *pazo* (ya sea en la descripción textual o como nombre propio) y se incluye una categoría ambigua desde la perspectiva terminológica (*pensión residencia*):

C.V. Monte de Gozo. Completa **ciudad vacacional** en el último punto de la ruta jacobea. Situada en la ruta de los peregrinos, en el punto justo en el que los peregrinos ven por primera vez las torres de la Catedral de Santiago. Posee una extensión de 650 000 m^2 y está rodeada de preciosas zonas verdes.

HC es un establecimiento con 28 **apartamentos** de reciente construcción.

Pazo de galegos. Esta casa, situada en lo alto del Valle de Ulla (a 13 km de Santiago de Compostela), consta de 9 habitaciones con baño. Cada habitación tiene su estilo propio y sugerentes nombres de uvas autóctonas. El hotel también ofrece servicio de bar y restaurante.

Pensión residencia Rosa Rosae. Este acogedor establecimiento urbano, situado en una zona privilegiada de Santiago por su tranquilidad y su céntrica localización, abre sus puertas con todos los ingredientes de un proyecto contemporáneo de calidad. Ofrece 19 Habitaciones Dobles Estándar.

También se ha analizado el servidor Booking.com[26], en el que se han encontrado 499 hoteles. Permite buscar hoteles clasificados por estrellas, por tipo de establecimiento (*apartamento, hotel, hostal, albergue, complejo vacacional, villa/bungalow, motel*), instalaciones, perfiles (*playa/costa, romántico/Luna de miel, spa/relax, familiar, económico/mochileros, escapada urbana, lujoso, de diseño, compras, esquí/deportes de invierno, rural, golf/deportes, gourmet, castillo, montañas, naturaleza/vida salvaje, business*) y por cadenas hoteleras. Todos los apartados proponen registros, si bien no se justifica exactamente la clasificación en la descripción textual. Así, se encuentran tres registros de *hoteles business*, como *Hotel Restaurante Rúas*, en la descripción del cual hay una información general, disponibilidad y comentarios, tipo de habitación, servicios, condiciones del hotel y puntuación dado por los clientes. Sin embargo, no hay nada explícito que permita considerarlo como un *hotel de negocios*, aunque entre los servicios se incluya el fax o la fotocopiadora, o en la descripción textual figure la posibilidad de conexión a Internet gratuita.

3.3. Comunidad Autónoma Valenciana

La Ley 3/1998, de 21 de mayo, de Turismo de la Comunidad Valenciana establece el marco legal para el desarrollo del turismo en la comunidad, pero, a diferencia de los marcos de las otras comunidades, no alude a la protección del turista ni a la preservación y difusión de la identidad de un modo explícito. Tan solo menciona que el turista es un cliente exigente:

> El turista actual es un consumidor maduro que se ha convertido en un cliente experto y exigente, con nuevas motivaciones y abundante información, que exige unos grados crecientes de conservación y preservación del medio ambiente y de los recursos naturales.

[26] <http://www.booking.com/>.

Y como en las otras comunidades indica que será objeto de sanción cualquier inexactitud:

> La inexactitud, falsedad u omisión, de carácter esencial, en cualquier dato, manifestación o documento que se acompañe o incorpore a una declaración responsable o a una comunicación previa, o la no presentación ante la administración turística de estas, determinará la imposibilidad de continuar con el ejercicio de la actividad [...].

Además, en el Decreto 06/2010, de 3 de diciembre, del Consell, por el que se modifican los decretos reguladores del alojamiento turístico en la Comunidad Valenciana se incorporan algunas modificaciones al decreto anterior[27].

Se distinguen diferentes tipos de empresas de alojamiento turístico:

1. Establecimientos hoteleros.
2. Viviendas turísticas, denominadas apartamentos turísticos, villas, chalés y bungalows.
3. Campamentos de turismo.
4. Alojamientos Turístico Rural.
5. Cualesquiera otras que reglamentariamente se determinen.

También se desarrolla una normativa específica de los *albergues juveniles* o *youth hostels.*

Y cada establecimiento hotelero está sujeto a la caracterización de grupo, categoría, modalidad, especialidad y especialización, tal y como figura en el impreso de la declaración responsable referente a la actividad de los establecimientos hoteleros.

En el marco del concepto de *grupo* se señalan diferentes tipos con su correspondiente *categoría* de establecimientos hoteleros:

---

[27] Tanto la legislación valenciana como la gallega sufren estas modificaciones al aprobarse la Ley 17/2009, de 23 de noviembre, sobre el libre acceso a las actividades de servicios y su ejercicio, en el que se incorporó al ordenamiento jurídico español la Directiva 2006/123/CE, del Parlamento Europeo y del Consejo, de 12 de diciembre de 2006, relativa a los servicios en el mercado interior, y en la que se refuerzan los derechos y garantías de los consumidores. Con ello, todas las administraciones se ven abocadas a revisar su legislación.

En la síntesis aquí presentada nos basamos en este último decreto, si bien retomamos algunas definiciones presentes en el decreto anterior. En algunas cuestiones no coinciden del todo; así, en el decreto del 93 se establecen subdivisiones en los grupos, y en el decreto del 2010 pasan a considerarse como modalidades.

Grupo 1: **Hoteles**.
Grupo 2: **Hostales**.
Grupo 3: **Pensiones**.
Los establecimientos hoteleros que no reúnan las condiciones de los grupos primero o segundo podrán ser clasificados como pensiones.

Como modalidades se recogen:

Hotel: Aquellos establecimientos que, ofreciendo alojamiento con o sin servicios complementarios, ocupan la totalidad de un edificio o parte independizada del mismo, constituyendo sus dependencias un todo homogéneo con entradas, ascensores y escaleras de uso exclusivo, y reúnen los requisitos técnicos que establece la presente reglamentación.

Hotel-apartamento: Aquellos establecimientos en los que concurren las exigencias y servicios comunes propios de los hoteles con instalaciones adecuadas para la conservación, elaboración y consumo de alimentos dentro de cada unidad de alojamiento o apartamento. En estos establecimientos podrán existir unidades de alojamiento propias de los hoteles.

Hotel-residencia: Aquellos establecimientos en los que concurren las exigencias y servicios propios de los hoteles a excepción del de comedor.

Hotel-apartamento-residencia: Aquellos establecimientos en los que concurren las exigencias y servicios comunes propios de los hoteles-apartamento, a excepción del de comedor.

Hostal: Aquellos establecimientos hoteleros que, ofreciendo alojamiento con o sin servicios complementarios, ocupan la totalidad de un edificio o parte del mismo, con o sin entradas, ascensores y escaleras de uso exclusivo, y reúnen los requisitos técnicos que establece la presente reglamentación.

Hostal-residencia: Aquellos establecimientos hoteleros en los que concurren las exigencias y servicios comunes propios de los hostales a excepción del de comedor.

Pensión con comedor/sin comedor: Establecimientos hoteleros que no reúnan las condiciones de los grupos primero o segundo podrán ser clasificados como pensiones.

A partir de la prestación de ciertos servicios o la existencia de determinadas instalaciones complementarias, los establecimientos hoteleros podrán especializarse en alguno de los siguientes temas o materias, aunque no se define ninguno de ellos: *Balneario / Casino / Deportivo / Familiar / Otros.*

Como especialidades se indican:

Motel: Todo establecimiento hotelero que, situado en las proximidades del eje de una carretera, facilita alojamiento para estancias que, normalmente, no rebasen las 24 horas, en departamentos o estancias con entrada independiente desde el exterior cada uno de ellos y con garaje adjunto o, al menos, cobertizo adjunto o próximo.

Establecimiento de playa: Calificados como de playa serán aquellos que se sitúen en primera línea, o a menos de 1000 m de una playa, de mar o lago, siempre que dentro de la distancia indicada no existan obstáculos importantes con la línea litoral y sea fácil y cómodo el acceso a la misma.

Establecimiento de montaña: situados en zonas de interior cuya altitud, climatología y recursos turísticos sean propios de zona de montaña.

Establecimiento monumento: Para ostentar la especialidad de establecimiento-monumento, el establecimiento deberá estar instalado en un edifico, que en atención a sus características históricas o artísticas, haya sido declarado como bien de interés cultural.

Establecimiento típico: Aquellos que en su arquitectura, decoración y servicios reflejen las peculiaridades de una determinada época, lugar o construcción, característicos y representativos de la Comunidad Valenciana.

Rural: Capacidad no superior a 16 plazas por apartamento, edifico que corresponda a las características arquitectónicas de la zona, mobiliario y equipamiento con singularidad autóctona rústica e información sobre recursos turístico.

Además, se incluye un Anexo II que modifica el Decreto 188/2005, de 2 de diciembre, del Consell, regulador del alojamiento rural en el interior de la Comunidad Valenciana, en el que se recogen las siguientes modalidades y especialidades:

Modalidades

1. **Alojamiento turístico rural (estándar o superior)**

   a) **Casa rural**, compartida o no con sus propietarios o usuarios.
   b) **Acampada** en finca particular con vivienda habitada.
   c) **Albergue turístico** (estándar o superior): instalación habilitada para prestar el servicio de alojamiento turístico, con o sin servicios complementarios, en habitaciones colectivas, y con instalaciones de uso colectivo para los alojados.

2. **Viviendas turísticas**, denominadas apartamentos turísticos, villas, chalés y bungalows podrán ser considerados como rurales cuando cumplan los requisitos de ubicación.

Especialidades

a) **Masías, Alquerías y Riuraus:** cuando el servicio de alojamiento se preste en edificios de más de 50 años de antigüedad, debidamente datados y catalogados, y que respondan a la arquitectura tradicional de la zona en que se ubiquen.
b) **Casas de pueblo:** constituyan una vivienda única, estén en casco urbano y respondan a la arquitectura de la zona.

Hemos revisado, al igual que en los casos anteriores, páginas electrónicas institucionales de la Comunidad Valenciana, como la Web Oficial del Turismo de ocio y de negocio en Valencia[28], articulada en torno a diferentes tipos de establecimientos, si bien recoge escasos registros y no hay descripción textual porque se remite a la página privada de cada hotel:

hoteles (5, 4, 3, y 3 estrellas): 43 registros[29].

hostales (2,1 estrellas): un solo registro (*Hostal Antigua Morellana*).

pensiones: un solo registro, *Accom Hostel Palacios*, con una breve descripción. Al revisar la página del hotel, se comprueba que en ningún caso hay una mención del término *pensión.*

apartamentos: un solo registro.

campings: seis registros.

youth hostels: se documentan tres registros, *Center Valencia Youth Hostel, Home hostels Valencia, Red Nest Hostel*, en los que aparece la palabra *hostel*. No existe descripción textual en la página institucional.

Curiosamente, no aparece el término *albergue* en esta clasificación, el cual convive de un modo ambiguo con *hostal* o *pensión* en las descripciones de las páginas privadas de estos establecimientos:

---

28 <http://www.turisvalencia.es>. Esta página electrónica pertenece a la Fundación Turismo Valencia Convention Bureau (TVCB), una fundación sin ánimo de lucro, editada por el Ajuntament de València, la Cámara de Comercio, Feria Valencia, la Confederación Empresarial Valenciana, en colaboración con empresas del sector turístico.

29 En las denominaciones de los hoteles como nombres propios aparecen anglicismos (*Chill Art Hotel Jardín, Confortel Aqua, Eurostars Gran Valencia, Holiday in Valencia*), alusiones a las cadenas holeteras (*MeliáValencia, HUSA Dimar, NOVOTEL, NH Center, TTryp Oceanic, Vincci Palace, Barceló Valencia*), a referencias valencianas (*Sercotel Sorolla Palace, Medium Conqueridor, Beatriz Rey Don Jaime*), a tipos de construcciones lujosas (*Palace, Ayre Hotel Astoria Palace*) y a entornos relativos al mar (*Kris Consul del Mar, Neptuno, Acta Atarazanas*).

> Bienvenidos a **Valencia** y a **CENTER-VALENCIA youth hostel**, el **mejor albergue juvenil** de Valencia. Situado en el mismo **centro** de la ciudad, ofrece a los **viajeros, mochileros y grupos,** los mejores servicios e instalaciones que se pueden encontrar en cualquier **hostal** o **albergue** de juventud de **Valencia**[30].

> Si buscas **alojamiento barato** en **Valencia**, ven a Hôme Hostels, la cadena de **hostales** y **pensiones baratos**. Tenemos dos **albergues**: Hôme Backpackers y Hôme Youth Hostel. Estos dos **albergues** están situados en el **centro** histórico de **Valencia**, a solo 10 minutos a pie desde la estación de tren o autobús. Son ideales para gente joven porque son **hostales económicos**[31].

> Somos un **albergue juvenil** en Valencia con mucha experiencia. Nuestros visitantes califican nuestro albergue como uno de los mejores en Europa[32].

En otra página institucional de la Comunidad Valenciana, València Terra i Mar[33], la estructura de alojamientos se organiza en torno a *casas rurales, alquileres, hoteles, campings* y *balnearios*[34]. Presenta información textual descriptiva, tarifas, mapas, comentarios y una clasificación previa con los siguientes datos: municipio, dirección, teléfono, plazas, modalidad, instalaciones y actividades. Destaca por los numerosos registros que incluye en cada uno de los apartados:

- **casas rurales:** aparecen más de 50 registros, entre los que se incluyen albergues, diferenciados como una modalidad, lo cual es una contradicción con la propia normativa valenciana, ya que se consideran ambos como un tipo de alojamiento rural y en ningún caso el término *casa rural* constituiría un hiperónimo:

  > **Albergue** Centro Renacer Gran casa de estilo manchego, rehabilitada y acondicionada en estilo rústico, con ambiente acogedor y hogareño.

  > **Albergue** de Jalance: Emplazado en el casco urbano del municipio de Jalance. Se trata de la antigua "Casa de Postas" de estilo rural.

Algo similar sucede con otra modalidad peculiar, *albergue juvenil,* que aparece así de forma explícita, aunque no se haya identificado como tal para clasificar el *Albergue juvenil Torre de Alborache.*

---

30 <http://www.center-valencia.com/>.

31 <http://www.likeathome.net/inicio/>

32 <http://www.nesthostelsvalencia.com/red/nest-youth-hostel-valencia-index-es.php>.

33 <http://www.valenciaterraimar.org/>.

34 En el apartado de alquiler se incluyen sobre todo apartamentos.

También sorprende que mientras todos los anteriores sean únicamente *albergues*, también utilice la etiqueta *albergue rural* en la indicación de modalidad, como sucede en *Albergue rural "Ven y volverás"*. En dicha información, además, se alude a los términos *hostería* y *centro rural y de multiaventura*.

> La Hostería situada en plena naturaleza, cercano al Río Cabriel y a la entrada de la espectacular Reserva Natural Hoces del Cabriel. Forma parte del **Centro de Turismo Rural y Multiaventura** Ven y Volverás.

Este epígrafe recoge también como modalidad los *hoteles rurales*, con lo cual se confirma el equívoco de la etiqueta de *casa rural* utilizada en la página principal de la búsqueda por alojamientos:

> Alojamiento rural La placeta. **Hotel rural** situado en el centro del pueblo de Ayora, junto a una zona verde con lago artificial e instalaciones deportivas e infantiles.

En otros casos se aprecia bastante confusión como en el *Apartahotel 77,* considerado por uso como *apartamento rural*, a pesar de la denominación del nombre propio, la cual no coincide con la descripción:

> **Apartamentos** nuevos con todas las comodidades para una estancia agradable.

En algunos registros, la modalidad explicita que se trata de *apartamentos turísticos rurales*, como sucede en *Apartamentos Alduya*; de *apartamentos turísticos* en *Apartamentos Gineres*; o de *apartamentos rurales* en *La Canal de Salem*; o se indican dos, como *casas rurales + hotel de montaña*, como en el caso de *Aras Rural*, en las que curiosamente las casas rurales son de madera:

> El complejo consta de 12 **casas de madera** con 2 habitaciones dobles, 1 individual y un sofá-cama. Disponen de todo tipo de servicios (menaje de hogar, calefacción, agua caliente, luz, etc.), solo tienen que traer la comida. También disponemos de un hotel de montaña con 12 habitaciones dobles, 1 triple y 2 cuádruples. Dispone de restaurante, sala de conferencias. Desde Aras Rural se organizan actividades multiaventura como salidas en quads, senderismo, bicicletas MTB, descenso de barrancos, piragüismo, etc.

En este apartado aparecen las *casas rurales*, consideradas así como modalidad, en la descripción textual de las cuales aparecen términos como *boutique hotel*, que no se corresponden con su concepto originario, como estrategia publicitaria:

Casa Aldomar te ofrece algo diferente, una **casa rural** compartida, del siglo XVIII, recientemente restaurada, en el corazón del casco antiguo de Xàtiva, la casa combina los elementos de un "**boutique hotel**" con la atención personal de una casa de huéspedes.

Sin embargo, en muchos registros no figura el epígrafe de modalidad. A veces se encuentran especificaciones como *casa rural compartida o completa* en la clasificación de *Ca Provi.*

Y como era de esperar, se recogen en el listado de registros *masías*, como *Masia la Palmera* o *Masía Los tejados*, pero no se las clasifica como tales, ya que no aparece este dato, esto es, no existe un apartado en la descripción que indique esta modalidad concreta. A veces se clasifican en la modalidad de *casas rurales.*

Masía típica de la zona, situada a 500 m de la localidad, rodeada de pinares, almendros, olivos y naranjos. Dispone de 4 habitaciones, cama para niños, zona ajardinada en la parte posterior de la casa, con paellero y barbacoa, lavadora, cocina equipada, TV, dos chimeneas, agua caliente. Rutas de senderismo y posibilidad de realizar visitas culturales.

También se incluye un *mas*, *Mas de la Pinaeta*, considerado en la modalidad como *casa de uso completo:*

Complejo compuesto por 5 casas rurales independientes.

- **hoteles:** recoge más de 200 hoteles. Se clasifican por estrellas, pero, como en los casos anteriores, aparecen otras denominaciones como el *Motel Valle del Nilo*, con la modalidad de *hotel-residencia tres estrellas*, o el *Mas de Canicatti,* considerado como un simple hotel a pesar del nombre, o apartamentos en la categoría *pensión*, como es el caso de *Garzarán*:

  Nuestros céntricos y funcionales **apartamentos** en Utiel están equipados con todo lo que pedirías a un moderno hotel de lujo, con la intimidad de tu propia casa.

Otra denominación que se documenta en la descripción es *hotel-apartamento*, aunque no figura como tal en la categoría (hotel 1 estrella):

HOTEL-APARTAMENTO Situado en el Parque Tecnológico, a 15 minutos del centro de Valencia. Muy próximo de la Feria y del aeropuerto. Junto a la Hípica y a la ciudad deportiva del Valencia CF y la zona residencial Mas Camarena.

También encontramos en la descripción textual claras ambigüedades respecto a la normativa de otras comunidades, en las que el *hotel familiar* es una especialidad:

El Hotel San Luis, es un **hotel familiar** que por su situación le permitirá disfrutar de unas relajantes vacaciones en primera línea de playa, frente al mar y al club náutico, en una de las mejores playas y de más fina arena de todo el litoral mediterráneo, con una temperatura agradable durante todo el año y en la que el sol luce casi todos los días.

Se recogen del mismo modo denominaciones como *Hotel-residencia tiempo libre,* a modo de nombre propio, sin figurar ninguna modalidad, o al revés, denominaciones ambiguas como *Casa San Vicente*, considerada en la categoría de *pensión*.

Por su parte, en las páginas electrónicas de promoción privada, como *Máshoteles*, se incluye como en las otras comunidades un listado de más de 150 hoteles sin apenas clasificación.

En la descripción textual se categoriza con colocaciones como *hotel de negocios*, aunque el lector no sabe exactamente si se puede considerar como una unidad denominativa:

Hotel de negocios junto a la Feria de Valencia. El Hotel Beleret es un acogedor y confortable establecimiento, ideal para disfrutar de su estancia en Valencia. El Hotel Beleret cuenta 70 habitaciones amplias, totalmente equipadas y con una decoración moderna y acogedora. El Hotel Beleret es perfecto tanto para su estancia de vacaciones como para sus viajes de negocios y trabajo en Valencia. Está situado junto al recinto ferial, cerca del centro de la ciudad y a 10 minutos, en coche, del aeropuerto de Manises. El establecimiento cuenta con Business Center y planta ejecutiva, y pone a su disposición un salón ideal para celebrar reuniones de empresa, congresos, seminarios o banquetes.

Igual sucede con *hotel con encanto*, *hotel de playa*, *hotel rural* u *hotel urbano*:

Hotel con encanto situado en una tranquila población a 1,5 km de Valencia, a 10 min. de la Feria de Muestras y a 5 min del aeropuerto de Manises.

Un **hotel de playa** en Gandía. Este hotel de cuatro estrellas se encuentra a solo 250 metros de la playa de Gandía, una de las más famosas de toda la costa mediterránea.

Hotel rural cercano a Enguera. Este hotel, rodeado de naturaleza, se sitúa muy próximo a la localidad de Enguera, población rica en patrimonio cultural e histórico. El hotel aúna el contacto con la naturaleza con el diseño vanguardista de sus espacios pensados para el descanso.

Un hotel en la zona comercial de Alicante. Este **hotel urbano** se encuentra a pocos metros de la estación de trenes, en plena zona comercial de Alicante.

El lector no especializado podría considerar estos términos como meras colocaciones, como sucede con *hotel céntrico*:

> **Hotel céntrico** situado justo frente a la estación de ferrocarril y a poca distancia de los principales puntos de interés de la ciudad. De carácter puramente urbano, ofrece unas habitaciones confortables y totalmente equipadas incluyendo conexión de Internet sin cargo adicional.

Las colocaciones más habituales son *confortable hotel, hotel de diseño, hotel elegante y contemporáneo, hotel moderno.*

La otra página privada consultada es Booking.com[35], que registra 776 hoteles en la Comunidad Valenciana. Como es un buscador general, mantiene la misma categorización y clasificación que en las comunidades anteriores y, en este sentido, no se ajusta a las categorías seguidas por la normativa autonómica.

Hemos revisado un tercer servidor, centrado en alojamiento rural, Toprural[36], que permite la búsqueda por casas rurales de alquiler íntegro (*apartamentos rurales, cabañas* o *bungalows*) o alquiler por habitaciones (*casas rurales –habitaciones–, hoteles rurales, albergues rurales).* Hemos encontrado lo siguiente:

- 44 registros para *Hoteles rurales*. Entre las denominaciones de los alojamientos destacan la de *hotel rural, hotel de montaña* y *hostal*: *Mas Fontanelles, Hostal Plaça, Hotel de Montaña Novella, Hotel Rural, Hostal Mesó del Reu, La Fonda Moreno, Hotel rural Casai, Hostal Loreto*. Solo se documenta una *masía* (*Hotel Rural Masía La Mota*).
- 403 registros para *casa rural*, con numerosas denominaciones que integran el término *mas* (*Mas de les Casetes*), *masía* (*Masía La Posada del Río Carbó*) y especialmente *casa* (*Casa Rural Barranco Moreno*).
- 48 apartamentos, en los denominaciones de los cuales suele aparecer este término (*Apartamentos La Belluga*); sin embargo, también se documenta *casa* (*Cases del Forn*) o *casa rural* (*Casa Rural de Ares*).

Aparecen numerosas denominaciones en valenciano (*forn* o *plaça*) y palabras relacionadas con el medio rural (*piedra, pastor, pinos,* etc.). Como en los servidores y comunidades anteriores, el hablante medio no acaba de entender, por ejemplo, las diferencias entre una *casa rural* y un *apartamento*, y no aparecen indicaciones al respecto. Como construcción más destacada y singular, se registra especialmente *masía* y *mas*.

---

[35] <http://www.booking.com/>.

[36] <http://www.toprural.com/>.

3.4. Las comunidades en contraste y las normas UNE-ISO

El resultado del análisis de las normativas de las comunidades se puede resumir en la tabla siguiente:

1. C. de Andalucía	2. C. de Galicia	3. C. Valenciana
EST. HOTELEROS **I. Grupos** 1. Hoteles: 5 a 1 estrellas. 2. Hoteles-Apartamentos: 5 a 1 estrellas. 3. Hostal (de 2 y 1 estrella). 4. Pensiones (categoría única). **II. Categorías** El nivel del establecimiento hotelero dentro del grupo al que pertenezca. **III. Modalidades** Playa Ciudad Rural Carretera **IV. Especialidad** a. Vinculados a modalidades Modalidad de hotel de carretera Moteles Modalidad de hotel rural Albergue Establecimiento hotelero de montaña Establecimientos hoteleros de naturaleza b. Sin vinculación a modalidades Establecimiento hoteleros deportivos Establecimientos hoteleros familiares	**I. Modalidades de la actividad de alojamiento** 1. Establecimientos hoteleros: a. Hoteles. b. Residencias turísticas (antes se utilizaba el término *pensión*). 2. Apartamentos y viviendas turísticas. 3. Campamentos de turismo. 4. Establecimientos de turismo rural. a. Hoteles rurales. b. Casas grandes y pazos. c. Casas rurales. d. Otros fijados reglamentariamente. 5. Albergues turísticos. 6. Cualquier otro que se fije reglamentariamente. [**Especialidades** no contempladas (ya no se mencionan en la nueva normativa). Hoteles-Apartamentos Moteles Balneario Deportivos Clubes Familiares De ciudad De playa De montaña	**I. Tipos de empresas de alojamiento turístico** 1. Establecimientos hoteleros. 2. Viviendas turísticas, denominadas apartamentos turísticos, villas, chalés y bungalows. 3. Campamentos de turismo. 4. Alojamientos turístico rural. 5. Cualesquiera otras que reglamentariamente se determinen. También se desarrolla una normativa específica de los *albergues juveniles* o *youth hostels.* **EST. HOTELEROS** **II. Grupos (con sus categorías de 1 a 5 estrellas y GL)** Grupo 1: Hoteles, Grupo 2: Hostales. Grupo 3: Pensiones. **III. modalidades** Hotel Hotel-apartamento Hotel-residencia hotel-apartamento-residencia Hostal Hostal-residencia Pensión con comedor/sin comedor

1. C. de Andalucía	**2. C. de Galicia**	**3. C. Valenciana**
Establecimientos hoteleros gastronómicos Establecimientos hoteleros de congresos y negocios Establecimientos monumentos **Est. de alojamiento turístico en el medio rural** **I. Clasificación** a. Casas rurales con categoría básica y superior. b. Establecimientos hoteleros y apartamentos turísticos. c. Complejos turísticos rurales. d. Demás establecimientos turísticos cuya normativa específica así lo determine. **II. Especialidades** 1. Agro-turismo 2. Albergue 3. Aulas de naturaleza 4. Casa forestal 5. Casa molino 6. Casa cuevas 7. Chozas y casas de huerta 8. Cortijo 9. Granja-escuela 10.Hacienda 11.Refugio 12. Alojamientos especiales	De naturaleza Gastronómicos De temporada Paradores Posadas *pousada* Rústicos Monumentos Albergues turísticos] **II. Complejos turísticos vacacionales / ciudad de vacaciones**	**IV. especializados** Balneario Casino Deportivo Familiar Otros **V. especialidades** Motel / Rural Establecimiento de playa Establecimiento de montaña Establecimiento monumento Establecimiento típico **Alojamiento turístico rural** **I. Modalidades** 1. Alojamiento turístico rural (estándar o superior): a. Casa rural, compartida o no. b. Acampada en finca particular con vivienda habitada c. Albergue turístico (estándar o superior) 2. Hoteles, Hostales y Viviendas turísticas, denominadas apartamentos turísticos, villas, chalés y bungalows. **II. Categoría (estándar y superior)** **III. Especialidades** 1. Masías. 2. Alquerías. 3. Riuraus. 4. Casas de pueblo.

Esta tabla de síntesis permite comprobar que las comunidades autónomas difieren notablemente no solo en las denominaciones utilizadas sino también en las clasificaciones conceptuales realizadas. Por ello, pese a que en todas las normativas aparece la potestad de poder legislar en cada comunidad autónoma, en el caso que nos ocupa, consideramos que resulta ambiguo y complejo para el usuario, ya que al desplazarse de una comunidad a otra debe saber y conocer esta variedad terminológica.

Una situación que se complica aún más, como hemos demostrado, debido a que las páginas de promoción institucionales y privadas emplean de modo ambiguo e impreciso las unidades léxicas especializadas y, a veces, no detallan con rigor el tipo de establecimiento hotelero que promocionan.

De hecho, este panorama se convierte en más llamativo cuando se contrastan estas normativas con la norma española UNE-EN ISO 18513:2004, cuya finalidad, como ya hemos explicado, es ayudar a los consumidores a elegir con conocimiento de causa.

Dicha norma recoge solo seis términos generales que coinciden grosso modo con los indicados en normativas de las comunidades: *hotel, albergue juvenil, motel, hotel balneario, campamento de vacaciones (centro vacacional o complejo vacacional), chalet (bungalow)*. En los demás casos, no hay coincidencia en la forma, *apartotel*, o esta no se utiliza, *casa de huéspedes* o *suite-hoteles*, o las definiciones presentadas no se ajustan a las de las comunidades: *hotel-residencia*, *pensión*, *casa rural* o *residencia*. Reproducimos la definición de *pensión* como muestra:

> **pensión.** Establecimiento que ofrece alojamiento, normalmente para más de una noche, y que ofrece servicio de comidas principalmente a huéspedes que se alojan en el establecimiento.

También se incluye el concepto "Hotel que en un entorno urbano en el que se proporciona alojamiento para estancias largas", sin indicar un término existente, a diferencia de lo que sucede en otras lenguas.

4. La perspectiva lexicográfica: una cala por el diccionario general y por el especializado

Hemos comprobado la diversidad de unidades léxicas especializadas en las normativas, pero falta confirmar si esas unidades aparecen en diccionarios generales, considerados de algún modo como textos que recogen la competencia léxica de un hablante medio-culto. Dicho de otro modo, el diccionario general sería un parámetro para poder considerar cómo el lector medio profano en la materia interpreta estos términos. Para ello, hemos revisado tres diccionario generales, el *Diccionario de la lengua española (DRAE)* (RAE 2001), el *Diccionario del español actual* (Seco *et al.* 1999) y el *Diccionario de uso del español* (Moliner 2002).

El *DRAE* registra, como era de esperar, los términos más genéricos (*hotel*), pero no los compuestos denominativos (*hotel* + adjetivo, *hotel* + *de* + sustantivo). Las definiciones no se suelen ajustar a las definiciones ofrecidas por las normativas; y, por supuesto, no se indican los rasgos más destacados que se exigen a estos establecimientos para ser considerados como tales –por ejemplo, *residencia, hostal, pensión, albergue, posada o apartotel*– ni se les reconocen como alojamientos turísticos estrictamente –*apartamento, cortijo, masía, pazo* o *balneario*–. En otros casos, se recogen términos que hoy en día no se registran en las normativas, como *fonda* o *casa de huéspedes*, frente a otros muy utilizados no registrados, así *casa rural* o *hostel.*

establecimiento. 5. m. Lugar donde habitualmente se ejerce una actividad.

hotel. 1. m. Establecimiento de hostelería capaz de alojar con comodidad a huéspedes o viajeros 2. m. Casa más o menos aislada de las colindantes y habitada por una sola familia.

apartamento. 1. m. piso (vivienda). 2. m. *Esp*. Piso pequeño para vivir.

residencia. 3. f. Casa en que se vive, especialmente la grande y lujosa. 4. f. Casa donde conviven y residen, sujetándose a determinada reglamentación, personas afines por la ocupación, el sexo, el estado, la edad, etc. Residencia de estudiantes, de viudas, de ancianos. 5. f. Establecimiento público donde se alojan viajeros o huéspedes estables.

hostal. 1. m. hostería.

hostería. 1. f. Casa donde se da comida y alojamiento mediante pago.

pensión. 4. f. pupilaje (Casa donde se reciben huéspedes). pupilaje. 3. m. Casa donde se reciben huéspedes mediante precio convenido.

albergue. 1. m. Lugar que sirve de resguardo, cobijo o alojamiento a personas o animales. 2. m. Establecimiento hotelero que atiende al turismo durante estancias cortas. 3. m. Establecimiento benéfico donde se aloja provisionalmente a personas necesitadas.

motel. (Del ingl. *motel*, acrón. de *mot*orcar, automóvil, y hot*el*, hotel). 1. m. Establecimiento público, situado generalmente fuera de los núcleos urbanos y en las proximidades de las carreteras, en el que se facilita alojamiento en departamentos con entradas independientes desde el exterior, y con garajes o cobertizos para automóviles, próximos o contiguos a aquellos.

apartotel. (Del ingl. *apartotel*, y este acrón. de *apart*ment, apartamento, y h*otel*, hotel). 1. m. Hotel de apartamentos.

fonda 1. f. Establecimiento público, de categoría inferior a la del hotel, o de tipo más antiguo, donde se da hospedaje y se sirven comidas.

posada. 1. f. Establecimiento económico de hospedaje que solía servir de aposento destinado a albergar viajeros, en ocasiones con sus carros, caballerías, etc. 2. f. Establecimiento hotelero moderno que evoca, al menos en su nombre, las antiguas posadas.

pazo. 1. m. Casa solariega gallega, especialmente la edificada en el campo.

cortijo. 1. m. Finca rústica con vivienda y dependencias adecuadas, típica de amplias zonas de la España meridional.

masía. (Del cat. *masia*). 1. f. Casa de labor, con finca agrícola y ganadera, típica del territorio que ocupaba el antiguo reino de Aragón.

balneario, ria. 2. m. Edificio con baños medicinales y en el cual suele darse hospedaje.

casa ~ de huéspedes. 1. f. casa en que, mediante cierto precio, se da estancia y comida, o solo alojamiento, a algunas personas.

parador nacional de turismo. En España, cierto tipo de establecimiento dependiente de organismos oficiales.

Sucede algo similar con el *Diccionario del español actual* (Seco *et al.* 1999). No se documentan compuestos con *casa* ni con *hotel*, el término *balneario* amplia su significado a *hotel balneario*, se recoge un término en desuso como *fonda*, no se documenta *hostel*, y las definiciones ofrecidas no se ajustan a la definición de las normativas, *hostal* o *pensión*. Es más, destaca el hecho de que ambos conceptos tienen un matiz que cualquier hablante medio puede captar: son más económicos que los hoteles. Del mismo modo, no se recoge en las clasificaciones hoteleras la noción de *hostal* como hotel de lujo dependiente del Estado, para la cual se utiliza más *parador*, también incluido en los diccionarios. Sin embargo, sí encontramos en las definiciones de *hotel* y *hostal* la influencia clara y evidente de la normativa turística.

establecimiento. 3. m. Local destinado a una actividad, esp. comercial.

hotel. 1. m. Establecimiento público que, ocupando la totalidad de un edificio o parte del mismo completamente independizada, facilita servicio de alojamiento y comida. 2. (hoy raro) Chalé.

apartamento. m. Vivienda, en una casa moderna de pisos, normalmente con solo dos o tres habitaciones.

residencia. 4. Establecimiento hotelero que no presta servicio de comedor, aunque suele tener cafetería.

hostal. 1. m. Establecimiento público que, no teniendo que ocupar necesariamente la totalidad de un edificio o parte del mismo independizado, facilita servicio de alojamiento y comida. 1. Hotel de lujo dependiente del Estado.

hostería. f. (raro) Mesón.

pensión. (admins.) Establecimiento hotelero que no dispone de más de doce habitaciones y facilita hospedaje gralm. en régimen de pensión completa.

albergue. Establecimiento hotelero que depende del Estado y que, situado en algún punto estratégico, atiende al turismo en estancias cortas. 3. Residencia juvenil para vacaciones en que se practican diversas actividades, esp. deportivas.

motel. (Del ingl. *motel*, acrón. de *mot*orcar, automóvil, y hot*el*, hotel). 1. m. Establecimiento público, situado generalmente fuera de los núcleos urbanos y en las proximidades de las carreteras, en el que se facilita alojamiento en departamentos con entradas independientes desde el exterior, y con garajes o cobertizos para automóviles, próximos o contiguos a aquellos.

apartotel. (tb con la grafía *aparthotel*). 1. m. Hotel de apartamentos.

fonda. 1. f. Establecimiento público de carácter modesto donde se da hospedaje y se sirven comidas.

posada. 1. f. Establecimiento de poca categoría en que se hospedan viajeros o forasteros.

pazo. 1. m. Casa señorial gallega, esp. edificada en el campo.

cortijo. 1. m. Finca rústica, propia de Andalucía y Extremadura, con viviendas para el propietario y los trabajadores.

masía. Casa grande de labor, adscrita a una finca rústica de cultivo, esp. de Cataluña.

balneario, ria. 2. m. Establecimiento de aguas mineromedicinales, esp. con instalaciones balnearias y con alojamientos para sus huéspedes.

parador. Establecimiento hotelero de alta categoría, dependiente del Estado. Tb. Parador Nacional o Parador de Turismo.

En cuanto al *Diccionario de uso del español* (Moliner 2002), tampoco se incluyen los compuestos con *hotel*, la denominación *apartamento turístico*, el anglicismo *hostel* o la voz *balneario* en su sentido de establecimiento hotelero. Sin embargo, establece una clara división entre *hostal*, *pensión* y *hotel*, que comparte cualquier hablante medio, y es muy preciso en el resto de definiciones, si bien no se ajusta a los rasgos de carácter técnico (metros, etc.) descritos en las normativas.

establecimiento. 2. m. Casa o local en que se desarrolla una actividad de enseñanza, sanitaria, de beneficiencia, comercial, industrial, etc. Establecimiento penitenciario, benéfico, público.

hotel. 1. m. Establecimiento de mayor categoría que el hostal y la pensión que ofrece alojamiento y comida.

apartamento. m. Vivienda, en una casa moderna de pisos; se aplica este nombre a las que se reducen a a una, dos o tres habitaciones y los servicios de higiene y cocina.

casa de huéspedes. f. Casa donde se tienen alojadas algunas personas que pagan hospedaje. Pensión.

residencia. 4. Antes, establecimiento, particularmente oficial, destinado a albergar a cierta clase de personas; por ejemplo, estudiantes o profesores. Recientemente, se ha extendido este nombre a las pensiones u hospedaje para personas de cierta categoría.

hostal. 1. m. Establecimiento de hostelería que ofrece alojamiento y comida; se da este nombre a los especialmente a los que tienen una categoría inferior a la de los llamados *hoteles*, que suelen ser de mayor capacidad y disponen de mejores instalaciones. La palabra *hostal* forma parte del nombre propio de algunos establecimientos de esta clase: Hostal el Segoviano.

hostería. f. Establecimiento donde se da alojamiento y comida mediante pago. También se usa como hostal en los nombres propios de algunos establecimientos de esta clase.

pensión. 4. Casa particular donde tienen algunos huéspedes de pago, u hotel pequeño.

albergue. 1. m. Lugar donde se resguardan de la intemperie personas o animales. / Específicamente, pequeña construcción en descampado donde pueden detenerse viajeros o excursionistas. / Local en donde alguien está alojado; se entiende un alojamiento provisional o sin lujos o comodidades. / Establecimiento donde reciben alojamiento gratuito las personas necesitadas.

motel. m. Hotel de carretera en que cada alojamiento tiene entrada independiente desde el exterior y su zona de aparcamiento correspondiente.

aparthotel / apartotel. Complejo de apartamentos en que se prestan servicios hoteleros. También, cada uno de estos apartamentos.

fonda. Casa donde se admiten huéspedes para dormir y comer. Se suele llamar así ahora a los establecimientos de este tipo más modestos que un hotel o los de las localidades pequeñas.

posada. 2. Casa en los pueblos, y también en las ciudades, para gente que va de los pueblos, donde se hospedan viajeros o forasteros.

pazo. 1. m. Casa solariega de Galicia, especialmente en el campo.

cortijo. 1. m. Finca rústica típica de Andalucía con casa para los propietarios, que suelen pasar temporadas en ellas.

masía. f. Casa de campo: finca constituida por tierra de labor y edificios, a veces con pastos, ganado, etc. típica de Cataluña y otras regiones.

balneario. 2. m. Establecimiento público de baños, medicinales o no.

parador [nacional] de turismo. m. Se llaman así unos alojamientos, dependientes de cierto organismo oficial, de interés turístico.

También hemos acudido a diccionarios especializados, para comprobar cómo se incluyen estas definiciones teniendo en cuenta la perspectiva del usuario entendido. Así, el diccionario monolingüe consultado[37] en español, el *Dicciona-*

---

[37] Si bien existen otros diccionarios especializados como el de Aragón *et al.* (2009) o Alcaraz Varó *et al.* (2006), no sirven al propósito de estudio, ya que no presentan definiciones sino equivalencias en otras lenguas al tratarse de diccionarios bilingües. El *Diccionari d'hoteleria i turisme* del Termcat (2001) indica los equivalentes en otras lenguas y, además, incorpora una definición sucinta pero completa, que sabe recoger los rasgos distintivos de un concepto por oposición a los conceptos que se encuentran en el mismo campo o sistema conceptual.

rio de hostelería. Hotelería y turismo, restaurante y gastronomía, cafetería y bar (Gallego/Peyrolón 2009), recoge las siguientes definiciones:

establecimientos hoteleros. Son aquellos dedicados de modo profesional y habitual al alojamiento de personas mediante precio. Los establecimientos hoteleros tendrán la condición de establecimientos abiertos al público. Denominación y Definiciones. [...] Distintivo [...].

hoteles. El Real Decreto 1634/1983 los define como: "establecimientos que facilitan alojamiento con o sin servicios complementarios, distintos a las correspondientes a cualquiera de las otras dos 'hoteles apartamentos' y 'moteles' modalidades". [...]. Los establecimientos del grupo primero hoteles, a su vez, se clasifican en 3 modalidades: hoteles, hoteles-apartamentos, moteles [...].

apartamentos turísticos y bungalows. Se consideran como turísticos los bloques o conjuntos de apartamentos, de viviendas, chalets, bungalows y similares que sean ofrecidos empresarialmente y de modo habitual en alquiler y que estén dotados de lo necesario para su inmediata ocupación por motivos vacacionales o turísticos. Los apartamentos turísticos se clasifican atendiendo a sus instalaciones y servicios en cuatro categorías: de lujo, primera, segunda y tercera. Se identifican mediante una placa rectangular de metal con fondo rojo y distinto número de llaves, según categoría, de color oro y con las letras "AT".

hostal. Establecimiento mercantil que ofrece servicio de alojamiento y comidas, pudiendo estar sujeto o no al régimen de pensión completa, si el cliente así lo elige, salvo que se trate de Hostales-residencias, donde no disponen de servicio de comedor [...]. Considerados los hostales de menor categoría que los hoteles, la excepción de la norma la constituyen, el Hostal de los Reyes Católicos [...].

motel. Alojamiento turístico situado, generalmente, fuera del casco urbano o en carreteras que ofrece habitación y cobertizo o garaje para los automóviles.

fonda. Establecimiento público, de categoría inferior a la de hotel y de tipo más antiguo, donde se prestan servicios de hospedaje y se sirven comidas. Por ley se exige que tanto las habitaciones como el comedor dispongan de un mínimo de metros cuadrados, aunque este tipo de establecimiento mercantil no está adaptado a la actual normativa, tiene las características de una normativa anterior [...].

Por supuesto, los manuales de referencia de este ámbito y con un claro tenor didáctico también explican las clasificaciones hoteleras. Así el capítulo primero "Los alojamientos hoteleros" del manual de Blasco (2006) se dedica a ordenar y definir los tipos de establecimientos: *hoteles y aparthotels, pensiones, campings, apartamentos turísticos, alojamientos rurales, ciudades de vacaciones y tiempo compartido.*

posada. 1. f. Establecimiento de poca categoría en que se hospedan viajeros o forasteros.

balneario. Establecimiento hotelero situado en una estación termal o balneoterápica, declarada como tal por la Dirección General de Sanidad [...]. En la actualidad, se están creando los denominados "balnearios urbanos", cuyas instalaciones se asemejan en algunos casos a los tradicionales pero sin "aguas mineromedicinales", es decir, con "agua del grifo". También los Hoteles SPA, los de Talosoterapia (con agua del mar, etc.) promueven el nuevo "turismo del agua".

parador. [...] En la actualidad la Red cuenta con casi 90 establecimientos, distribuidos en todo el territorio nacional. La mayor parte de ellos ocupan edificios históricos (conventos, palacios, castillos, etc.) mientras que otros son de arquitectura moderna. Tradicionalmente los Paradores se han caracterizado no solo por el confort de sus instalaciones, sino por el buen trato del servicio y su buen hacer en gastronomía, potenciando la cocina regional.

Aunque existen distintas denominaciones que no poseen entrada propia, como *apartotel, albergue, hostel, masía, cortijo, pazo, pensión* o *residencia,* ya que el diccionario se centra sobre todo en cuestiones de alimentación y restauración, cabe reconocer que los términos allí explicados se establecen en referencia a las legislaciones correspondientes. Esto marca una clara distinción respecto a las definiciones encontradas en los diccionarios generales.

5. Conclusiones

Todas las normativas consideran la necesidad de proteger los derechos del turista y, para ello, legislan una serie de medidas de calidad. Dichas medidas no tienen presente que la información que se le ofrece al usuario en el ámbito turístico debería explicar de un modo sencillo y claro la terminología de las normativas, propia del discurso especializado para que el usuario pudiera, entre otras cosas, conocer el tipo de establecimiento en que se aloja. Frente a esta ausencia de información explicativa, sorprende que deba aparecer de un modo preceptivo y público el indicativo del establecimiento o los precios de la habitación, por ejemplo.

Lo anteriormente expresado se relaciona con la distinta competencia discursiva del profano en la materia y del especialista: sus conocimientos en este ámbito no coinciden y, en ocasiones, se recurre, como estrategia publicitaria, a la ambigüedad que algunos sintagmas libres (nombre más adjetivos) conllevan en la lengua general al coincidir formalmente con las unidades denominativas de los discursos especializados (*hotel familiar*).

Las normativas se acogen a su derecho a defender la "identidad" para legislar y establecer sus propias clasificaciones, lo cual provoca de nuevo cierto desconcierto por parte del interlocutor no especializado al encontrarse con denominaciones y clasificaciones conceptuales que no coinciden de una comunidad a otra.

Es más, ni siquiera en la publicidad de las páginas institucionales se siguen de un modo claro y explícito las clasificaciones y propuestas de las normativas; y esto se acentúa en las páginas de promoción privadas. De las páginas institucionales revisadas, y en base a los datos ofrecidos, la andaluza es la más completa, seguida de la gallega y, en tercer lugar, la valenciana. Las páginas más generales suelen incorporar mayor información que las que se centran en una provincia.

En el caso de los diccionarios generales resulta difícil incorporar el significado que se les atribuye en las normativas, ya que estas difieren entre sí, aunque ya se empieza a observar la influencia de los conceptos y definiciones de las normativas en las definiciones lexicográficas (como sucede con *hotel*).

En definitiva, la perspectiva de la lingüística aplicada puede desempeñar en este ámbito un papel esencial como mediadora y puente entre el discurso especializado y su divulgación, entre el especialista y el usuario, entre el diccionario general y el especializado.

Y, como propuesta concreta de mediación, consideramos la posibilidad de que los establecimientos hoteleros, junto al distintivo, señalen una breve definición, singularizada en cada comunidad autónoma, al no ser posible una unificación terminológica, del tipo de establecimiento, como podría ser su consideración como grupo a la que se debería añadir el rasgo específico de modalidad o especialidad que correspondiera en cada caso. Indicamos cuatro unidades léxicas a modo de ejemplo concreto:

hotel. Establecimiento de alojamiento que debe ocupar la totalidad o parte independiente de un edificio, o conjunto de edificios de forma homogénea, disponiendo de entradas propias. Más otros rasgos definitorios expuestos en la normativa concreta de la comunidad. Modalidad o especialidad.

hostal / residencia turística. Establecimiento de alojamiento que no es necesario que ocupe la totalidad o parte independiente de un edificio, o conjunto de edificios de forma homogénea, disponiendo de entradas propias. Deben estar dotados de aseo en todas las unidades de alojamiento. Su categoría es inferior al hotel. Más otros rasgos definitorios expuestos en la normativa concreta de la comunidad.

pensión. Establecimiento de alojamiento que no es necesario que ocupe la totalidad o parte independiente de un edificio, o conjunto de edificios de forma homogénea, disponiendo de entradas propias. Pueden tener los aseos o baños fuera de la unidad de alojamiento. No reúnen las condiciones del hostal ni del hotel. Más otros rasgos definitorios expuestos en la normativa concreta de la comunidad.

casa rural. Establecimiento de alojamiento, que debe considerarse como vivienda de carácter independiente, no existir más de tres viviendas en el mismo edificio y no superar la capacidad de alojamiento de veinte-dieciséis plazas. Más otros rasgos definitorios expuestos en la normativa concreta de la comunidad.

Referencias bibliográficas

Alcaraz Varó, Enrique *et al.* (2006): *Diccionario de términos de turismo y de ocio: inglés-español, spanish-english*. Barcelona: Ariel (1ª ed., 2000).

Aragón, Marina *et al.* (2009): *Diccionario de términos del turismo: francés-español, espagnol-français*. Barcelona: Ariel.

Arcarons i Simon, Ramon/Goitia Serra, Víctor/González Aznar, Nuria (2008): "La clasificación hotelera en la Unión Europea: un mercado poco común", en: *Evocati Revista* 26, 28 de febrero, disponible en: <http://lexturisticanovaextensa.blogspot.com/2008/01/la-clasificacin-hotelera-en-la-unin.html>.

Aznar Paracuellos, Lourdes (2009): "Comparativa de la diversidad de categorías hoteleras en España", en: *Revista Digital Innovación y Experiencias Educativas* 24, noviembre, <http://www.csi-csif.es/andalucia/modules/mod_ense/revista/pdf/Numero_24/M_LOURDES_%20AZNAR%20PARACUELLOS_1.pdf>.

Bayón Mariné, Fernando (coord.) (2000): *Unidad del Mercado Turístico Español*, <http://www.mesadelturismo.com/common/mt/unidad/tematico.php3>.

Blasco, Albert (coord.) (2006): *Manual de gestión de producción de alojamientos y restauració.* Madrid: Síntesis.

Cabré Castellví, María Teresa (1993): *La terminología : teoría, metodología, aplicaciones.* Barcelona: Antártida/Empúries.

— (2001): "Sumario de los principios que configuran la nueva propuesta teórica", en: Cabré Castellví, María Teresa/Feliu, Judith (eds.): *La terminología científico-técnica.* Barcelona: IULA/Universitat Pompeu Fabra.

Calvi, Maria Vittoria (2006a): *Lengua y comunicación en el español del turismo.* Madrid: Arco/Libros.

— (2006b): "El uso de términos culturales en el lenguaje del turismo: los hoteles y su descripción", en Calvi, Maria Vittoria y Chierichetti, Luisa (eds.): *Nuevas tendencias en el discurso de especialidad.* Bern: Peter Lang, 271-292.

Ceballos Martín, María Matilde (2002): *La regulación jurídica de los establecimientos hoteleros*. Madrid: Marcial Pons.

Freixà, Judit/Kostina, Irina/Cabré Castellví, María Teresa (2002): "La variación terminológica en las aplicaciones lexicográficas", en: *Actas del VIII Simposio Iberoamericano de terminología*, Cartagena de Indias.

Gallego, Jesús Felipe/Peyrolón Melendo, Ramón (2009): *Diccionario de hostelería. Hotelería y turismo, restaurante y gastronomía, cafetería y bar.* Madrid: Paraninfo.

MARTÍN ROJO, Inmaculada (2004): "La política de regulación y fomento de los alojamientos turísticos", en: *Quaderns de Política Econòmica* 7, <http://www.uv.es/poleco/revista/num7/martin7.pdf>.

MOLINER, María (2002): *Diccionario de uso del español*. Madrid: Gredos.

MORENO FERNÁNDEZ, Francisco (1998): *Principios de sociolingüística y sociología del lenguaje*. Barcelona: Ariel.

PIERA, Carlos/VARELA ORTEGA, Soledad (1999): "Relaciones entre morfología y sintaxis", en: Bosque, Ignacio/Demonte Berreto, Violeta (eds.): *Gramática descriptiva de la lengua española*. Madrid: Espasa, vol. 3, 4367-4422.

RABANALES, Ambrosio (2000): "El español de Chile: presente y futuro", en: *Onomazein* 5, 135-141.

RAE (2001): *Diccionario de la lengua española*. Madrid: Espasa-Calpe.

RUIZ GURILLO, Leonor (2001): *Las locuciones en español actual*. Madrid: Arco/Libros.

SANMARTÍN SÁEZ, Julia (en prensa): "Unidad y variación en el español del turismo: las páginas electrónicas de promoción de hoteles de España y de Chile".

SANTOS LÓPEZ, Javier (2008): "La identidad nacional en la información turística latinoamericana", en: Calvi, Maria Vittoria/Mapelli, Giovanna/Santos López, Javier (eds.): *Lingue, culture, economia: comunicazione e pratiche discorsive*. Milano: FrancoAngeli, 271-288.

SECO, Manuel/ANDRÉS, Olimpia/RAMOS, Gabino (1999): *Diccionario del español actual*. Madrid, Aguilar.

TEMMERMAN, Rita (2001): "Sociocognitive Terminology Theory", en: Cabré Castellví, María Teresa/Feliu, Judith (eds.): *Terminología y cognición*. Barcelona: IULA/Universitat Pompeu Fabra, 75-92.

Termcat (2001): *Diccionari d'hoteleria i turisme*. Barcelona: Edicions 62.

VAL ÁLVARO, José Francisco (1999): "La composición", en: Bosque, Ignacio/Demonte Berreto, Violeta (eds.): *Gramática descriptiva de la lengua española*. Madrid: Espasa, vol. 3, 4757-4843.

Normas legales consultadas

Decreto 492/2008, de 11 de noviembre, de modificación del Decreto 47/20004, del0 de febrero, de establecimientos hoteleros [publicado en el BOJA 243 del 9 de diciembre de 2008].

Decreto 47/2004, de 10 de febrero, de establecimientos hoteleros [publicado en el BOJA 42 del 2 de marzo de 2004.

Decreto 194/2010, de 20 de abril, de establecimientos de apartamentos turísticos [publicado en el BOJA 90 del 11 de mayo de 2010].

Decreto 20/2002 de 29 de enero, de Turismo en el Medio Rural y Turismo Activo [publicado en BOJA 4, 2 de febrero de 2002].

Ley 14/2008, 3 de diciembre, de turismo de Galicia [publicado en BOE del 16 de marzo de 2009], <http://www.boe.es/boe/dias/2009/03/16/pdfs/BOE-A-2009-4367.pdf>.

Decreto 267/1999, do 30 de septiembre, por el que se establece la ordenación de los establecimientos hoteleros [publicado en el Diario Oficial de Galicia lunes, 18 de octubre de 1999].

Ley 3/1998 de 21 de mayo, de Turismo de la Comunidad Valenciana [publicado en DOGV 3248, de 22 de mayo de 1998].

Decreto 153/1993, de 17 de agosto, del Gobierno Valenciano, regulador de los establecimientos hoteleros de la Comunidad Valenciana [publicado en DOCV 2100, de 10 de septiembre de 1993].

Decreto 206/2010, de 3 de diciembre, del Consell, por el que se modifican los decretos reguladores del alojamiento turístico en la Comunidad Valenciana [publicado en DOCV 6414, de 10 de diciembre de 2010].

ISO (2004): *UNE-EN ISO 18513:2004. Servicios turísticos. Hoteles y otros tipos de alojamientos turísticos. Terminología*. Madrid: AENOR.

Páginas electrónicas institucionales y privadas analizadas

Web Oficial de Turismo de Andalucía: <http://www.andalucia.org/alojamientos/>.

Diputación de Málaga: <http://www.malaga.es/turismo/alojamientos/>.

Guía rural andaluza: <http://www.guiaruralandaluza.com/turismoengranada/index. php>.

Turgalicia: <http://www.turgalicia.es/default.asp?cidi=E>.

Web Oficial de Turismo de A Coruña: <http://www.turismocoruna.com/web/>.

Web Oficial del Turismo de Ocio y de Negocio en Valencia: <http://www. turisvalencia. es/es/home>.

València, terra i mar. Diputació de València: <http://www.valenciaterraimar.org/>.

Booking.com, reservas hoteleras online: <http://www.booking.com/>.

Máshoteles: <http://www.mashoteles.com/>.

Hoteles en Galicia: <http://www.galicia-es.com/>.

Toprural, Hoteles rurales en la Comunidad Valenciana: <http://www.toprural.com/>.

PÁGINAS WEB INSTITUCIONALES DE PROMOCIÓN TURÍSTICA: EL USO METADISCURSIVO INTERPERSONAL EN INGLÉS Y ESPAÑOL

FRANCISCA SUAU JIMÉNEZ
IULMA-Universitat de València

1. El discurso del turismo y los géneros de promoción

El turismo es un campo de investigación lingüística relativamente reciente en el cual existe un número todavía reducido de trabajos que analizan su discurso y sus géneros (Calvi 2010) y aún más reducido si es de forma contrastiva entre varias lenguas. Afortunadamente, este número va aumentando lentamente. La importancia socioeconómica del turismo junto con la falta de definición de la lengua turística de especialidad ha contribuido a que esta se haya considerado parte del discurso de los negocios (Brieger 1997; Alesón Carbonell 2000; Cerdá Redondo 2000). Sin embargo, y a raíz de haberse publicado diversos diccionarios de turismo, se ha comprobado que existen diferentes campos semánticos (alojamiento, arte, cultura, clima, deportes, espectáculos, gestión, seguros, viaje, paisaje) que indican que el lenguaje del turismo posee características propias y singulares que lo diferencian del de los negocios (Collin 1994; Alcaraz Varó *et al.* 2000), lo cual hace pensar en la existencia de unas funciones comunicativas y un léxico específico que se pueden acotar, definir y analizar en sus contextos correspondientes. Ese es el propósito del presente trabajo.

Dentro de la comunicación turística podemos distinguir dos modalidades clave: la comunicación profesional entre distintos expertos del sector y la comunicación entre profesionales y usuarios, que se desarrolla tanto de forma directa, basada en interacciones orales (conversaciones en agencias de viaje, hoteles, etc.), como indirecta, basada en interacciones escritas (guías, folletos, prensa especializada, anuncios publicitarios, páginas web). En la esencia misma del discurso turístico está implícita la figura del receptor, a menudo equiparable a cliente, con lo cual la función persuasiva es una de las más habituales en los textos turísticos, siendo aquí fundamental la relación interpersonal emisor-receptor, como lo es el estudio de esta relación y su expresión discursiva (Suau Jiménez/Dolón Herrero 2008; Mapelli 2008).

El discurso del turismo forma parte de las llamadas lenguas de especialidad, producto de la actividad comunicativa de una comunidad discursiva concreta. Podríamos decir, siguiendo a Pickett (1989), que el lenguaje del turismo es un ergolecto, lenguaje de trabajo o discurso profesional que se caracteriza por tener unas funciones comunicativas y unos conceptos propios, todo lo cual le confiere una identidad estructural y léxico-semántica que lo diferencia de otras lenguas de especialidad. Las funciones comunicativas y conceptos se expresan tanto a través de un léxico específico como de unas estructuras verbales recurrentes o funciones que responden a las transacciones típicas de la actividad de esta comunidad discursiva (Swales 1990). Estas transacciones podrían denominarse macro-destrezas, dentro de las cuales se dan, de modo reiterativo, un número de funciones comunicativas o retóricas –acciones verbales– que es necesario aislar y analizar para conocer cómo se comporta este discurso en particular, tal como se indica en Suau Jiménez (2001).

En cuanto a los distintos géneros discursivos que podemos encontrar dentro del ámbito del turismo, remitimos a la investigación de Virginia González García en el presente libro. Para el propósito concreto de este trabajo, son fundamentales los trabajos de Calvi (2010) que profundizan en los diversos géneros profesionales del discurso turístico, destacando la enorme producción e hibridación de los mismos. La autora plantea catalogar los géneros en la lengua del turismo principalmente desde la clasificación de García Izquierdo (familias de géneros, macrogéneros, géneros y subgéneros). Considera que la página electrónica es un ejemplo de *macrogénero*, e indica que esta categoría incluye una hibridación de diferentes géneros "fronterizos" de geometría compleja y difícil clasificación por sus múltiples lazos de interdependencia y define productos identificables sobre todo por el emisor, el canal utilizado y el propósito comunicativo:

> Páginas web: pueden ser emitidas por instituciones nacionales, autonómicas, municipales, etc., por organizaciones comerciales o comunidades de viajeros. Contienen guías descriptivas, guías prácticas, secciones reservadas a los profesionales (con foros, normativas, etc.), foros de viajeros, *blogs*, etc. Su pertenencia al ámbito institucional o comercial puede influir en la riqueza informativa, en el estilo, etc., aunque el propósito dominante suele ser promocional (Calvi 2010: 24).

Con relación a los géneros de promoción turística, Calvi (2010) sugiere, desde un punto de vista sociolingüístico que compartimos, que son las prácticas sociales y sus correspondientes producciones textuales las que permiten agrupar los géneros turísticos en tres bloques:

1. Los que incluyen *reflexión teórica* sobre el fenómeno del turismo.
2. Los relativos a la *gestión* (agencias de viajes, hostelería, restauración, etc.).
3. Los de *descripción y promoción* del destino turístico.

La implicación de esta clasificación respecto al discurso es la de que cada bloque responde a unos usos y características discursivas propias: en la reflexión teórica, se pueden dar unos usos discursivos y léxicos de tipo académico especializado; en los textos de gestión, se tiende a emplear formas discursivas parecidas a las de otras actividades comerciales; y, en los géneros de descripción y promoción, se tiene especialmente en cuenta al receptor, al público, para atraer su atención y dirigir su mirada, instándole a actuar y a consumir un producto turístico. En cuanto a géneros concretos, Calvi (2010: 25) sugiere que la *página web institucional de promoción turística* incluiría tanto la *guía descriptiva* –informar (sobre historia, arte, deportes, acontecimientos) orientando la mirada– como la *guía práctica* –información concreta sobre hoteles, restaurantes, etc.

Por lo que se refiere al presente trabajo queremos dar cuenta de un género de promoción turística: la *página web institucional*, recogida en el corpus COMET.VAL (Corpus Multilingüe en Turismo de Valencia, 2009). Tanto el inglés como el español cuentan con aproximadamente 100 000 palabras cada lengua.

Nuestro género se podría integrar dentro la *página web*, descrita por Calvi (2010) como un macrogénero o familia de géneros turísticos, ya que es susceptible de contener diversos tipos de texto –géneros– y combinar así las *secciones descriptivas*, las *secciones prácticas* e, incluso, en el caso de las páginas web, secciones reservadas a los profesionales, con foros, normativas, *blogs*, etc. Así como los folletos son una de las vías más convencionales de promoción turística, anterior a la explosión de uso de Internet, las páginas web han irrumpido con fuerza últimamente en el campo de la promoción y es ingente la cantidad de ellas que se puede consultar en la Red. Esta difusión electrónica ha potenciado la relación con el interlocutor y ha introducido nuevas formas de comunicación discursiva, más flexibles y ricas en interacción. Siguiendo con Calvi:

> Destacan, por ejemplo, las páginas web institucionales, que conjugan la fuerza promocional de los anuncios y de los folletos con una mayor riqueza informativa, propia de las guías, aprovechando también la flexibilidad y la interactividad del medio (imágenes, vídeos, buscadores, vínculos, etc.), configurándose así un nuevo género fronterizo (2010: 20).

Por tanto, se han recontextualizado los géneros (Linell 1998) y se han roto las convenciones sobre los mismos, creándose nuevas perspectivas entre autor y destinatarios.

La *página web institucional de promoción turística* tiene unas características parecidas en inglés y español, empezando por el propósito comunicativo: la persuasión del receptor respecto a un producto turístico. También sus funciones comunicativas son parecidas, tales como la descripción histórica, geográfica, cultural o artística, la explicación o la ejemplificación. No suelen existir citas en estilo directo o indirecto; y el registro incluye un lenguaje desde formal-técnico hasta estándar y a veces coloquial. Según cada patrón lingüístico-cultural, sin embargo, puede haber variación en este registro y, por lo tanto, en el metadiscurso, ya sea con adjetivos calificativos y adverbios de tono positivo para realzar las descripciones –como ocurre en el patrón español– o con mitigadores, pronominalización, automención, etc. –como sucede en el patrón inglés–. Es importante aislar estas diferencias por lengua, género y, tal como nos proponemos sugerir aquí, por especialidad, con objeto de lograr un mejor conocimiento de estas variedades discursivas. Su implicación, tanto para la comunicación escrita de géneros turísticos de promoción como para su traducción, es evidente, ya que las variables antes mencionadas –lengua, género y especialidad– prescriben un patrón metadiscursivo cuyo no seguimiento puede producir alteraciones en el producto final, que no corresponderían al uso real que de este hace la comunidad discursiva.

- Ejemplos del metadiscurso inglés (pronominalización, automención y mitigadores):

  If **you** have limited time **we recommend you** follow this list or take our **recommended** itinerary to visit London. Some of the information here **you'll probably** know, but **it's worth reading it** all at your leisure. **You'll certainly** save time and money if you do (negritas nuestras)[1].

- Ejemplos del metadiscurso español (adjetivos calificativos atributos):

  ¿Qué hacer en Valencia? Acercarse a la **imponente** Cartuja de Porta Coeli, contemplar las **mejores** obras de arte en el IVAM o en marzo, en las fiestas de Las Fallas, asistir a las **espectaculares** mascletaes de la Plaza del Ayuntamiento[2].

---

1 <http://www.londontourist.org>.

2 <http://www.comunitatvalenciana.com>.

2. El metadiscurso interpersonal como paradigma de análisis en los géneros turísticos de promoción

El discurso turístico se asemeja al concepto de constructo social (Fairclough 1992, 1995) según el que los textos son parte de los acontecimientos sociales o la forma lingüística en la cual la gente actúa e interactúa socialmente. Tanto un autor como su audiencia son vistos como agentes sociales cuyas acciones no son libres, ya que están socialmente delimitadas o constreñidas. Por ende, el metadiscurso es especialmente importante en ciertos géneros con un propósito de promover una determinada acción, como ocurre con los géneros de promoción de productos turísticos, pretendiendo así que el lector-cliente no solo descodifique un mensaje, sino también que, como resultado, actúe, o sea, que consuma estos productos. Hyland (2005) sugiere que el metadiscurso es una categoría funcional dentro del discurso, que no se puede dejar de tener en cuenta y que se realiza lingüísticamente a través de unas determinadas marcas, como son los matizadores, los marcadores de actitud, de compromiso, la auto-referencia, etc., a su vez realizados a través de verbos epistémicos, adverbios, verbos en imperativo, pronombres personales o ciertos adjetivos. Si lo comparamos cuantitativamente con el contenido proposicional de un texto, ocupa una parte mínima, que podría equivaler a no más del dos o tres por ciento del total de un texto. Sin embargo, su importancia cualitativa es considerable, puesto que, debido a la función que desempeña, establece entre el texto y el lector unos vínculos interpersonales que pueden ser cruciales a la hora de "enganchar" al lector y hacer que este se sienta el objeto del propósito comunicativo de dicho texto.

Hyland y Tse (2004) han propuesto un modelo o patrón metadiscursivo basado en el discurso académico, pero que constituye una base fiable para extrapolar al discurso turístico, como ya se ha realizado (Suau Jiménez 2005; Suau Jiménez/Dolón Herrero, 2008). También puede contemplarse desde el punto de vista del *registro* (Halliday 1978, 1985), concretamente en la función *interpersonal –tenor–*, que atiende al modo en que el emisor organiza el propio texto y la forma a través de la cual se relaciona con el receptor. Así pues, el metadiscurso hace que el autor de un texto muestre cómo están relacionadas las diferentes partes de un texto y cómo han de ser interpretadas por el lector. Como paradigma de análisis discursivo se ha estudiado hasta la fecha con especial aplicación al discurso académico (Mauranen 1993; Valero-Garcés 1996; Hyland 1998), al discurso científico (Salager-Meyer 2004; Hyland 1998; Suau Jiménez 2005), a la comunicación escrita en una L2 (Martín Uriz/Whittaker 2005), al discurso empresarial (Mur Dueñas 2010) y al discurso profesional y periodístico (Dafouz Milne 2003, 2008) por citar algunos trabajos, es decir, a una extensa variedad de lenguas de especialidad. Igualmente se ha empezado a aplicar a la didáctica de la traducción

(Suau Jiménez/Dolón Herrero, 2008; Suau Jiménez 2010a, 2010b), a veces denominado metacomunicación (Nord 2007, con su análisis de elementos *fáticos*). Todos estos estudios tienen en común el análisis de elementos lingüísticos que, si bien contribuyen a expresar funciones discursivas tales como la modalización, la mitigación, la evaluación, la persuasión, la evidencialidad, la valoración, etc., no contienen significado proposicional. Hyland (1998) y Hyland y Tse (2004) han propuesto un patrón general metadiscursivo para el discurso académico, como hemos mencionado antes, del cual han partido numerosas investigaciones, por ser el primer modelo propuesto y por contener una batería de categorías que son las más representativas para una visión general. No obstante, existen trabajos (Suau Jiménez 2006; Mapelli 2008) que han hecho aportaciones de nuevas categorías –en el campo del turismo–, como veremos más adelante, y que modifican este patrón primigenio. En el modelo de Hyland y Tse (2004) se proponen dos variantes del metadiscurso: el *textual*, con marcadores como, entre otros, las conjunciones y el *interpersonal,* más interesante para nuestro trabajo, con mitigadores, elementos apelativos o fáticos, verbos epistémicos y modales, preguntas retóricas, y adjetivos y adverbios que ahondan en la relación que establece el autor con el lector.

TABLA 1
Patrón metadiscursivo interpersonal (Hyland/Tse 2004)[3]

Categoría	Función	Ejemplos
Matizadores	No comprometerse totalmente el autor con la enunciación	might/perhaps/about should/could
Realizadores	Enfatizar la fuerza o la certeza de una enunciación	in fact/definitely/it is clear that
Marcadores de actitud	Expresar la actitud del autor	surprisingly/unfortunately/ I agree
Marcadores de compromiso	Construir explícitamente una relación con el lector	consider/note that/you can see that
Automención	Referirse explícitamente al autor	I/we/my/our

[3] Traducción propia del inglés.

Esta última variante, la interpersonal, es la más representativa del metadiscurso en nuestra opinión, ya que ahonda en la interacción entre emisor y receptor del mensaje: el primero guía la mirada del segundo hacia el propósito designado por el género. Una de las aportaciones más innovadoras de este concepto es su potencial de análisis funcional, uniendo aspectos retóricos que formarían parte del análisis genérico –la 'modalidad' (Thompson 1996), la 'mitigación' (*hedging*, Lakoff 1973), la 'evidencialidad' (Chafe 1986), la 'valoración' (Martin 2003) y la 'evaluación' (Thompson/Hunston 2001)– con aspectos del registro, ya que parte de la función interpersonal de Halliday (1985) y la desarrolla, proponiendo una serie de patrones metadiscursivos atendiendo al género, la lengua y el campo de especialidad (Suau Jiménez 2010a).

Existe también, como hemos comentado antes, un componente social en el metadiscurso, que puede interpretarse como el control que el autor ejerce sobre su propio discurso y sobre su receptor, con objeto de asegurarse de que el mensaje llega en la forma deseada. Fairclough lo sitúa en esta línea al definirlo como el lenguaje que se utiliza en un texto "cuando el hablante/escritor está situado por encima y fuera de su propio discurso y está en una posición de controlarlo y manipularlo" (1992: 122). También se puede enfocar desde una perspectiva cognitiva, como han sugerido autores como Padilla de Zerdán, al estudiar el metadiscurso en la producción de una L2 desde la metacognición y al definirlo, siguiendo a Flavell (1976), como "la reflexión sobre las propias prácticas discursivas, obtenidas a partir de las verbalizaciones acerca de las propias dificultades en comprensión y producción" (Padilla de Zerdán 2003: 225-226). En este sentido, el metadiscurso englobaría los conceptos de metalectura y metaescritura, lo cual está relacionado con la didáctica de la traducción, antes mencionada.

El campo donde más se ha investigado el metadiscurso ha sido el académico, concretamente el género del artículo de investigación, por ser muy proclive a la relación entre autor y comunidad científica, a la cual debe presentar nuevos hallazgos sin imponerlos, siguiendo las normas de cortesía impuestas por el propio discurso científico (Suau Jiménez 2005). Tal como apunta Beke:

> los autores –investigadores– recurren a estrategias retóricas y discursivas para persuadir a sus lectores, proyectarse como persona, señalar el grado de certeza del contenido proposicional de su discurso (o discurso primario), evaluar sus proposiciones y controlar la situación de comunicación en función de sus objetivos. Es decir, en un sentido pragmático, los autores ejercen una interacción interpersonal con sus pares a través del lenguaje (2005:9).

Dafouz Milne (2008) ha estudiado la persuasión centrándose en el análisis de textos periodísticos de opinión en inglés y español, y concluye que los marcadores metadiscursivos más abundantes son los mitigadores –*hedges*–, luego están los marcadores actitudinales, los de certeza, y, por último, los comentarios. Su estudio revela que la persuasión se construye con estos cuatro marcadores que hemos señalado, aunque principalmente con mitigadores, de forma similar en español e inglés. En cuanto a cómo se expresan lingüísticamente los mitigadores metadiscursivos interpersonales, lo hacen, siguiendo a esta autora, a través de verbos epistémicos (*indicar, señalar, resumir, presentar, sugerir, concluir, demostrar,* etc.), verbos modales epistémicos (*poder/can, parecer/seem,* etc.), seguido de adverbios epistémicos (*quizás/perhaps, probablemente/probably*, etc.). En el caso de los marcadores actitudinales, son los verbos deónticos los más frecuentemente utilizados (*should/debería, must/deber, have to/hay que*); además de estructuras gramaticales tipo *it is* + adjetivo evaluativo. Entre las más comunes están *it is difficult/es difícil* y *it is not easy/no es fácil.* Para terminar, están los marcadores de certeza, con construcciones como *of course, indeed, surely, certainly/es cierto* y *no doubt/sin duda.*

Siguiendo con la modalidad epistémica, componente esencial del metadiscurso periodístico, y también científico y académico, Ferrari (2004), en un estudio pormenorizado, ha analizado cómo se expresa gramaticalmente la modalidad epistémica en español y propone la siguiente división:

1. Verbos modales, que constituyen perífrasis verbales con valor epistémico, con ejemplos como: *poder, tener (que), deber (de).*
2. Verbos epistémicos, con un número relativamente alto y que representan los medios más transparentes de codificar la subjetividad de la fuente epistémica y están usados para disminuir el compromiso o la certeza: *sugerir, indicar, predecir.* Estos a su vez de dividen en:

    2.1. Verbos epistémicos de juicio: son verbos performativos como *proponer, sugerir, indicar* y *demostrar*, y verbos que describen estados cognitivos o procesos que no realizan actos de habla, como *creer, especular* y *suponer.*
    Ejemplos: *La evidencia indica que... / El presente trabajo indica...*

    2.2. Verbos epistémicos evidenciales: señalan una justificación basada en la evidencia directa o indirecta. Algunos se refieren a la percepción o aprehensión del conocimiento científico que se intenta transmitir: *parecer, aparecer como, mostrar.*
    Ejemplo: *El anhídrido carbónico mostró un único episodio de dolor...*

Estos ejemplos nos muestran de nuevo que el metadiscurso como patrón de análisis ha sido útil en su aplicación a diversas áreas de especialidad, aunque no a la del turismo hasta la fecha.

3. La persuasión y el metadiscurso interpersonal según la especialidad, la lengua y el género

La persuasión es una de las funciones más importantes de numerosos géneros y discursos de especialidad, como el científico, el publicitario, el económico-empresarial, el periodístico y el turístico, por citar algunos. Persuadir al lector de un texto, escrito u oral, tanto para entretenerle como para informarle o conseguir que actúe de una determinada forma, es una función que puede ir estrechamente ligada a la función interpersonal antes referida, la cual se manifiesta a través del metadiscurso, según la perspectiva lingüística de la que partimos. Dentro de este hay unas marcas o elementos más proclives que otros a expresar la persuasión, sobre todo según la lengua que estemos analizando y según la especialidad y el género. Estas tres variables son las responsables de que el patrón metadiscursivo interpersonal tenga unas marcas u otras, ya que la lengua aporta sus requisitos sociolingüísticos y culturales, y el género, junto con la especialidad, también prescribe unas marcas que se adecúan a las exigencias de su propósito comunicativo. Así, este patrón será diferente en áreas de especialidad científica, donde los mitigadores son clave en géneros de investigación para persuadir a la comunidad científica de nuevos hallazgos siguiendo pautas de cortesía, tanto en inglés como en español. Sin embargo, en géneros de divulgación la persuasión se alcanza de otra manera, con una relación más directa con el lector, con marcadores de compromiso (pronombres personales, imperativos, expresiones interrogativas) o actitudinales (adjetivos, adverbios), para entretener e informar a la vez al lector, antes que con mitigadores (Suau Jiménez 2005).

De nuevo Dafouz Milne (2008) sugiere, al igual que Hyland y Tse (2004) y Hyland (2005), que la esencia del metadiscurso es la relación interpersonal y no la textual, ya que, por su propia naturaleza, se ha de tomar en consideración el conocimiento previo del lector, su experiencia textual y sus necesidades de procesamiento (Dafouz Milne 2008: 97), es decir, aspectos cognitivos y no puramente textuales. Los mitigadores son esenciales para la persuasión en inglés según esta autora, ya que expresan opiniones de forma indirecta, una cualidad ya sugerida en anteriores trabajos y en varias disciplinas o campos de especialidad: textos económicos (Valero-Garcés 1996; Mur Dueñas 2010), científicos (Ferrari/Gallardo 2003; Hyland/Tse 2004; Suau Jiménez 2010a, 2010b), y textos escritos de estudiantes universitarios (Padilla de Zerdán 2003), etc.

La persuasión también se expresa a través de la modalidad epistémica verbal (verbos modales principalmente: *poder, parecer*, etc.), componente esencial del metadiscurso periodístico, científico y académico. Ferrari (2004), en un estudio pormenorizado, ha analizado cómo se expresa gramaticalmente la modalidad epistémica en español, y advierte que los autores la utilizan para vehicular distintos grados de certeza al presentar una investigación.

En inglés del turismo, por ejemplo, la persuasión se persigue a través de marcadores actitudinales y de compromiso (Suau Jiménez 2006), ya que se quiere establecer una relación muy directa con el receptor en la que el propio emisor transmite su opinión de tú a tú, según es habitual en el metadiscurso inglés, lo cual, por ser aquí un género de promoción el analizado, tiene especial importancia.

- Ejemplos de marcadores de actitud en inglés:

Many visitors waste large amounts of money **simply** because [...].

Some of the information here you'll **probably** already know.

You'll **probably** want to visit both, the Tower of London and Hampton Court.

These are moveable feasts – **especially** the spring holiday.

- Ejemplos de marcadores de compromiso en inglés:

If it's **your** first visit.

We **recommend you** to follow this list.

You'll get to see such treasures as King Charles I.

You can bathe naked on Hampstead Heath.

For money withdrawals **you** will need to produce **your** passport.

Para el español, sin embargo, la persuasión se alcanza de otro modo: hay una variación en la distribución de las marcas metadiscursivas en textos turísticos, siendo más representativos los realzadores, según se observa en estos ejemplos (Suau Jiménez 2006), lo cual crea una distancia entre emisor y receptor –típica del metadiscurso interpersonal en español–, siendo los lugares y los acontecimientos los que se dotan de una cierta subjetividad y valores intrínsecos, aparentemente.

- Ejemplos de realzadores en español:

Valencia ha experimentado una **significativa** transformación en los últimos años.

El nuevo Palacio de Congresos [...] representativa de la arquitectura más **vanguardista** [...].

Llegar por una **emocionante** ruta al Santuario de la Balma en Zorita [...].

Conocer la **serena** belleza de los parques naturales del Prat de Cabanes [...].

[...] en el **magnífico** entorno natural del balneario de Montanejos.

[...] las ***espectaculares*** huellas de los dinosaurios de Alpuente.

Mapelli (2008) ha analizado las marcas del metadiscurso interpersonal en la sección "turismo" de los sitios web de los ayuntamientos españoles y pone el énfasis en la expresión de la subjetividad del autor a través del uso abundante de los adjetivos atributos. Esta subjetividad es un elemento esencial para la persuasión y forma parte del metadiscurso interpersonal sin duda, dado que alimenta la relación interpersonal con el receptor. Según la autora, el emisor elige adjetivos elativos de connotaciones positivas, a menudo en forma superlativa, con campos semánticos bien definidos que transmiten la idea de lo grandioso, lo majestuoso, lo enorme, lo bello, etc., formando diferentes tipos de estructura sintagmática y sintáctica:

> [...] se pueden encontrar huellas de subjetividad, entre las que descuella la preponderancia de adjetivos calificativos elativos, ya que contienen léxicamente la información correspondiente a la gradación extrema. Se eligen adjetivos con connotación positiva y se ubican en posición prenominal; la anteposición sirve para destacar un rasgo de las entidades mentadas, así como añadir una nota explicativa sin, por eso, delimitar el contenido del sustantivo (Mapelli 2008: 176).

Ejemplos de promoción turística citados por Mapelli (2008) serían los siguientes, en los cuales se puede ver cómo se hace apología de los valores antes mencionados a través de adjetivos atributos como realzadores:

El Palacio Provincial es un **gran** edificio construido por Jorge Purrúa.
Consta de tres **grandes** arcos ligeramente apuntados.

[...] la devuelve a su estado primitivo. La **monumental** Plaza de la Corredera es [...]
[...] la Alameda a cuya entrada se alza la **monumental** Puerta del Ángel [...].

[...] lo mejor nos espera en el interior: **enormes** ventanas están cerradas con [...].
[...] bordeando por su base unos **enormes** puntales rocosos plagados de [...].

[...] el Palacio Episcopal y la **majestuosa** Catedral están situadas en [...].
[...] peñasco. Es curioso, pero detrás del **majestuoso** frontal de líneas clásicas [...].

Esta cualidad de los textos turísticos respecto al uso abundante de adjetivos, especialmente en español, ya había sido observado, como hemos mostrado en los ejemplos anteriormente indicados (Suau Jiménez 2006). Es importante destacar que este rasgo viene a modificar profundamente el modelo más difundido de patrón metadiscursivo interpersonal, el de Hyland y Tse (2004), al incorporar la marca “adjetivo calificativo” en la categoría *realzadores* para textos del campo del turismo, especialmente en español. Sin embargo, será necesario corroborar este hecho respecto a otras lenguas distintas del español con más investigaciones, ya que la existencia de estas marcas en las páginas promocionales en inglés del corpus COMET.VAL se puede deber a que algunos de ellos son traducción del español.

Así pues, como hemos indicado y ejemplificado, la función persuasiva es el resultado de tres variables: lengua, género y especialidad, que se expresan a través de patrones metadiscursivos diferentes, lo cual hace necesario el análisis de nuevas áreas de especialidad, lenguas y géneros concretos, con objeto de identificar y aislar las marcas que constituyen dichos patrones. El propósito último es el de proponer nuevos patrones que ayuden en el conocimiento discursivo de la relación interpersonal y de la construcción de diversas funciones, como es la persuasiva en nuestro caso.

3. El caso del género *página web institucional de promoción turística* en inglés y español

La hipótesis que nos propusimos comprobar en la investigación de la que damos cuenta fue la de analizar –en un corpus mayor que el de trabajos anteriores– cómo se vehicula la persuasión del receptor en las páginas web de promoción turística y si tiene en cuenta, como se ha sugerido en anteriores trabajos (Suau Jiménez 2006; Mapelli 2008), los adjetivos calificativos como marca de la categoría *realzadores*, y en qué medida. De confirmarse, estos constituirían una marca que hay que tener en cuenta a la hora de proponer un patrón metadiscursivo en el discurso turístico, al menos en español. Nuestra investigación ha de ampliarse con un corpus en inglés como lengua original, ya que COMET.VAL, como corpus institucional de la ciudad de Valencia, no garantiza esta originalidad. El corpus utilizado en este trabajo es COMET.VAL (Corpus Multilingüe en Turismo de Valencia) con 726 000 palabras en total, y con unas 100 000 tanto para el inglés como para el español, en el género *página web institucional de promoción turística*, compilado a partir de las fuentes turísticas institucionales de la ciudad de Valencia, España.

La metodología de estudio partió del patrón metadiscursivo interpersonal de Hyland y Tse (2004) para géneros académicos –por ser el primero que se propuso y aceptó–, teniendo en cuenta, sin embargo, las características de marcas lingüísti-

TABLA 2
Número y tipo de marcas en el corpus español analizado[4]

Mitigadores	Realzadores			Marcadores de actitud	Automensión
Puede: 24	Antiguo: 57	Hermoso: 1	Notable: 3	Claramente: 6	Nos: 24
Podemos: 9	Atractivo: 6	Imponente: 3	Nuevo: 16	Especialmente: 10	Nuestro: 12
Permite: 4	Bella: 3	Importante: 27	Perfecto: 3	Totalmente: 6	
	Colorido: 4	Impresionante: 4	Precioso: 1		
	Delicioso: 1	Incomparable: 4	Reciente: 3		
	Destaca (v.): 18	Inmenso: 2	Representativo: 4		
	Diversos: 15	Innovador: 4	Satisfactorio: 1		
	Enorme: 2	Interesante: 6	Significativo: 5		
	Espectacular: 8	Mejor: 17	Todo tipo de: 8		
	Excepcional: 2	Moderno: 15	Tradicional: 20		
	Extenso: 1	Monumental: 11	Valioso: 2		
	Gran: 90	Muchos: 8	Variado: 8		
	Grandioso: 4	Muy: 15	Varios: 6		
			Amplio: 17		

[4] Las marcas que citamos incluyen los ejemplos con su variante de género y número.

TABLA 3
Número total por categorías y porcentaje de cada marcador en el corpus español (506)

Categoría	**Nº total**	**Porcentaje**
Mitigadores	37	7,11
Realzadores	408	78,46
Marcadores de actitud	22	4,23
Marcadores de compromiso	3	0,57
Automención	36	6,92

TABLA 4
Número total por categorías y porcentaje de cada marcador en el corpus inglés (499)

Categoría	**Nº total**	**Porcentaje**
Mitigadores	63	11,42
Realzadores	210	42,08
Marcadores de actitud	25	5,01
Marcadores de compromiso	139	27,86
Automención	62	12,42

cas concretas propuestas por Suau Jiménez (2006) y Suau Jiménez y Dolón Herrero (2007) para el género *promoción de productos y servicios turísticos*, así como las sugerencias y conclusiones de Mapelli (2008) también para géneros turísticos. La herramienta de lingüística de corpus que utilizamos para la localización de las marcas lingüísticas y el análisis cuantitativo es el *software* libre AntConc 3.2.1.

Presentamos en las Tablas 2 y 3 los resultados totales para el español y el inglés en cuanto al metadiscurso interpersonal.

Como se puede observar, el número total de realzadores, sobre todo con adjetivos calificativos, es significativamente abundante y muy variado en español. Esto indica que la persuasión está muy representada por esta categoría, que a través de estas marcas imbuye de subjetividad tanto lugares como acontecimientos y atrae así la atención del lector, dirigiendo su interés.

TABLA 5
Número y tipo de marcas en el corpus inglés analizado

Mitigadores	Realzadores		Marcadores de actitud	Marcadores de compromiso	Automensión
Can: 54 May: 9	Attractive: 2 Beautiful: 3 Big: 1 Colourful: 3 Comfortable: 1 Common: 3 Dangerous: 8 Deep: 11 Delicious: 1 Diverse: 2 Emblematic: 3 Enormous: 4 Exciting: 8 Familiar: 3 Important: 14	Impressive: 2 Interesting: 3 Lively: 1 Magnificent: 5 Many: 6 Modern: 11 More: 16 Most: 47 Multi-coloured: 2 Prized: 2 Recent: 2 Representative: 1 Significant: 5 Spectacular: 16 Splendid: 1 Unique: 7 Varied: 3 Very: 13	Clearly: 2 Especially: 6 Fully: 1 Specially: 5 Specifically: 2 Structurally: 1 Just: 8	Come: 5 Enjoy: 20 Go: 2 Invites: 2 Meet: 2 Prepare: 1 Take: 18 Visit: 25 You: 44 Your: 20	We: 23 Us: 14 Our: 25

En las tablas anteriores podemos observar también una cierta preponderancia de los realzadores a través de adjetivos calificativos, lo cual, como ya hemos indicado antes, se tendrá que contrastar en el futuro con otras investigaciones en las que se utilice un corpus inglés como lengua original. En el caso de COMET.VAL, este dato de los realzadores respecto al inglés se podría deber a la traducción del español. Sin embargo, es importante destacar que la persuasión esté compartida aquí con los marcadores de compromiso, marca prototípica del metadiscurso inglés. Es decir que, aunque se haya traducido del español, el autor ha tenido correctamente en cuenta el patrón metadiscursivo de la lengua de llegada, el inglés.

Así pues, los realzadores ocupan un lugar destacado en ambos corpus, con más de un 40% de uso respecto a la totalidad de los marcadores interpersonales. Es importante también destacar que los marcadores de compromiso están prácticamente ausentes del corpus español, mientras que en el inglés se sitúan como la segunda categoría más utilizada y compartiendo con los realzadores la función persuasiva. Del resto de marcadores observamos un uso relativamente parejo en ambos corpus, con una ligera preponderancia de los mitigadores en el corpus inglés. Estos aspectos coinciden igualmente con nuestros resultados de anteriores trabajos en cuanto al uso de realzadores en la expresión de la persuasión en géneros turísticos (Suau Jiménez 2006) y los confirman. Cabe subrayar el uso casi exclusivo de realzadores en forma de adjetivos calificativos en el corpus COMET.VAL, tal como indica Mapelli (2008) en su trabajo de análisis de secciones turísticas en páginas web institucionales de 17 ayuntamientos españoles.

4.1. Análisis de los elementos metadiscursivos

4.1.1. *Español*

Entre los mitigadores, de número relativamente reducido, tal como habíamos señalado en anteriores trabajos sobre discuso turístico (Suau Jiménez, 2006) podemos destacar el uso exclusivo de *verbos epistémicos* con construcciones del tipo verbo epistémico + verbo. Priman las expresiones impersonales, tal como suele presentar el patrón metadiscursivo del español en textos de promoción turística (Suau Jiménez/Dolón Herrero 2007) y los demás con el plural de automención, que supone un grado más de acercamiento al receptor que las expresiones impersonales. Algunos ejemplos son:

- PUEDE/PODEMOS

Valencia es una ciudad que **puede presumir** de numerosos parques y jardines.

[…] donde se **puede disfrutar** paseando, patinando, corriendo […].

[…] al alcance de todos y **puede ser** apasionante y divertido.

[…] los domingos por la mañana **podemos encontrar** toda clase de cromos, tebeos…

Así **podemos tomar** los arroces de toda la vida como la paella […].

Para comer **podemos hacerlo** a la carta o decantarnos por un menú […].

- PERMITE

[…] **permite enlazar** dos grandes vías: la Avenida Antic Regne y […].

Su ambiente activo y lúdico, **permite demostrar** que el aprendizaje de la cultura […].

[…] el jazz en particular, que **permite combinar** con unas copas después de la cena.

El local, dividido en dos plantas, **permite tomar**, en la planta baja, los afamados pintxos […].

Los marcadores de actitud presentan un uso escaso, con marcas exclusivamente adverbiales con construcciones sintagmáticas del tipo adverbio + sustantivo, adverbio + adjetivo o verbo + adverbio. Algunos ejemplos son:

- ESPECIALMENTE

[…] con aportaciones posteriores, **especialmente** renacentistas.
[…] como regulares y **especialmente** el edificio insigne La Catedral.

- TOTALMENTE

[…] derribando **totalmente** su interior y conservando las fachadas.

Para descubrir el fascinante proceso, **totalmente** artesanal, que da vida a las esculturas […].

- CLARAMENTE

La Lonja consta de tres cuerpos **claramente** diferenciados y un jardín.

[…] con el palacete y otro naturalista, paisajista y **claramente** romántico.

Finalmente la categoría *automención*, al mismo nivel de frecuencia que los mitigadores, es decir, relativa, presenta cuatro marcas en función de objeto directo, de reflexivo y de posesivo (nos, nuestro, nuestros, nuestras). Algunos ejemplos son:

- NOS

[...] en cualquier momento, **nos** cruzaremos con El Cid Campeador [...].

Pero lo que a nosotros **nos** afecta es la cocina que allí realizan [...].

[...] en temporada, la merluza y el rodaballo siempre **nos** hacen reconocer [...].

- NUESTRA/NUESTRO/NUESTRAS

[...] dando paso a **nuestra** propia escuela de pintores renacentistas.

[...] en peligro de extinción de **nuestra** comunidad [...].

[...] la edificación, levantada ya en **nuestro** siglo, obra de los arquitectos [...]

[...] queda algo alejado de **nuestro** entorno, pero siempre será parte de **nuestra** [...].

[...] no dude en recorrer **nuestras** calles, en las que encontrará las mejores tiendas.

[...] actividades deportivas que se pueden realizar. **Nuestras** propuestas son [...].

Categoría	**Nº total**	**Porcentaje**
Mitigadores	63	12,62
Realzadores	210	42,08
Marcadores de actitud	25	5,01
Marcadores de compromiso	139	27,86
Automención	62	12,42

4.1.2. *Inglés*

En inglés, los mitigadores son tres veces más abundantes que en español y por lo tanto más representativos del metadiscurso en esta lengua, según mantienen trabajos anteriores para otras especialidades (Dafouz 2008; Mur Dueñas 2010). Destacan casi exclusivamente el verbo modal más típico, *can,* con construcciones *can* + verbo ligado a marcas de automención y de compromiso:

Here we **can** find contents and designs based on the species [...].

You **can** also find here the novel Chroma Key photographic [...].
[...] one **can** park inside L'Umbracle's covered carpark and have [...].

Valencia **can** be a city of clichés: the light, the moon [...].

Los marcadores de actitud, siguiente categoría representada, tienen una frecuencia baja, y las marcas son todas adverbios, en construcciones sintagmáticas del tipo adverbio + adjetivo/sustantivo o verbo + adverbio. Algunos ejemplos son:

- CLEARLY

  The park includes two **clearly** differentiated scenarios: installations for fish [...].

  [...] audiovisual project can be appreciated even more **clearly** in Artico [...].

- ESPECIALLY

  [...] to the general public and make it aware, **especially** the younger generations [...].

  [...] aspects of Spanish coasts and waters, **especially** those of Valencia [...].

  [...] the service received is considered satisfactory, **especially** in bars and restaurants [...].

Los marcadores de compromiso sí son muy importantes por su representatividad en el corpus inglés, al ser esta categoría prototípica en la relación interpersonal y, por ende, en la construcción de la persuasión. Tanto la frecuencia de uso como la variedad de marcas utilizadas es alta, casi tanto como los mitigadores, y podemos dividir las marcas entre verbos en forma imperativa, indicativa y en construcciones finales, el pronombre personal *you* en función sujeto y objeto, y el posesivo *your.* Algunos ejemplos son:

- YOU/YOUR

  You will find hotels for all tastes and at the best.

Cinema Jove International Film Festival brings **you** another year of quality films.

If **you** are looking for something special, pay a visit to.

Request **your** FREE Tourist Pack. A pack with everything [...].
Hotels and hostels Book **your** stay in Valencia.
An audioguide that will complement **your** visit to Valencia [...].

- ENJOY

Spectators **enjoy** their sluggish, waddling movements on land [...].
[...] accustomed to having to travel **in order to enjoy** top artistic quality.
The idea is to offer everyone a space **in which to enjoy** the marine world [...].

- INVITES

Valencia's pleasant climate **invites** people to go out to dinner or participate [...].

Sciences **invites** us to discover a genuine marine park [...].

La última categoría que vamos a comentar para el corpus inglés es la *automención*, representada por los pronombres personales en función de sujeto, objeto y posesivo (*we, us* y *our*). Su frecuencia de uso es tan importante como los mitigadores, con lo cual podemos decir que contribuye claramente a la construcción de la persuasión a través de la distancia corta que crea con el receptor del texto. Algunos ejemplos son:

- WE/US/OUR

[...] over the entire complex, **we** can stage a variety of open-air events [...].

In this building, covered by an igloo-like roof, **we** can observe two marine mammals [...].

We will be transported to a unique environment that [...].

[...] some 30 meters long let **us** access to the observation of animal life [...].

At El Rincón Marino, one can buy anything to help **us** during the visit [...].

[...] the City of the Arts and Sciences invites **us** to discover a genuine marine park [...].

During our visit **we** can become familiar with the behavior [...].

Since **our** arrival at the park we have had the visual impression that.

Discover **our** recommended routes and activities, and learn about.

4.2. Análisis de la categoría *realzadores*

A continuación vamos a analizar con detalle la categoría *realzadores*, por ser la que cuenta con mayor frecuencia y tipo de marcas en el corpus analizado, con objeto de sacar conclusiones respecto a esta frecuencia de uso y tipología en las dos lenguas. Es muy de destacar la variedad de campos semánticos que expresan, como forma de transmitir valores que inciden directamente en la persuasión, como los *históricos*: *grandioso, tradicional, histórico, antiguo*; los *estéticos*: *bello, espléndido, espectacular, perfecto, colorido, delicioso, hermoso, precioso, incomparable*; la *variedad*: *diversos, todo tipo de, varios, muchos, muy*; lo *novedoso*: *nuevo, moderno, reciente, innovador*; o lo que encierra *interés*: *atractivo, interesante, impresionante, significativo, notable, satisfactorio, valioso*.

4.2.1. *Español*

Es de subrayar la gran cantidad de adjetivos calificativos, elativos y atributos, y también de superlativos, coincidiendo aquí con Mapelli (2008: 3) al indicar que se eligen adjetivos con connotación positiva que contienen una gradación extrema y se ubican en posición prenominal. También Suau Jiménez (2006) ponía de manifiesto esta característica de los textos turísticos como forma de expresar persuasión.

En nuestros resultados tenemos varios de estos ejemplos, de los cuales vamos a citar los más representativos –*gran, antiguo, importante, tradicional* y *monumental*–, es, decir, los que realzan el campo semántico de lo grandioso, lo antiguo, lo importante y lo tradicional, como conceptos clave del patrimonio histórico de la ciudad. Entre ellos, el adjetivo *gran* ocupa el primer lugar –al igual que en Mapelli 2008–, con la estructura antes citada y en posición de atributo. Mostramos algunos ejemplos:

- GRAN

[...] por el Consejo Municipal de la Ciudad que obtuvo **gran prestigio** por su solvencia y volumen de operación [...].

Gran edificio modernista cuyo proyecto data de 1914 [...].

Tras un **gran proyecto** de restauración, se ha recuperado un edificio [...].

- ANTIGUO

El proyecto de restauración del **antiguo Hospital** en Biblioteca Pública [...].

[...] se pueden distinguir los volúmenes del **antiguo Convento**, convertido en Gobierno Civil en 1961 [...].

[...] construido sobre la muralla musulmana, en un **antiguo acceso** a la Valencia medieval [...].

- IMPORTANTE

Constituye un **importante ejemplo** de casa señorial del siglo XV [...].

Marqués del Turia es una **importante avenida** de la capital [...].

Hoy cuenta con una **importante colección** botánica con unas tres mil especies [...].

- TRADICIONAL

[...] Durante estas fechas, la **tradicional feria** visita la ciudad, llena de todo tipo de atractivos [...].

[...] o recorrer los canales de la Albufera a bordo de **tradicionales embarcaciones**.

- MONUMENTAL

[...] por la que salen las **monumentales carrozas**. Estas constituyen [...].

También se debe mencionar el notable uso verbal de *destaca* como realzador en sintagmas verbales descriptivos:

Destaca el acceso al edificio, enfatizado por un cuerpo [...].

Destaca la gran calidad de los mosaicos en techos, suelos [...].

[...] creando una fachada-retablo, en la que **destaca** la escultura central de la Virgen del Rosario.

Por último, queremos llamar la atención sobre los realzadores que son adjetivos calificativos que expresan *cantidad* y *variedad*, y cuyo uso también es representativo para transmitir el concepto de variedad y diversidad turística. Es el caso de *diversos/diveras*:

Zona infantil, con **diversos** juegos, destacando [...].

[...] el Ayuntamiento de la ciudad ha inaugurado **diversos** parques, que giran [...].

[...] con **diversos** talleres y actividades.

4.2.2. *Inglés*

La frecuencia y tipo de los realzadores en inglés nos indica una variación respecto al español. Por una parte, tenemos partículas o cuantificadores que forman estructuras superlativas tanto de contenido (valores), por ejemplo, *more, very* y *most,* como de cantidad (variedad, diversidad, número), tal es el caso de *many* y *varied.* Su alta frecuencia les otorga un papel importante entre los realzadores de valores y, por ende, como constructores de persuasión. Por otra parte, están los adjetivos calificativos, como en español, aunque en menor número. En este caso es relevante mencionar que los valores que realzan son distintos a los del corpus español si nos atenemos a su frecuencia.

Así, los más frecuentes, por orden de importancia, son *great, spectacular, important, modern, exciting* o *unique,* y solo más adelante aparecen otros como *magnificent, enormous o emblematic*. Esta gradación, tiene en cuenta la grandiosidad, pero en tono menor que en español (90 frente a 21 marcas), y pone de relieve lo estético, la modernidad, el disfrute y la exclusividad frente a los valores que proponen los adjetivos españoles (la antigüedad, tradición y monumentalidad). Algunos ejemplos son:

- GREAT

  [...] panoramic format to guarantee **great** audiovisual realism.

  A self-service restaurant with a **great** variety of dishes designed for the whole family.

- SPECTACULAR

  [...] screen, **spectacular** lighting equipment simulates the light cycles [...].

  [...] your best snapshots with the most **spectacular** images of your visit.

- IMPORTANT

[...] the Almirante Palace is still the most **important** privately owned gothic building in Valencia.

[...] with the philosophy of the most modern and **important** aquariums in the world are being developed.

- MODERN

[...] on outside terraces, alongside more **modern** venues for clubbing and listening to [...].

[...] set in a building known for its exceptional **modern** architecture.

- EXCITING

Street Circuit, which promises to bring the most **exciting** racing spectacles over the next 7 years.
[...] enjoying the light Mediterranean breeze and the **exciting** Valencian nightlife.

- UNIQUE

The City of Arts and Sciences is a **unique** complex devoted to scientific and cultural [...].
[...] their great biodiversity, together with the **unique** sensation of being submerged in search of the [...].

5. Conclusiones

Podemos concluir, en primer lugar, que el metadiscurso interpersonal ha constituido una vez más una herramienta útil en una lengua de especialidad, en este caso la del turismo. En ella, la relación interpersonal entre autor y lector es relevante por el propósito del género *página web institucional de promoción turística* –corpus COMET.VAL– de dirigir la atención del receptor hacia unos contenidos concretos a través de la función persuasiva. Por una parte, como indican nuestras observaciones y resultados, esta función se articula de modo diferente en inglés y español, a través de marcas con distinta frecuencia y uso: para el inglés, se trata principalmente de *mitigadores, marcadores de compromiso, realzadores* y *automención*; y, para el español, de *realzadores, automención* y *marcadores actitudinales*. Lo que viene a confirmar los hallazgos de anteriores investigaciones en esta lengua de especialidad (Suau Jiménez 2006; Mapelli 2008) y en otras especialidades distintas del turismo, arriba mencionadas, donde, por ejemplo, los mitigadores y marcadores de compromiso son una marca constante y relevante para el inglés, así como los marcadores actitudinales para el español (Dafouz Milne 2008). La conclusión que extraemos aquí sería la de que el sustrato sociolingüístico y cultural de cada lengua, es decir, las necesidades de comunicación de cada área o comunidad de profesionales –comunidad discursiva– y los usos y tradición cultural de cada lengua, exigen unas ciertas marcas metadiscursivas que confluyen, además, con los requisitos –objetivo comunicativo– del género.

Por otra parte, parece evidente que el metadiscurso interpersonal español e inglés contempla, de forma muy significativa para el español e importante para el inglés, en la especialidad turística y en este género de promoción, el uso de los realzadores frente a otras categorías metadiscursivas y dentro de estos los *adjetivos calificativos atributos* como principal elemento, tal como también apuntan anteriores trabajos (Suau Jiménez 2006; Mapelli 2008). Según se desprende de los resultados, los valores que estos realzadores potencian son bien distintos para el receptor español, ya que están centrados en lo histórico, lo tradicional o lo grandioso, mientras que para el receptor inglés los valores turísticos que le pueden atraer giran en torno a lo espectacular, lo moderno, lo emocionante y lo único. Este es uno de los principales hallazgos de nuestro trabajo, pues no conocemos otras investigaciones que hayan sugerido estos resultados. De aquí se podría inferir, aunque hacen falta más investigaciones que lo corroboren, que los valores que se intentan transmitir a través del metadiscurso inglés y español son distintos porque el receptor de cada lengua tiene unas expectativas turísticas diferentes. Nos parece importante dar cuenta de ello por las implicaciones que supone respecto al conocimiento del discurso turístico en inglés y español. Estamos ante unas pruebas que indican que lengua, especialidad y género están estrechamente ligados al conformar el patrón metadiscursivo interpersonal que prescriben. Este está basado en unos valores culturales que difieren según el sustrato sociolingüístico y la forma en la cual cada comunidad discursiva, cada lengua y cada cultura los entiende y entiende las relaciones interpersonales –tal como apunta Fairclough (1992)–, así como el mensaje que se quiere transmitir al receptor, en este caso consumidor de productos turísticos.

En español, el uso de las categorías metadiscursivas presenta un porcentaje bajísimo de marcadores de compromiso y de actitud, bajo de automención y de mitigadores y altísimo de realzadores (78'46%), una categoría que sobresale de forma espectacular, tal como apuntan trabajos anteriores (Suau Jiménez 2006 y Mapelli 2008).

En inglés, el uso de marcadores de actitud es también bajo, mitigadores y automención presentan un uso moderado y, finalmente, realzadores y marcadores de compromiso son las categorías más utilizadas, lo cual da como resultado un cuadro distinto al del español. Los resultados de nuestro análisis coinciden con lo apuntado para el inglés por Suau Jiménez (2006), Suau Jiménez y Dolón Herrero (2008) y Vázquez y Giner (2009) con respecto a la importancia de los realzadores como forma de expresar la persuasión.

En resumen y tal como apuntan nuestros resultados, que contrastan con anteriores investigaciones de otros tantos autores sobre marcas metadiscursivas en otras áreas profesionales o académicas, el género, la lengua y la especialidad son tres variables que hay que tener en cuenta a la hora de establecer y proponer un patrón metadiscursivo. En este caso, estas tres variables –respectivamente, el género *página web institucional de promoción turística*, el español o el inglés como lenguas, y la especialidad turística– conforman un patrón con una idiosincrasia propia, imprescindible para describir y prescribir el uso de las correspondientes marcas metadiscursivas, con implicaciones importantes para la comunicación escrita y para la traducción del género objeto de estudio. Por último, en cuanto al corpus COMET.VAL, se confirman los adjetivos calificativos atributos como elementos esenciales de los realzadores en español y como elementos importantes para el inglés para este género en el área del turismo. Obviamente, serán necesarias más investigaciones que sigan profundizando en cómo se construye la persuasión y la relación interpersonal entre emisor y receptor en estas lenguas, al tiempo que analicen el inglés como lengua original y traten otros géneros del ámbito turístico para observar su comportamiento metadiscursivo.

Referencias bibliográficas

ALCARAZ VARÓ, Enrique/MATEO MARTÍNEZ, José/YUS RAMOS, Francisco (eds.) (2007): *Las lenguas profesionales y académicas*. Barcelona: Ariel.

ALCARAZ VARÓ, Enrique/ HUGUES, Brian/CAMPOS PARDILLO, Miguel Ángel /PINA MEDINA, Víctor y ALESÓN CARBONELL, María Ángeles (2000): *Diccionario de Términos de Turismo y de Ocio*. Barcelona: Ariel.

ALESÓN CARBONELL, María Angeles (2000): "Tourism: the problems of the definition of a new ESP. A study of the didactic implications of this characterization", en: Luttikhuizen, Frances (ed.): *III Congrés Internacional sobre Llengües per a Finalitats Especifiques. EASE Seminar*. Barcelona: Publicacions de la Universitat de Barcelona, 11-15.

ANTELMI, Donella/HELD, Gudrun/SANTULLI, Francesca (2007): *Pragmatica della comunicazione turistica*. Roma: Riuniti.

ARAGÓN COBO, Marina/EURRUTIA CAVERO, M./PLANELLES IBÁÑEZ, M. (2007): "El lenguaje del turismo", en: Alcaraz Varó, Enrique/Mateo Martínez, José/Yus Ramos, Francisco (eds.): *Las lenguas profesionales y académicas*. Barcelona: Ariel, 233-245.

BEKE, Rebeca (2005): "El metadiscurso interpersonal en artículos de investigación", en: *Signos* 38, 57, 7-18.

BRIEGER, Norman (1997): *Teaching business English Handbook*. York: York Associates Publications.

CALVI, Maria Vittoria (2006): *Lengua y comunicación en el español del turismo*. Madrid: Arco/Libros.

— (2009): "Las lenguas de especialidad", en: Calvi, Maria Vittoria/Bordonaba Zabalza, Cristina/Mapelli, Giovanna/Santos López, Javier (eds.): *Las lenguas de especialidad en español*. Roma: Carocci, 15-38.

— (2009): "Los géneros discursivos en la lengua del turismo: una propuesta de clasificación", en: *Ibérica. Revista de la Asociación Europea de Lenguas para Fines Específicos* 19 (primavera 2010), 9-32.

CHAFE, Wallace (1986): "Evidentiality in English conversation and academic writing", en: Chafe, Wallace/Nichols, Johanna (eds.): *Evidentiality: The Linguistic Coding of Epistemology*. Norwood (NJ): Ablex, 261-272.

CERDÁ REDONDO, Esperanza (2000): "English teaching for tourism studies: A methodological approach", en: *Actas del X Congreso Luso-Espanhol de Linguas Aplicadas às Ciencias e às Tecnologías*. Portalegre: Instituto Politecnico de Portalegre, Portugal, 4-11.

COLLIN, Peter (1994): *Dictionary of Hotels, Tourism and Catering Management*. Teddington: Peter Collin Publishing.

CRISMORE, Avon/MARKKANEN, Raija/STEFFENSEN, Margaret (1993): "Metadiscourse in persuasive writing: A study of texts written by American and Finnish university students", en: *Written Communication* 10, 1, 39-71.

DAFOUZ MILNE, Emma (2003): "Metadiscourse Revisited: a contrastive study of persuasive writing in professional discourse", en: *Estudios Ingleses de la Universidad Complutense* 11, 29-52.

— (2008): "The pragmatic role of textual and interpersonal metadiscourse markers in the construction and attainment of persuasion: a cross-linguistic study of newspaper discourse", en: *Journal of Pragmatics* 40, 1, 95-113.

FAIRCLOUGH, Norman (1992): *Discourse and Social Change*. Cambridge: Polity Press.

— (1995): *Critical Discourse Analysis*. London: Longman.

FERRARI, Laura (2004): "Modalidad y evaluación en artículos de investigación", en: *Actas del III Coloquio Nacional de Investigadores en Estudios del Discurso*. ALED, Universidad Nacional del Sur, Bahía Blanca (Argentina).

FERRARI, Laura/GALLARDO, Susana (2004): "Variación modal en el artículo de investigación" (ponencia), en: *Actas del III Coloquio Nacional de Investigadores en Estudios del Discurso*. ALED, Universidad Nacional del Sur, Bahía Blanca (Argentina).

FLAVELLE, John H. (1976): "Metacognitive aspects of problem solving", en: Resnick, Lauren (ed.): *The Nature of Intelligence*. Hillsdale (NJ): Lawrence Erlbaum.

GARCÍA IZQUIERDO, Isabel (2007): "Los géneros y las lenguas de especialidad", en: Alcaraz Varó, Enrique/Mateo Martínez, José/Yus Ramos, Francisco (eds.): *Las lenguas profesionales y académicas*. Barcelona: Ariel, 119-125.

HALLIDAY, Michael A. K. (1978): *Language as Social Semiotics*. London: Edward Arnold.

— (1985): *An Introduction to Functional Grammar*. London: Edward Arnold.

HYLAND, Kenneth (1998): *Hedging in Scientific Research Articles*. Amsterdam: John Benjamins.

— (2005): *Metadiscourse: Exploring Interaction in Writing*. London: Continuum.

HYLAND, Kenneth/TSE, Polly (2004): "Metadiscourse in Academic Writing: A Reappraisal", en: *Applied Linguistics* 25, 2, 156-177.

KERBRAT-ORECCHIONI, Catherine (2004): "Suivez le guide! Les modalités de l'invitation au voyage dans les guides touristiques: l'exemple de l'*île d'Aphrodite*", en: Baider, Fabienne/Burger, Marcel/Goutsos, Dyonisis (eds.): *La communication touristique. Approches discursives de l'identité et de l'alterité*. Paris: L'Harmattan, 133-150.

LAKOFF, Geoffrey (1973): "Hedges: A study in meaning criteria and the logic of fuzzy concepts", en: *Journal of Philosophical Logics* 2, 458-508.

LINELL, Per (1998): "Discourse across boundaries: On recontextualizations and the blending of voices in professional discourse", en: *Text* 18, 143-157.

MACI, Stefania (2007): "Virtual Touring: The Web-Language of Tourism", en: *Linguistica e Filologia* 25, 41-65.

MAPELLI, Giovanna (2008): "Las marcas de metadiscurso interpersonal de la sección 'turismo' de los sitios web de los ayuntamientos", en: Calvi, Maria Vittoria/Mapelli, Giovanna/Santos López, Javier (eds.): *Lingue, culture, economia: comunicazione e pratiche discorsive*. Milano, FrancoAngeli, 173-190.

MARTIN, James R. (2003): "Beyond Exchange: appraisal systems in English", en: Hunston, Susan y Thompson, Geoffrey (eds.): *Evaluation in Text*. New York: Oxford University Press, 142-175.

MARTÍN ÚRIZ, Ana/WHITTAKER, Rachel (eds.): (2005): *La composición como comunicación: una experiencia en las aulas de lengua inglesa en bachillerato*. Madrid: Universidad Autónoma de Madrid.

MAURANEN, Anna (1993): "Contrastive ESP rhetoric: metatext in Finnish-English economics Texts", en: *English for Specific Purposes* 12, 3-22.

MUR DUEÑAS, Pilar (2010): "Attitude markers in business management research articles: a cross-cultural corpus-driven approach", en: *International Journal of Applied Linguistics* 20, 1, 50-72.

NORD, Christiane (2007): "The phatic function in translation: metacommunication as a case in point", en: Vandeweghe, Willy/Vandepitte, Sonia/Velde, Marc van de (eds.): *The Study of Language and Translation*. Amsterdam: John Benjamins, 171-184.

PADILLA DE ZERDÁN, Constanza (2003): "Metadiscurso y producción escrita en estudiantes universitarios", en: *Educación, Lenguaje y Sociedad* 1, 1, 221-236.

PICKETT, David (1989): "The sleeping giant: Investigations in Business English", en: *Language International* 1(1), 5-11.

TARANILLA GARCÍA, Cristina (2008): "A lo que iba: evolución y uso de un marcador de regresión", en: Olza Moreno, Inés/Casado Velarde, Manuel/González Ruiz, Ramón (eds.): *Actas del XXXVII Simposio Internacional de la Sociedad Española de Lin-*

güística (SEL). Pamplona: Universidad de Navarra; en: <http://www.unav.es/linguis/simposiosel/actas/>.

SALAGER-MEYER, Françoise (2004). "The hidden dimension and underlying connexions of LSP: who's pulling the strings", en: *Linguistic Studies in Academic and Professional English.* Castellón: Universidad Jaume I, 9-31

SUAU JIMÉNEZ, Francisca (2001): "El género y el registro en la traducción del discurso profesional: un enfoque funcional aplicable a cualquier lengua de especialidad", en: [revista electrónica *CULTURELE*: <http://www.ub.es/filhis/culturele/tinasuau.html>.

— (2005): "The difficult balance between author's and scientific community's power over research articles in Applied Linguistics", en: *LSP and Professional Communication* 5, 59-72.

— (2006): "El Metadiscurso en el género 'Servicios y Productos Turísticos' en inglés y español: importancia de su traducción como recurso para la persuasión del cliente" (ponencia), en: *I Congreso Internacional de Traducción Especializada.* Colegio de Traductores Públicos de la ciudad de Buenos Aires. Universidad de Buenos Aires, julio de 2006.

— (2010a): *La traducción especializada en inglés y español en géneros de economía y empresa.* Madrid: Arco/Libros (Colección Biblioteca Philologica).

— (2010b): "Metadiscursive elements in the translation of scientific texts", en: Gea Valor, Maria Lluïsa/García Izquierdo, Isabel/Esteve, Maria José (eds.): *Linguistic and Translation Studies in Scientific Communication.* Bern: Peter Lang, 278-296.

SUAU JIMÉNEZ, Francisca/DOLÓN HERRERO, Rosana (2008): "El metadiscurso en la traducción de textos performativos" (ponencia), en: *Congreso Internacional de Aesla.* Almería, abril de 2008.

SWALES, John M. (1990): *Genre Analysis: English in Academic and Research Settings.* Cambridge: Cambridge University Press.

THOMPSON, Geoffrey (1996): *Introducing Functional Grammar.* London: Arnold.

THOMPSON, Geoffrey/HUNSTON, Susan (2001): "Evaluation: An introduction in academic writing: Learning to argue with the reader", en: *Applied Linguistics* 22, 58-78.

VALERO-GARCÉS, Carmen (1996): "Contrastive ESP rhetoric: Metatext in Spanish-English economics texts", en: *English for Specific Purposes* 15, 4, 279-294.

VANDE KOPPLE, William J. (1985): "Some exploratory discourse on metadiscourse", en: *College Composition and Communication* 36, 82-93.

VÁZQUEZ, Ignacio/GINER, Diana (2009): "Writing with conviction: The use of boosters in modelling persuasión in academic discourses", en: *Revista Alicantina de Estudios Ingleses* 22, 219-223.

EL NIÑO COMO ACTOR SOCIAL EN EL DISCURSO TURÍSTICO: UN ESTUDIO DE ANÁLISIS CRÍTICO DE LA CONSTRUCCIÓN DISCURSIVA DE UNA IDENTIDAD DE CONSUMIDOR

ROSANA DOLÓN HERRERO
IULMA-Universitat de València

1. Introducción

Las estancias vacacionales en familia propician a menudo el encuentro del turista deseoso de información con una variedad de textos tipificados, destinados a fomentar específicamente un turismo de familia con niños y que a menudo revisten cierto carácter *fosilizado*. Independientemente del país o de la provincia elegidos, el texto promocional repite y recrea de forma recurrente la presentación de los lugares de interés para familias con niños, la naturaleza de los puntos de atracción, los incentivos, los aspectos de disfrute, o información de interés para progenitores, hijos y el conjunto.

Este hecho es especialmente evidente cuando tratamos con información destinada específicamente al colectivo de niños o adolescentes. Sin adoptar una visión de analista, es decir, sin adentrarnos todavía en el estudio de las formas lingüísticas empleadas, a nivel por tanto puramente superficial de usuario receptor lingüístico, no puede pasar inadvertida una manifiesta adherencia a tópicos, lugares comunes, referencias estereotipadas recreadas en los textos que publicitan alojamientos, restauración y compras, puntos de interés, iconos de la ciudad en cuestión, zonas verdes y actividades recreativas de ocio activo o cultural.

El verdadero desencadenante, que haría involucrarnos en este estudio, viene determinado por la exposición repetida a textos que publicitan una oferta de restauración, según el emisor, pensada para familias o concretamente dirigida a un público infantil/juvenil. A nivel de productos ofertados, se baraja en la mayoría de los casos, una oferta muy básica de variedad de platos, que incluye fundamentalmente pasta, pizza y pollo (presentado sobre todo en forma de *nuggets*). Lo verdaderamente interesante es el discurso que acompaña la oferta, que explícita o implícitamente alude a cuestiones de bajo coste, de ahorro y de comodidad para los padres, de la posibilidad de comer sin riñas ni sobresaltos, de mantener a los niños alimentados, satisfechos, contentos, donde el evento de la comida en familia, en definitiva, no revista problema alguno.

Si bien este objetivo se cumple, también es cierto que conlleva relegar el discurso de la autoridad de los padres a la autoridad de los restauradores, donde la alimentación adopta un significado diferente al que vincula a padres e hijos, y cobra una función social determinada para el contexto situacional en cuestión.

Como estudiosos en el marco de investigación del análisis crítico del discurso, interesados específicamente en cuestiones relativas a la construcción intersubjetiva de identidades a través de conductas discursivas, se nos plantea el texto promocional turístico revestido de cierta sospecha, como actividad discursiva susceptible de encerrar mecanismos de control o dominación, que operan bajo presiones socioculturales y económicas determinadas, creando y recreando una identidad social para el niño, que impone abrazar ciertos roles, que impone formas de asimilación y diferenciación, y que en definitiva requiere una *problematización*. Esta se ha de entender en los términos que plantea Foucault, como una necesidad de contestar, cuestionar y considerar bajo sospecha de posible manipulación o sesgo subyacente la construcción discursiva de una identidad.

2. Sobre la construcción discursiva de identidades

El concepto de identidad ha estado expuesto a lo largo de la historia de la humanidad a múltiples aproximaciones y tratamientos, algunos divergentes, otros convergentes en aspectos concretos. Convertido en un concepto clave dentro de los estudios de humanidades y ciencias sociales, ha despertado el interés tanto de antropólogos, filósofos, sociólogos, como de lingüistas y más concretamente de estudiosos del discurso, proporcionando aproximaciones, métodos y herramientas de investigación diversos en torno a la *identidad* objeto de estudio.

Tal diversificación ha contribuido innegablemente a una literatura rica y amplia alrededor de procesos de construcción de identidades, pero a su vez este ingente volumen de aproximaciones, y sobre todo las tendencias de interdisciplinariedad, de tomar prestados conceptos de las diferentes disciplinas, ha conducido también, como apuntan Brubaker y Cooper (2000), a un exceso en el uso del concepto de identidad, de manera que muchas veces se le ha tratado con vaguedad, hasta el punto incluso de ser vaciado de significado. A este hecho hay que añadir que el concepto de identidad es un término que forma parte de nuestro vocabulario cotidiano, un término adquirido y aprendido a muy temprana edad, lo cual contribuye a que se dé por supuesto, a que su caracterización no se cuestione ni tan siquiera (véase Jenkins 1996). Este hecho, sumado a la multidisciplinariedad a la que ha sido expuesto como objeto de estudio, ha contribuido en definitiva a que en la literatura actual no se pueda obviar hablar de la vaguedad que envuelve cualquier intento de definición o categorización del concepto de identidad.

Si partimos aquí del presupuesto de que la identidad humana es intrínsecamente una categoría de índole social, y admitimos como punto de partida que el concepto de identidad encierra todo un potencial de creación de significados, también podemos abrazar la teoría de Fairclough y Wodak (1997), desde la cual los estudios en torno a la identidad parten de un marco de investigación unificado en torno a los procesos de creación de significado del individuo, en tanto en cuanto que este participa en calidad de actor social en todas las esferas de la actividad social a la que se expone.

Este punto de partida nos conduce a una realidad social interactiva y reflexiva, y a los estudios discursivos que ayudan a elucidar los mecanismos de creación y uso del concepto: cómo se construye, se mantiene y finalmente se transforma una identidad discursiva. Cabe añadir que dicha construcción y transformación de la identidad en el discurso se debe a menudo a procesos de imposición o de resistencia de fuerzas de poder, lo cual reclama una aproximación crítica al estudio de estos mecanismos en el discurso. Es importante aducir aquí el concepto de *problematización* (véase Foucault 1994: 667), con el que se designa el conjunto de prácticas discursivas y no-discursivas que entran en consideración en torno a lo que es verdadero o falso, y que lo constituyen como objeto de pensamiento, ya sea en forma de reflexión moral, conocimiento científico, análisis político, o semejantes.

Esta observación de Foucault en torno al concepto de *problematización* representa una invitación al investigador a que transforme asunciones o sospechas en problemas: al *problematizar* se pueden poner de relieve los vínculos existentes entre los mecanismos de construcción discursiva de identidad y los mecanismos sociales de control, dominación, o cualquier forma de ejercicio de poder que pueda operar en determinadas situaciones, bajo determinadas presiones contextuales socioculturales, y que pueda en definitiva afectar la construcción intersubjetiva de identidades.

Desde una aproximación sociolingüística, la construcción discursiva de identidades se fundamenta en una realidad dinámica interactiva, en cuyo proceso nos representamos y nos proyectamos a la vez que somos representados o proyectados por otros. Esta construcción de la identidad sujeta a la interacción tiene su principal exponente en Goffman y su teoría de la cortesía (véase, por ejemplo, Goffman 1981). La sociolingüística interaccional es interesante por el hecho de que incorpora un componente dinámico, según el cual la identidad nunca es una categoría estática, sino un contínuum, que se renegocia constantemente, y que dinamiza diferentes recursos lingüísticos (Gumperz 1982). Los cambios de posicionamiento de los hablantes son, por ejemplo, indicativos de formas de las que la práctica discursiva dispone para bien fragmentar, multiplicar o descentrar la identidad de los agentes participantes, al igual que estos pueden abrazar o resistirse a determinados roles que el contexto interactivo les hace disponibles (véase Scollon 1993).

Dentro de esta visión dinámica de construcción discursiva de la identidad cabe destacar las aportaciones hechas desde la teoría de identidad social (véase Tajfel 1982), según la cual habría que contemplar una distinción entre identidad personal e identidad colectiva, en un intento de recoger un continuo fluir entre un sentido sólido de continuidad de un yo subjetivo y otras muchas versiones parciales de ese yo, que se construyen desde la adscripción a un rol social determinado y de la pertenencia más o menos seguida a grupos sociales determinados. De este modo, tanto la identidad personal como la colectiva se traducen en determinados sentidos de un yo según las presiones contextuales que operen.

El análisis del discurso, partiendo también de un punto de vista dinámico de construcción interactiva de identidades, ha sabido poner de relieve cómo se forman, se dibujan y se amoldan identidades personales y sociales, siendo capaz de recoger aspectos muy concretos de esa actividad dinámica tales como la creación, reproducción, negociación, incluso imposición o resistencia en la construcción de identidades. Un punto de partida clave es entender la identidad discursiva no como un atributo que la persona posee, sino como una serie de recursos que la persona puede utilizar, por tanto, como categoría con la que el usuario lingüístico actúa (Hall 1996). Los estudiosos de la actividad discursiva desde la vertiente retórica restan relevancia a las estructuras sociales como determinantes de las construcciones discursivas de identidades, para abogar en su lugar por la significancia de los mecanismos retóricos que subyacen a la construcción discursiva de identidades. Esto nos hace comprender, pues, que los estudios se centren en cuestiones ideológicas de los participantes, así como en sus líneas habituales y temas familiares, culturalmente disponibles, lo que se ha venido a llamar sus repertorios interpretativos (Wetherell/Potter 1988, 1992; Brubaker/Cooper, 2000).

Si bien el componente dinámico en la construcción discursiva de identidades ha significado un punto de encuentro entre las diferentes aproximaciones de análisis del discurso, ha habido discrepancias en cuanto a la forma de entender dicho dinamismo. Así pues, dentro de ese debate, no son pocos los autores que defienden que fluidez, o la actividad discursiva entendida en términos de flujo, no presupone continuidad. Ricœur (1991), Giddens (1991), Holstein y Gubrium (2000) traducen esta observación en la necesidad de considerar una dimensión biográfica y narrativa, según la cual la identidad se construye a partir de los elementos de una narración y contiene, por ende, sus componentes –por ejemplo, una situación, un argumento, una secuenciación temporal y unos personajes–. La identidad discursiva encierra, pues, muchas narraciones que la persona fabrica para sí misma y para los demás, y que son susceptibles a variaciones según el contexto, interpretables por tanto como versiones de uno mismo, en los intentos del ser humano de dar sentido a su vida a través de la narración de un yo reconocible socialmente. Giddens lo resume en las siguientes palabras:

> Self-identity is not a distinctive trait, or even a collection of traits, possessed by the individual. It is the self as reflexively understood by the person in terms of her or his biography. Identity here still presumes continuity across time and space: but self-identity is such continuity as interpreted reflexively by the agent (1991: 53).

Es interesante, una vez adentrados en la importancia de una interpretación dinámica de la construcción discursiva de identidades, con sus acepciones específicas que arriba hemos señalado, destacar una serie de categorías que son relevantes y que han sido también objeto de debate. Debemos considerar necesariamente cuestiones relativas a la dicotomía *asimilación/diferenciación*, así como intentar establecer modelos de categorización o taxonomías en torno a la construcción de identidades.

Los estudios de psicología social, filosofía, sociolingüística y también discursivos apuntan a una tensión existente entre actuaciones de *asimilación* y *diferenciación*, dos polos opuestos entre los cuales se mueve la construcción discursiva de identidades (véase, por ejemplo, Gergen 1994). Esta se apoya aquí en la identidad del otro, externo al yo, con el que se compara, bien asimilándose a o diferenciándose de ella. En definitiva, la construcción de la identidad se fundamenta en la dicotomía *nosotros/ellos*, e implica igualmente la percepción de características compartidas con un grupo de pertenencia frente a otros rasgos que lo diferencian de los miembros de otros grupos. Hay una autocategorización de la que parte el proceso de identificación, en el que los individuos atribuyen ciertas características al grupo y a los miembros del mismo, estereotipando tanto a los otros como a uno mismo. Es frecuente hallar en la literatura (véanse Hall 1996, Jenkins 1996, Bauman 1998) referencias a dicho proceso de identificación como responsable de generar cierta forma de antagonismo hacia los excluidos del grupo, pues dotar de sentido la identidad de uno necesariamente implica concebir a unos *otros* separados de uno, que a menudo se halla además típicamente estereotipado de forma negativa.

El análisis del discurso ha abordado la construcción de identidad y cuestiones de diferenciación poniendo de relieve los recursos lingüísticos y las estrategias discursivas empleadas en la formación tanto de categorías como de representaciones sociales. Concretamente desde el análisis crítico del discurso se ha avanzado en este propósito, donde cabe destacar el trabajo de Leeuwen (1996), que elabora todo un inventario de categorías sociosemióticas en la creación discursiva de actores sociales. Su clasificación incluye, en otras, la exclusión (por supresión o relegación), la adopción de un rol (de forma activa o pasiva), la personalización (determinada por nominación y categorización) o la generalización frente a la especificación en sus diferentes formas. Esta categorización se realiza lingüísticamente en el discurso por lo que es detectable a partir de realizaciones concretas de elecciones lingüísticas hechas tanto a nivel léxico, como a nivel de los patrones sintácticos empleados y de la atribución de funciones semánticas.

Los estudios discursivos no solo se han limitado a la elaboración de estrategias de desarrollo de las categorías arriba mencionadas, sino que también se han centrado en detectar cómo dichas representaciones sociosemióticas se llegan a naturalizar y a legitimar en la actividad discursiva, teniendo en cuenta las consecuencias que dicha internalización de representaciones reviste para la construcción de identidades (véase Martín Rojo/Dijk 1997).

El análisis crítico del discurso también permite poner de relieve el grado de variabilidad en cuanto al valor social que se adscribe a los diferentes discursos (véase Fairclough 1992, 1995), a efectos del cual cabe sacar a la luz el concepto que propone el autor de *lo híbrido*, y que se traduce en términos de integrar la historia, dígase sociedad, en el texto, de igual modo que el texto se integra en la historia. Esta observación nos conduce a una conceptualización dinámica del contexto. Como señala Martín Rojo (1997), remitiéndose a Foucault, esta percepción sitúa la interpretación textual y contextual en función del contexto tanto situacional como intertextual, que comprende los textos históricos en los que los discursos se encuentran incrustados. Pensando en términos de una lógica jerárquica de distribución de valores en un mercado lingüístico y discursivo, algunos discursos estarían autorizados y legitimados frente a otros que no lo estarían. Esa desigualdad en la valoración procede de la posición social de los hablantes, y afecta el potencial y las posibilidades reales de los discursos de generar identidades.

Una tensión paralela a la que apuntamos anteriormente entre *asimilación* frente a *diferenciación*, es la que se construye a partir de los conceptos de *estructura social* y *rol de agente* (véanse Williams 2000 y Jenkins 1996). El primero se fundamenta en la creencia que los individuos están controlados por fuerzas externas, llámense estructuras sociales como pueden ser instituciones, sistemas clasificatorios, ubicaciones locales determinadas o normas sociales, que ejercen una presión sobre la construcción discursiva. Por otro lado, la importancia del rol de agente se situaría en el otro extremo, reivindicando la voluntad y el poder de creatividad del individuo como artífices de creación de un orden social.

Ambos conceptos, como señala Williams (2000: 55), estarían en situación de equilibrio al conceptualizar la identidad, de modo que al enfatizar el rol de agente la identidad se interpreta como un esfuerzo personal por mantener la unidad del yo entre una multitud de posibles identidades, mientras que un mayor énfasis en la estructura comportaría una visión de la identidad bien como reflejo de pertenencia a una determinada categoría o colectivo social, bien como producto de mensajes culturales y prácticas discursivas que nombran, clasifican y animan a los individuos a adscribirse a determinadas identidades.

A menudo se ha teorizado en torno al potencial que posee el individuo en su capacidad creativa como artífice para la construcción de identidades, aduciendo que esta viene determinada por un efecto acumulativo de una serie de oportunidades y elecciones que pueden estar presentes y, por tanto, disponibles, o por el contrario ser simplemente inexistentes. Si entendemos las prácticas sociales en términos de producción recursiva de la sociedad, en la que participan sistemas, estructuras e instituciones sociales, pero también individuos (véase Chouliaraki/Fairclough 1999), rompemos con esta visión de una oposición entre un determinismo social (en el que toda práctica social y discursiva está delimitada por estructuras sociales) y una postura de constructivismo social (en la que las prácticas sociales y discursivas representan procesos activos de producción, reproducción y también de transformación de estructuras sociales). Es esta visión constructivista la que representa la postura predominante en estudios de análisis crítico del discurso.

Esta perspectiva constructivista no solo explica que un volumen importante de la literatura en torno al análisis crítico del discurso verse sobre cómo categorías de desigualdad socialmente construidas, como pueden ser clase social, etnicidad o género, emergen en el discurso, sino también cómo estas categorías son desafiadas, rechazadas o en cualquier caso *problematizadas,* puestas en entredicho, a través del discurso.

El punto de partida del análisis crítico del discurso reside en revestir el concepto de identidad de un interés particular, al facilitar una mejor comprensión de cómo procesos de construcción discursiva de identidades puedan estar ligados a procesos de dominación. La posibilidad de resistencia, de desafío a procesos de imposición o interiorización de identidades, el potencial de la reacción, permite la creación de nuevos discursos de identidad. Hablamos, por tanto, de identidades impuestas por un orden social determinado, pero también de identidades conquistadas, partiendo de un concepto dinámico de construcción de identidad discursiva, que cuestiona (y problematiza) una visión esencialista de identidad, sustituyéndola por una acepción dinámica y fluida. Problematizar, volviendo sobre Foucault, significa aquí cuestionar evidencias y postulados, romper hábitos y formas de actuar y pensar, disipar lo familiar y lo aceptado, rescatar la medida de normas e instituciones, y poner de relieve las técnicas de producción del conocimiento así como las técnicas de dominación y de control discursivo (véase Grad/Martín Rojo 2008: 23).

3. Análisis crítico del discurso y lingüística de corpus

No son pocos los autores que destacan la singular complementariedad que existe entre el análisis crítico del discurso y la lingüística de corpus (véanse, por ejemplo, Mautner 2009, Hardt-Mautner 1995, Stubbs 1996, Biber/Finnegan 1994), donde sus aportaciones mutuas pueden beneficiar el alcance de los estudios discursivos.

Para comprender lo productivo del encuentro entre la lingüística de corpus y el análisis crítico del discurso debemos remitirnos a comienzos de la década de los setenta, con el desarrollo de avances en las ciencias informáticas, que a su vez posibilita la construcción de ingentes corpus lingüísticos digitales en inglés –como son, por ejemplo, el COBUILD (corpus de la Universidad de Birmingham), el británico British National Corpus BNC, el UCREL (corpus de la Universidad de Lancaster) o el estadounidense BROWN Corpus–, que recogen un exhaustivo muestreo de usos reales de la lengua inglesa, recopilados desde sus contextos originales de producción.

Estos proyectos de recopilación de grandes corpus revitalizan el interés por los usos naturales del lenguaje y, en consecuencia, por su variabilidad, han dado lugar a importantes trabajos empíricos dirigidos a la caracterización de registros y de géneros textuales (véanse, por ejemplo, Bhatia 1993, Biber 1995, Biber/Finegan 1994, Martin/Rose 2002, o más recientemente Bhatia 2010). La posibilidad que brinda la recopilación digitalizada de gran cantidad de muestras de uso real, al igual que el desarrollo de programas de recuperación de datos (ya se trate de programas de concordancias, de estadística, o de búsquedas diversas como pueden ser listas o índices de palabras), permite realizar estudios de índole cuantitativa y cualitativa. Gracias al análisis de la variación textual o de registro, no solo podemos caracterizar formalmente un género, sus posibles subgéneros así como que las manifestaciones textuales dentro de los mismos, sino también extrapolar los usos lingüísticos a una vertiente social, de conducta lingüística que obedece a ciertas presiones contextuales, y que además puede poner de relieve formas de control o manipulación que se originan en estructuras sociales que detentan un poder sobre la construcción de categorías sociosemióticas en el discurso.

Es aquí donde los estudios realizados dentro del marco del análisis crítico del discurso se pueden beneficiar de forma importante de la lingüística de corpus: facilitando el acceso a un gran número de textos, lo cual favorece un análisis sistemático y altamente fiable; haciendo posible una evidencia empírica a gran escala; ofreciendo infinidad de posibilidades de exploración de los textos recopilados, y permitiendo la aplicación de tecnología informática a todos los niveles de la lengua.

La sistematicidad a gran escala en la localización de patrones gramaticales y léxicos, convierten de hecho cualquier estudio de lingüística de corpus en un estudio discursivo por naturaleza: por un lado, subraya los usos generalizados, que son en consecuencia validados como apropiados para el contexto en cuestión, dada su naturaleza recurrente; y, por el otro, convierte las variantes menos representativas en foco de atención, al concebir la posibilidad de ser determinadas por alguna circunstancia específica del contexto, de lo que el investigador está llamado a dar cuenta.

Una observación importante es la que hace Baker al destacar que un análisis del discurso posibilita una especie de *captación instantánea* de significados, representaciones, dando lugar así a versiones particulares de los eventos. Además, alrededor de o más concretamente subyacente a cada discurso objeto, se encontrarían otros discursos, otras maneras de representar el mundo, otros objetos discurso:

> one of the most important ways that discourses are circulated and strengthened in society is via language use, and the task of discourse analysts is to uncover how language is employed, often quite subtle ways, to reveal underlying discourses (Baker 2006: 13).

Precisamente a través de una perspectiva crítica de análisis discursivo, podemos llegar, como señala el autor, a esos otros objetos del discurso, no evidenciados y a menudo de difícil acceso sin las herramientas que aporta esta *sinergía* entre el análisis crítico del discurso y la lingüística de corpus.

De qué forma acceder a los *otros* discursos subyacentes se comprende bien con la reflexión de Jenkins (1997), que, a partir de la revisión del modelo que propusiera Fairclough (1989) de análisis crítico del discurso, reivindica toda una actitud investigadora, punto de partida del investigador en este campo, al destacar que tanto la teorización como la práctica de realizar un análisis crítico del discurso requiere necesariamente garantizar un equilibrio entre una postura de leer *con* el texto (dejándose en cierta manera *mecer* por el autor, y confluir por tanto con el texto) y una necesaria lectura *contra* el texto, que alberga una actitud de sospecha y de no conformidad, y que permite por tanto acceder no solo al discurso objeto proyectado por el autor sino también a los otros posibles otros discursos que pueden subyacer al mismo. Como señala Fairclough, "what is said in a text is 'said' against a background of what is 'unsaid', but taken as given" (2003: 40).

La reflexión de Fairclough nos lleva a los orígenes históricos del desarrollo del análisis crítico del discurso, que se sitúa a finales de los años setenta, y que se debe entender como evolución de la lingüística crítica, a partir de los trabajos de

Kress y Hodge (1979), siguiendo el paradigma funcional de Halliday, pero también influido por otros teóricos críticos como son Foucault, Gramsci y Habermas. El presupuesto que subyace a esta amplia perspectiva, y que aúna a todos los estudiosos, a pesar de no compartir un marco metodológico unitario, y a pesar de su multidisciplinariedad, es la convicción de que toda elección lingüística hecha por un usuario remite necesariamente a una actuación lingüística de carácter ideológico, ya sea de forma consciente o inconsciente. Esta premisa enlaza con un componente importante de posicionamiento de compromiso del investigador, al que hemos aludido anteriormente: "CDA sees itself not as dispassionate and objective social science, but as engaged and committed; it is a form of intervention in social practice and social relationships" (Fairclough/ Wodak 1997: 258).

El potencial de este marco reside, por tanto, en poder poner de relieve las suposiciones ideológicas que subyacen, y no están evidenciadas, a las estructuras de la lengua, y ayudar al usuario lingüístico con el que el discurso interactúa a resistirse a o superar posibles formas de manipulación, de sesgo o de abuso de poder. Aúnan este cometido unos modelos clave que convergen en una perspectiva de análisis crítico del discurso.

El modelo sociosemiótico de Fairclough (1992, 1995) propone un análisis discursivo que parte de tres dimensiones: el discurso es simultáneamente un texto (escrito, hablado o realizado a partir de imágenes), una práctica discursiva (con la que se actúa, que se distribuye y se consume por tanto) y una práctica sociocultural (siempre contextualizada y expuesta a presiones de índole sociocultural). Es esta realidad, según el autor, la que exige que ningún análisis discursivo se pueda realizar aislando artificialmente cualquiera de estas esferas, sino siempre considerando la integración de estas. Las cuestiones que guiarían su análisis, versarían en torno a preguntas del estilo: ¿cómo se ha empleado el léxico para expresar ideología?, ¿de qué manera se han realizado clasificaciones?, ¿en qué aspectos de referencia a realidad se han empleado demasiadas o demasiado pocas palabras?, ¿qué patrones transitivos se han podido hallar?, ¿cómo se ha expresado la modalidad?, ¿se han empleado cláusulas declarativas, imperativas o interrogativas?, ¿cuáles son las características interactivas que expresen formas de control? Todas indican la orientación del analista hacia la lengua empleada en el texto, donde el estudio de los usos léxicos y gramaticales se ponen al servicio de una sospecha de carácter ideológico. Dijk (1993), también desde una postura de compromiso social, propone un modelo desde el cual las ideologías se han de entender como sistemas mentales que organizan actitudes socialmente compartidas. Son estos sistemas mentales los que funcionan como modelos que controlan cómo el usuario actúa, habla o escribe, y de qué manera comprende las prácticas sociales de los demás.

El modelo de Wodak (2002) y de su equipo de la Escuela de Viena tiene un cariz fundamentalmente sociológico, siguiendo la tradición sociolingüística de Bernstein. Su enfoque se hace llamar discursivo-histórico, al considerar que el discurso siempre es de naturaleza histórica y que siempre está conectado tanto sincrónica como diacrónicamente con otros acontecimientos comunicativos que bien están ocurriendo al mismo tiempo o que ocurrieron en el pasado (Wodak/Ludwig 1999: 12-13). Wodak aboga en consecuencia por la naturaleza ecléctica de este marco metodológico y por su necesaria interdisciplinariedad, entendiendo que la investigación en lingüística, semiótica, poética, psicología, sociología, antropología e historia necesariamente debe converger en las investigaciones de análisis crítico del discurso. No se puede concebir un estudio crítico de una actuación discursiva obviando su significación y realidad dentro de los diversos pero íntimamente ligados campos de estudio de las ciencias humanas. Su perspectiva ha dado lugar a numerosos estudios sobre la construcción de identidades nacionales, versando sobre cómo los usuarios lingüísticos construyen una identidad discursiva para sí mismos y para los demás, lo que comporta la construcción de categorías tales como *sameness* –ser igual a–, *otherness* – ser (el) otro/diferente–, exclusión o inclusión dentro de consideraciones de pertenencia o no a un grupo.

De igual modo que Wodak reivindica que no se puede desligar la investigación del discurso de sus otras realidades de las que participa, además de la lingüística, como son la semiótica, poética, psicología, sociología, antropología, historia, y en definitiva las ciencias humanas, Kress y Leeuwen defienden la idea de que en la actualidad habría que considerar necesariamente el carácter multisemiótico que reviste la mayoría de discursos con los que actuamos en la sociedad contemporánea. El texto, reivindican, no puede tenerse en cuenta de forma aislada en su potencial de significar: la imagen, todo el contexto visual y auditivo en el que se activa el texto, interactúan semióticamente para proporcionar un complejo potencial de significado (*complex meaning potential*).

Otra aportación importante, que viene de la mano de Leeuwen (1996), es su estudio de las formas discursivas que subyacen a la representación de actores sociales. Según el autor, la conducta discursiva conlleva la construcción de roles determinados, la creación de unos denominados actores sociales, cuya proyección puede afianzarse o ir cambiando, ser renegociada a lo largo de la conducta discursiva. El autor establece un inventario que pretende recoger las formas en las que los actores sociales pueden ser representados en la práctica discursiva. Dichas representaciones sociosemánticas discursivas se corresponden con elecciones hechas a nivel de estructuras gramaticales, de patrones retóricos y de entradas léxicas específicas.

Hemos destacado, pues, la importancia del marco del análisis crítico del discurso, al igual que las posibilidades que ofrece de explorar y poner de relieve posibles sesgos que subyacen en los denominados *otros* discursos, de percepción dificultosa o inaccesible para el destinatario o partícipe del discurso objeto. También nos hemos referido a la singular *sinergía* que entraña la posibilidad de integrar las herramientas que proporciona la lingüística de corpus en este marco de investigación. No hay que olvidar también aducir aquí de forma importante la *necesidad* a la que muchos autores apuntan, que existe en el mapa sociopolítico y cultural de la actualidad, y que demanda la realización de este tipo de investigaciones. Esa necesidad se ha de entender en los siguientes términos:

> Today more than before, identity is dynamic and constantly in evolution as people are more exposed to new stimuli and challenges and perhaps more in need of an identity/ a set of collective identities that may provide important "anchors" in a world that is constantly in flux (Triandafyllidou/Wodak 2003: 208).

Análisis *critico* del discurso significa también que la identidad, como señala Wetherell, entendida aquí como construcción discursiva dinámica, interactiva, se traduce en términos de "a set of culturally available performances sanctioned through power relations" (2001: 187), en el que no solo las fuerzas de dominación encierran el potencial de restringir las actuaciones del individuo sino que la construcción discursiva de identidad a menudo está bajo control de fuerzas y formas de poder arraigadas social y culturalmente.

4. La construcción discursiva de una identidad social *niño* en las páginas web oficiales de información turística

Desde una actitud crítica, considerando que el texto promocional turístico destinado a satisfacer la demanda del colectivo niños/adolescentes/familias con niños es susceptible de encerrar mecanismos de control, como anteriormente hemos destacado, es importante y necesario *problematizar*, en los términos arriba referidos, la construcción discursiva intersubjetiva de la identidad (o identidades) niño y familia con niño.

A tal efecto hemos recopilado de las páginas web oficiales de promoción turística de las ciudades de Brighton y Londres[1] todos los textos que contuvieran

[1] Para este estudio se ha obtenido el corpus en lengua inglesa de las páginas web oficiales de Londres y Brighton, pensando en dos perfiles de ciudad análogos del territorio español, como son Madrid y Valencia respectivamente (por su ubicación geográfica, densidad de población y perfil turístico). El estudio parte de un proyecto de investigación, cuya fase final persigue la comparación de conductas lingüísticas de promoción turística en lengua española e inglesa.

referencias al niño en su representación como individuo y como parte de un grupo social, entiéndase la estructura familiar. Esta recopilación nos proporcionaría un pequeño pero exhaustivo corpus de 204 textos (73 800 palabras), agrupables bajo cualquiera de las siguientes categorías: museos y exhibiciones, actividades al aire libre, restaurantes, compras, hoteles, información general, presupuesto, acontecimientos, parques y espacios abiertos. Es importante destacar que las áreas de interés a las que pertenece cada texto no son fruto de una labor de categorización hecha *a priori* por parte del investigador, sino que se corresponden con la intención del publicista, y responden por tanto a lo que el emisor proyecta como cuestión de presupuesto, acontecimiento y de las demás categorías.

GRÁFICO 1
Distribución de textos por categorías turísticas

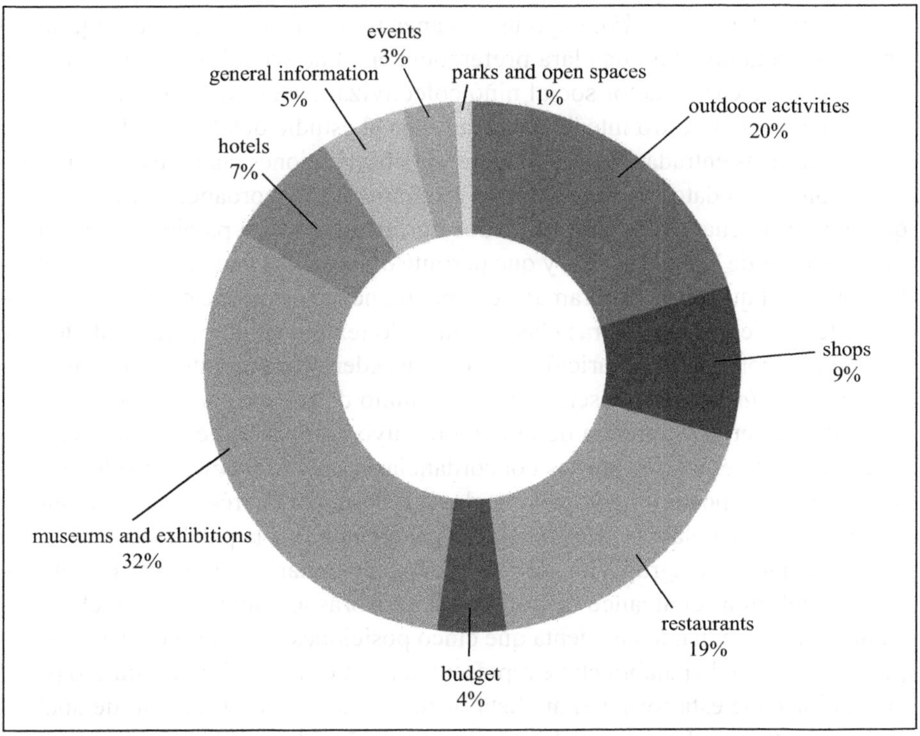

Sin entrar todavía en el análisis propiamente dicho, la distribución de textos por categorías ya nos anticipa una desigual tendencia temática. La mitad aproximada de los textos va dirigida a museos y exhibiciones y a las actividades al aire libre, es decir que recoge ofertas programadas que integran actividades diseñadas para el público en cuestión, frente a una mínima representatividad de parques y espacios abiertos, así como de acontecimientos y oferta hotelera, que no encierran dicho componente de oferta *ad hoc*, ni presuponen actividades remuneradas expresamente pensadas para el consumidor niño. El llamémosle *beneficio* turístico se sustenta en los museos, las exhibiciones y las actividades al aire libre.

El corpus obtenido nos proporciona formas de representación léxica del niño y de la familia en las entradas de *child*, *kid*, *family* y sus respectivas formas en plural *children*, *kids* y *families*, de modo que podemos concebir una referencia al niño individualizado, así como colectivizado, a la vez que considerar su representatividad como elemento asimilado por la estructura social familiar a la que pertenece.

Un aspecto a destacar aquí es la importante diferencia entre referencias a la forma plural *children* y la forma plural *kids* en detrimento de sus respectivas formas en singular *child* y *kid*, cuyo uso es apenas significativo. Este desequilibrio apunta directamente a una clara preferencia en la actividad discursiva que nos ocupa por recrear un actor social niño colectivizado antes que individualizado.

No obstante, nuestro interés reside aquí en el estudio detallado del comportamiento de estas entradas léxicas, integrando observaciones cualitativas a la cuantificación de los datos. He recurrido al programa de concordancias AntConc 3.2, que posibilita cuantificar determinados agrupamientos de palabras, colocaciones, patrones de concordancia, y que permite *a posteriori* una valoración cualitativa. Al igual que otros programas de concordancias, este pone de relieve el contexto de aparición de palabras clave en un solo texto o en un conjunto de textos.

A dicho contexto de aparición se puede acceder desde un interés por las colocaciones (*collocations*) presentes en el conjunto de textos, por ejemplo, la palabra a la izquierda y derecha de la palabra cuyo comportamiento sometemos a análisis; desde el interés por las concordancias (*concordances*), considerando el texto anterior y posterior a la palabra clave; o desde un interés por el conjunto de agrupaciones de palabras (*clusters*) que aparecen junto a la palabra clave.

El tamaño de la agrupación de palabras puede variar según el interés del analista en delimitar el alcance de número de palabras a izquierda y derecha de la palabra clave (teniendo en cuenta que cinco posiciones a izquierda y derecha respectivamente de la palabra clave representan el entorno máximo permitido por la aplicación). De esta forma el analista puede enmarcar como unidad de análisis patrones estructurales que pueden variar en tamaño (abarcando diferentes formas de incrustación de la palabra clave en su contexto) e ir desde una unidad de sintagma hasta una frase u oración. Es aquí donde interviene un criterio cualitativo de interés por querer resaltar relaciones determinadas entre partes dentro de la unidad estructural enmarcada.

Dada la escasísima ocurrencia de referencias léxicas al niño singularizado, tanto en su forma de *kid* o de *child*, y debido a una clara tendencia hacia su colectivización, hemos delimitado aquí el alcance del presente estudio en torno a las formas plurales de referencia al niño, manifiestas en las entradas léxicas *kids* y *children*, dejando el concepto de *familia*, por su complejidad y alcance, para otro estudio.

Nuestra primera intención, y después de corroborar la tendencia muy marcada hacia la colectivización del niño en el discurso en detrimento de su individualización, era comprobar en qué términos se construía desde su posición sujeto, el alcance de su participación. Para ello hemos delimitado agrupaciones de palabras con *children* en posición inicial/sujeto, solicitando cinco palabras a la derecha del término clave. A partir de ahí hemos seleccionado los casos de *children* en función sujeto gramatical.

Una categorización sociosemántica de la categoría *children* nos sitúa a los niños en un tratamiento de agente de acciones específicas. Los niños pueden elegir, pueden jugar, pueden explorar, tomar o ayudar. Se les concede la posibilidad de realizar ciertas acciones.

Children *have the chance to take part in…* (2)
Children *can choose* (dishes/from the menu) (2)
Children *can choose* (2)
Children *can help* (3)
Children *can travel* (free) (8)
Children *can play* (3)
Children *can explore* (floating and sinking) (1)
Children *can take* (2)

En otros casos, de menor frecuencia, se sitúa a los niños como beneficiarios de la acción: *get started, get to travel, find things to their convenience*, lo cual haría pensar en un mayor énfasis en su faceta participativa en calidad de agente.

Children *get started* (with computers). (3)
Children *get to travel* free. (1)
Children *find things to their convenience.* (1)
Children under 3 *get* free entry. (1)

No obstante, son muchos los casos, que conformarían un tercer caso, en el que *children* como agente está sujeto a normas y reglas, siendo así impersonalizado como verdadero agente de acción: *children need their card, children travel free, children go free,*

Children *have* (a great winter). (3)
Children *still need* (their Oyster card). (3)

Children *travel (free).* (4)
Children *are travelling* unaccompanied. (1)
Children *travel free* in most cases. (1)
Children under 16 *go free.* (1)

o la construcción pasiva *children will not be admitted* se reducen a fórmulas típicamente recreadas en normativas y reglas de admisión.

Children (of 4 years and under) *will not be admitted.*

Mucho más significativo a nivel de frecuencias es el uso de *children* en posición predicado, a cuyo uso sistemático en el corpus hemos accedido, sometiendo los textos al programa de concordancias, con *children* término clave, delimitando el entorno de análisis a cinco posiciones a la izquierda y tres a la derecha de la palabra clave. Los usos de *children* en posición predicado se pueden agrupar en tres contextos de uso diferentes:

- *Children* en posición predicado (1)

It	has [...] a *children's* **playground**.
We	have [...] a *children's* **menu**.
Our libraries	have **dedicated shelves** *for children's* books.
London	has [...] *children's* **theatres**.
The theatre	has a rich **programme of events** *for children.*
Horniman museum	is a *children's* **paradise**.
Base2Stay	is **great** *for children* who are fussy eaters.
Here	is **our pick** of London's top theatres *for children.*
The show content	is **suitable** *for children.*
Sunday	is traditionally *children's* **day**.
Museums	that are **perfect** *for children.*
Workshops	are **open** to adults and *children.*

Lo primero que llama la atención es que *children* en posición predicado en ningún caso representa el objeto directo o atributo del verbo. En los casos con el verbo *tener,* el sujeto bien alude a las personas a cargo de la institución que presenta la oferta (*we* – los restauradores), a la institución directamente (*our libraries, the theatre, Horniman museum*) o a la ciudad (*London*) que alberga las ofertas varias. El objeto directo, que proyecta la acción sobre un elemento, no es *children*, sino un concepto relacionado con la oferta: parque de recreación infantil (*playground*), menú (*menu*), estantes temáticos (*dedicated shelves*), teatros (*theatres*) o acontecimientos (*events*). La influencia semántica de *children* entra en juego en tanto en cuanto que al adoptar la forma posesiva (genitivo sajón *children's*) representa un rol beneficiario de los agentes y de la acción: la institución en cuestión ofrece algo en beneficio de los niños.

También en las oraciones copulativas, el atributo está reservado para otros términos y en ningún caso para *children*. El sujeto queda de nuevo representado por los nombres de las instituciones (*Horniman's museum, Base2Stay*), la entidad en cuestión (*museums, workshops*), u otros elementos tales como días de la semana (*Sunday*), referencias de lugar (*here*) o alusiones a contenidos (*the show content*). El atributo pone de relieve características, en forma de nombre o adjetivo, que se pretenden destacar del sujeto, tales como paraíso (*paradise*), day (*día*), fantástico (*great*), nuestra selección (*our pick*), perfecto (*perfect*), abierto (*open*) o adecuado (*suitable*). La referencia al niño, *children*, se sitúa en tercer lugar, inequívocamente en la forma de sintagma preposicional (*for the children*) o como genitivo sajón (*children's*), de nuevo representando un objeto beneficiario de la acción.

- *Children* en posición predicado (2): en construcciones impersonales con *there*

There	is **plenty** *for children* of all ages to enjoy.
There	is **so much** *for children* to enjoy.
There	is *a children's* **playground**.
It	is a **great place** *for children* to choose.
It	is **a park** *for children* visiting London.
There	are **a range** of free activities *for children*.
There	are **regular events** *for children*.
There	are *children's* **sections**.
There	are four *children's* **playgrounds**.

También abundan, como vemos en esta tabla, estructuras impersonales, que de nuevo emplazan a *children* a la posición de predicado pero que, aun no aduciendo sujeto lexicalizado, permiten un patrón sintáctico en el que los niños adquieren une serie de características, bien dibujadas con adjetivo bien con nombre, que les convierten de nuevo en beneficiarios de la acción. De nuevo las formas de genitivo sajón *children's* y los sintagmas preposicionales con *for* recrean estas posibilidades.

- *Children* en posición predicado (3)

Some restaurants	**offer** free meal deals *for children*.
Bebe Bison	**offers** designer *children's* clothing.

Some (libraries)	**offer** special *children* areas.
(you)	**offer** activity boxes *to keep younger children entertained.*
(we)	**offer** fun and simple ways *to keep young children* occupied.

Este último conjunto de usos destaca por el repetido uso del verbo *offer,* que en su caracterización semántica explicita la relación entre el sujeto benefactor y el objeto beneficiario *children*. La estructura sintáctica empleada resalta una función activa, participativa, de los agentes que proporcionan los servicios turísticos, y del servicio turístico en cuestión matizado con determinantes adjetivales o nominales (*free meal* **deals**, *special* **areas**, *activity* **boxes**, *fun and simple* **ways**), lo que redunda en maximizar las características atractivas de las ofertas en cuestión.

La aplicación del programa de concordancias nos proporciona un importante número de ocurrencias de la entrada léxica *kids*, que en inglés se usa como sinónimo de *children*, aunque sea característico de un registro más bien informal. La cuantificación de los usos, que nos proporciona la aplicación, nos devuelve una mayor incidencia de usos con *kids* que con *children* pero, de forma más importante, el análisis cualitativo de los entornos contextuales en que aparece *kids,* pone de relieve una mayor variabilidad.

Centrándonos en un principio en criterios cuantitativos, es interesante volver sobre la información que nos proporciona el Gráfico 1, y valorar las diferencias que se observan según las categorías temáticas. Así pues, se evidencia que al hablar de la oferta turística relativa a museos o compras, las referencias a *children* son considerablemente superiores a las alusiones a *kids*; situación que se invierte en el caso de las categorías de presupuesto o de restaurantes, donde las incidencias de *kids* son mucho más frecuentes que las de *children*. Para otras categorías, como parques o actividades al aire libre, las diferencias no están tan marcadas, pero podemos hablar en conjunto de una tendencia de mayor uso del término *kids*. Cabe pensar, pues, en una posible caracterización sociosemántica diferente (según términos de van Leeuwen) en la creación discursiva de la identidad niño según sea la referencia lingüística al niño en términos de *kids* o de *children*.

Volviendo sobre el uso de *kids*, lo primero a destacar es que, al igual que en el caso de *children*, se observa una clara preferencia por emplear la referencia plural en lugar de la singular *kid*; o sea, por colectivizar la representación del actor social niño.

Sin embargo, se observan importantes diferencias cualitativas en el uso de *kids,* que ponen de relieve igualmente diferencias en la recreación y proyección discursiva de formas de entender un actor social *niño*. A tal efecto, hemos considerado interesante contemplar cinco bloques diferenciados de uso de *kids* en posición sujeto gramatical que, a continuación, presentamos e ilustramos con ejemplos obtenidos del corpus. Huelga decir que hemos seguido los mismos procedimientos ya explicados anteriormente en cuanto a la obtención de los datos y su procesamiento a partir de la aplicación del programa de concordancias AntConc 3.2.

- *Kids* en posición sujeto (1): énfasis en la gratuidad (*free*)

Kids **travel free** (3).
Kids **go free** (5).
Kids **eat free** (1).

La primera diferencia importante es que el uso de *kids* en función de sujeto gramatical es mucho más frecuente que su forma análoga *children*, y también cualitativamente mucho más variado. Tal y como sucediera con *children*, hallamos en algunos ejemplos de uso con *kids* esa especie de recreación falsa de un rol ficticio de agente de la acción: *kids travel free, kids go free* y *kids eat free* parecen situar al niño como agente participativo, activo en la elección de las ofertas turísticas, pero por el contrario el estudio del entorno textual de estos usos, nos conduce a otra realidad, donde la frase encierra cierta función de eslogan publicitario, empleado como estructura fija que viene a representar una norma o una regla, y no una posibilidad real de elección por parte del niño.

- *Kids* en posición sujeto (2): énfasis en la elección (*can*)

Kids **can gawp up**.
Kids **can find** out about food.
Kids **can benefit** from free or discounted travel.
Kids **can choose**.
Kids **can benefit**.
Kids **can handle** treasures.
Kids **can climb**.
Kids **can learn** crafts.
Kids **can learn** about the days before computers.
Kids **can be** expensive.
Kids **get to choose** any pizza or pasta or chicken nuggets.

Como se puede observar, hemos obtenido un número importante de muestras de sintagmas verbales con verbo modal *can*, que verdaderamente sitúan a los niños en posición de sujeto agente de la realización de una serie variada de acciones, y que el niño tiene al alcance de sus posibles elecciones. Los niños pueden quedarse asombrados, hallar, beneficiarse, manejar, aprender, elegir. Posiblemente sea el empleo de verbos modales lo más característico que acompaña el uso de *kids* en posición sujeto gramatical.

- *Kids* en posición sujeto (3): énfasis en la modalidad

Kids	**may** need a photocard .
Kids	**may** not have heard of Pete Townsend.
Kids	**might** get bored?
Kids	**will love** having a thrilling outdoor activity.
Kids	**will love** browsing around.
Kids	**will love** listening to the storyteller.
Kids	**will develop** their social skills.

Si bien *can* nos sitúa verdaderamente ante la recreación de un rol de niño agente de sus elecciones, en los usos con *may* o *have to*, *might* o la forma *will,* hallamos una forma de intervención e intromisión interesante del autor del discurso publicitario que nos ocupa. De los ejemplos propuestos, se desprende que la modalidad se usa para sutilmente añadir un matiz de significado subjetivo a dicho rol de agente que se ha atribuido a *kids*.

De forma tentativa se hace una sutil referencia a posibles carencias en los niños, a características de las que pudieran adolecer. Esa forma de intromisión es especialmente relevante en los usos con *may* y *might.* La alusión a lo carente varía desde la referencia a elementos tangibles (*may need a photocard*) a la falta de conocimientos o de recursos (*may not have heard of Pete Townsend, might get bored*). Por otro lado, la presencia del autor, del publicista, se hace patente con los usos con *will*, que proyectan una actitud de promesa (*will love having a thrilling outdoor activity, will love browsing around, will love listening to the storyteller, will develop their social skills*). Todos estos usos con *will* convergen en una forma de intromisión del autor que, con esta actitud de promesa, crea un lazo importante con los padres, asimilándose con ellos en calidad de *co-conocedores* de los gustos y preferencias de los niños.

- *Kids* en posición sujeto (4): énfasis en la creación de estereotipos

Kids	**love pizza and pasta.**
Kids	**love Halloween**.
Kids	**love sampling** the dim sum.
Kids	**love playing** in the teepees.

En este bloque, el *kids* en función sujeto típicamente se emplea con el verbo *love*, que en lengua inglesa se usa de forma muy generalizada como sinónimo de estar encantado con algo o sentir gran gusto por algo. Lo que destaca de estos usos es el carácter estereotipado de los objetos relacionados para gran agrado de los niños, que pasan por el gusto por la pizza y la pasta, por la festividad de

Halloween, hasta llegar a casos quizás más originales de elegir *dim sums* (pequeñas porciones típicas de la cocina china) o de jugar en los tipis indios.

Se podría argumentar que la característica de la originalidad pudiera anular la de lo estereotipado, pero no creemos que sea el caso. Lo estereotipado reside en convertir el evento de comer en un restaurante chino en una especie de actividad de elección y combinación de formas y colores, o sea, transformar el acto de restauración en un juego; en cuanto a la referencia placentera de gusto por el juego en los tipis también generaliza a un niño por naturaleza amante de la acción y aventura. Ese estereotipo está presente también en el tipo de fiestas que se conciben de interés infantil (como puede ser Halloween) y en la comida, donde la pizza y la pasta no solo se han consolidado como estereotipo de gusto predilecto para los niños, sino que podemos decir que casi se han "acuñado" prácticamente para significar "comida para niños". Volveremos sobre esta cuestión más adelante.

- *Kids* en posición sujeto (5): énfasis en la actividad

Kids	**explore** [...].
Kids	**embark on** an exciting adventure.

También tenemos, finalmente, un mínimo de dos muestras en el corpus, que recogen verbos de actividad, y que no encierran una actitud de intromisión de la figura del publicista. Este par mínimo de ejemplos (*explore, embark on*) contrasta con el elevado número de usos con *kids* en posición sujeto pero con sintagma verbal revestido de modalidad, que hace entrever las formas de intromisión arriba mencionadas.

Al igual que hiciéramos con *children*, es interesante contemplar el alcance del uso de *kids* en posición de predicado. Tal y como sucediera con *children*, también aquí las estructuras sintácticas recrean vínculos de modo que las instituciones, los lugares, los nombres de los emplazamientos, en definitiva, los productos turísticos, *tienen* algo que ofrecer al niño beneficiario de la oferta o *son* algo que beneficia al niño, en los dos casos al agente beneficiario. Como en el caso de *children*, aquí también se hace uso del verbo *ofrecer*, que léxicamente explicita el vínculo entre agente benefactor y agente beneficiario.

- *Kids* en posición predicado (1)

Festivals	*have* a kids area.
Hyde Park	*has* a lot to keep the kids occupied.
The Somerford Grove Adventure Playground	*is* just **what kids want**.
The London Aquarium	*is* **always popular** with kids.

- *Kids* en posición predicado (2)

London branches	*offer* a kids' menu.
restaurants	*offer* kids' meals.
Fire & Stone	*offers* gourmet pizza plus a kids menu.
The Mini Belgo	*allows* kids (aged 12 or under) to eat for free.

- *Kids* en posición predicado (3)

You	*will find* a great range of kids clothing.
You	*won't need* to **worry about** the kids.
You	*go dining* outdoors with the kids.
You	***keep* the kids entertained**. (2)

Muy interesante es el uso de *you* en función de sujeto gramatical estando *kids* en posición de predicado: en primer lugar, porque no se ha podido registrar ningún caso análogo para el caso de *children* y, en segundo lugar, porque cualitativamente representa un uso que integra de forma explícita a los padres de los niños en el discurso como actores sociales.

- *Kids* en posición predicado (4): énfasis en elemenos de autoridad y legitimación

(you)	*don't miss* out kids' week. (2)
(you)	*find out* more from the kids' week website.
(you)	*give* **the kids a treat**. (2)
(you)	*give* your kids a taste of London theatre.
(you)	*take* the kids shopping.
(you)	*take* the kids to South Kensington.
(you)	*take* the kids on an unforgettable journey.
(you)	*take* your kids on a walk.
(you)	*teach* your kids **the value of money**.
(you)	*treat* the kids to an entertaining day.
(you)	*treat* the kids to beach sports activities.
(you)	*treat* the kids to a day out.
(you)	*treat* your kids **to dinner**.
(you)	*be prepared* **and wrap** the kids with layers of clothes.
(you)	*blow* **some serious cash** on your kids in Elias and Grace.

Aquí la apelación a los padres cobra su máxima representatividad, ya que se hace de forma implícita y directa, pero contando con una amplia variedad de ejemplos. El autor crea así un fuerte lazo con ellos y un vínculo de cercanía importante, en la medida en que en los casos de referencia a un tú o vosotros implícito, activa estructuras imperativas, donde la complicidad con los padres se puede entender en términos paternalistas de concederse la autoridad de poder aconsejar (sugerir, pedir u ordenar) a los padres sobre qué hacer con sus niños.

Esta es una forma de intromisión no solo en el lazo que vincula el rol de los padres al de sus hijos sino también en la relación entre autor publicista y padres, tratando de intervenir en la esfera de responsabilidades educativas de estos, y alejándose de su rol de mero informador publicista. Interesante es también ver en qué parcelas se produce esta intervención activa.

Resulta significativo que la apelación a los padres para la realización de ciertas actividades redunde en el uso recurrente de determinados verbos, exponentes de la intención del publicista escritor. Las incidencias más frecuentes se recogen en los verbos *give, take* y *treat*, que sirven para animar a los padres a dar o conceder a sus hijos ciertos bienes tangibles o intangibles (*give the kids a treat, give your kids a taste of London theatre*), o a llevarles a determinados lugares o a realizar ciertas actividades (*take the kids shopping, take the kids to South Kensington, take the kids on an unforgettable journey, take the kids on a walk*).

Interesante es el uso frecuente de *treat,* que encierra el significado de mimar, de conceder un extra, un regalo especial, o de ofrecer una cierta gratificación o compensación por un trabajo o una acción llevada a buen término. No son pocos los ejemplos: *treat the kids to an entertaining day, treat the kids to beach sports activities, treat the kids to a day out, treat your kids to dinner.* La forma de intromisión aquí no deja de ser curiosa, pues no solo se alinea el autor junto a los padres en su faceta educativa, apelándole de forma directa a la realización de ciertas actividades, sino que, en el caso de *treat*, se vincula a los intereses del niño, reclamando su gratificación, su recompensa, recreando un contexto de estereotipo, según el cual los niños deben recibir este tipo de compensaciones por haber realizado actuaciones que satisfacen las demandas de los padres.

Otras ocurrencias son más puntuales, de una sola incidencia, como puede ser *teach* –para instar a los padres a enseñar cosas a los hijos– o dos casos más marcados que comentaremos más adelante. Lo importante de este apartado es destacar que el autor publicista asume una autoridad, legitimándose como co-educador. A su vez, asume los gustos y preferencias del niño consumidor, adoptando un rol de asimilador de los comportamientos consumistas del niño.

El uso de *kids* reviste, como hemos señalado anteriormente, mayor complejidad que el de su análogo *children*. Ciertos usos, algunos de escasa ocurrencia, pero presentes en calidad de muestras que evidencian una actividad discursiva determinada, merecen una mención específica o ser revisitados, al representar conductas de construcción discursiva de identidad muy interesantes. Rescatamos, pues, bien de usos en posición sujeto o predicado, unos ejemplos que a tal efecto se pueden agrupar en tres bloques (véase tabla en página siguiente).

Usos destacados con *kids*

A	1. Kids get to choose about any **pizza or pasta or chicken nuggets**. 2. kids **love pizza and pasta**. 3. London branches offer **a kids' menu**. 4. Restaurants offer **kids' meals**. 5. Fire & Stone offers **gourmet pizza plus a kids menu**.
B	6. Kids **don't have to break the bank**. 7. Kids **might get bored?** 8. Kids **can be expensive**. 9. Keep the kids **occupied**. 10. Keep the kids **entertained**. 11. Keep your kids **fed**. 12. You won't need to **worry about the kids**.
C	13. [...] is just **what kids want**. 14. [...] **is always popular** among the kids. 15. Blow **some serious cash** on your kids. 16. Be prepared and **wrap your kids with layers of clothes**. 17. Teach the kids **the value of money**.

Los cinco ejemplos del bloque A recrean una relación muy estrecha entre el comportamiento de consumo por parte del niño y la comida o servicios de restauración. Hay una referencia estereotipada a comidas social y culturalmente asociadas con las preferencias de los niños, y que se traduce en comida rápida del tipo pasta, pizza o *nuggets* de pollo. Al niño no se le proyecta como un actor social que verdaderamente elige su comida. Su elección queda restringida a elegir entre lo que se le ofrece, es decir, entre los tres platos antes referenciados. El concepto de *kids' menu* o *kids' meal* se proyecta en el discurso como conocimiento compartido entre emisor publicista y receptor consumidor adulto y niño, que recoge las siguientes características: por un lado, se trata de pizza, pasta o pollo elaborado industrialmente y, por el otro, presupone precio reducido, posible juguete y bebida tipo refresco y/o postre dulce. El ejemplo cinco resulta interesante ya que contrapone de forma explícita dos colocaciones: *gourmet pizza* frente a *kids' menu*; lo que permite contrastar a su vez el rol *padres* que se traduce en un consumidor exigente con el rol *niño* que se ajusta a una propuesta de alimentación que se presenta como atractiva para cualquier niño. El niño en su representación como actor social es generalizado en sus gustos, colectivizado e ignorado en sus gustos particulares, imponiéndosele el estereotipo de que hay una comida pensada para niños y propia de ellos.

El bloque B nos aporta igualmente datos curiosos. Observamos que la representación social del niño en el discurso se relaciona con una preocupación por el dinero, con una cuestión de presupuesto: *kids can be expensive, breaking the bank, blow some serious cash on your kids* son alusiones directas al gasto que supone viajar con niños. Incluso se aducen expresiones hiperbólicas como *quebrar la banca* o la expresión más informal para referirse a *derrochar serias cantidades de dinero* en los niños. También se hace alusión explícita a la preocupación (*don't worry about the kids*).

Esta problematización del niño como consumidor se traduce en el empleo de formas más coloquiales, en una especie de jerga (*blow some cash, break the bank*) común entre padres que se refieren en tono jocoso a cuestiones relativas al gasto que genera la crianza y educación de un niño. De esta forma, el publicista emisor establece de nuevo un clima de complicidad con los padres, alineándose con ellos en calidad de co-educador y, en todo caso, de persona que comprende su preocupación. Del mismo modo, al cambiar a un registro más coloquial se acerca a su vez a un padre destinatario de clase media predominantemente. Asistimos a la creación discursiva de un actor social niño reducido a un rol pasivo, cuya identidad está determinada por convenciones estereotipadas en torno a cuestiones relativas al cuidado de los niños.

Este hecho se recalca con los ejemplos nueve, diez y once. El uso repetido de la fórmula *keep* + participio (*keep them occupied, entertained, fed*) diagnostica otro tipo de preocupación latente o implícita: la preocupación culturalmente arraigada en los padres de que sus hijos estén alimentados y satisfechos. También encierra la idea de no desatender y ofrecer un cuidado constante para evitar la queja o cualquier forma de disrupción del disfrute vacacional. El autor construye, por tanto, una identidad niño objeto de las preocupaciones, culturalmente adheridas a la función paternal, convirtiéndole en un sujeto excluido como actor social participativo o activo en el discurso. Incluso con la pregunta que plantea de *kids might get bored?,* el autor dirige la atención de los padres a un problema en un principio inexistente, problematizando de hecho el hipotético caso de producirse momentos de aburrimiento para los niños, recreando una realidad ficticia, pero que sabe culturalmente asentada en la generación de padres a los que se dirige.

Finalmente, el bloque C nos conduce a ejemplos de uso: se traducen en consejos o apelaciones directas a los padres que constituyen formas de intrusión en la esfera de los padres y en la relación padres-hijos. Los ejemplos varían desde categorizaciones a través de oraciones copulativas *–is what kids want, is always* *popular among the kids*– hasta fórmulas imperativas –*blow some serious cash, be prepared..., teach the kids...*–. También aquí podemos hablar de una autoridad autoimpuesta por parte del autor, que adopta un rol paternalista con respecto a los padres de los niños, aduciendo información estereotípica que recrea presupuestos en torno a lo que es tema de preocupación o sinónimo a velar por el cuidado de los niños.

5. Resultados y conclusiones

Como anticipamos en el apartado dedicado la construcción discursiva de identidades, en este estudio hemos partido de del concepto de *problematización* formulado por Foucault y adoptado posteriormente en gran número de estudios realizados desde el marco del análisis crítico del discurso.

Dicha *problematización* supone un cuestionamiento, un deseo y una necesidad de poner de relieve unos significados que responden a una mirada crítica y que surgen por un posicionamiento crítico del que sospecha que el discurso pueda encerrar formas de dominación o en todo caso, y en un sentido más amplio y abstracto, de abuso de poder. El interés concreto por la construcción discursiva de la identidad niño, y concretamente por investigar esta conducta en este tipo discursivo, obedece a la sospecha de que a menudo el discurso crea unos presupuestos de identidad, que aprovechan formas de debilidad o desconocimiento y que responden sobre todo a intereses económicos.

A esto hay que añadir que hablamos de discursos tipificados y, lo que ello comporta, de generación semiautomática de muestras textuales que recrean patrones retóricos a menudo idénticos y que tienen un componente creativo mínimo, pero sí obedecen a convenciones del género y de la comunidad discursiva a la que pertenecen: así, el texto de una página web oficial de promoción turística representa ante todo un subgénero o tipo textual subordinado al género texto promocional turístico, y obedece, por su función comunicativa dentro del ámbito empresarial al que pertenece, a una finalidad de persuasión muy concreta, en función de la cual recrea una macro-estructura y unos patrones retóricos determinados (véanse, por ejemplo, Swales 1990, Christie/Martin 2000, Bhatia 1993). Es, por tanto, poco de extrañar que la construcción discursiva de identidades en este tipo de discurso no sea un elemento cuestionado, renegociado o contestado en sus prácticas discursivas.

Nos encontramos además con la construcción de una identidad de un consumidor, que no participa en la actividad discursiva. Esta no es la realidad de los padres, que pueden interactuar con los escritores publicistas y con otros padres a través de otros formatos de texto relacionado, en los *blogs* o foros de opinión. El niño, por tanto, aun en calidad de consumidor, representa el elemento más frágil de cualquier práctica discursiva que promocione sus posibilidades de consumo. Los padres también son un elemento frágil, ya que no solo representan su voz propia y la de los niños sino que deben responder también a formas de presión social, cultural, además de las provenientes de las demandas individuales de sus hijos.

Partiendo de estos supuestos culturales, sociales, económicos y también lingüísticos de caracterización genérica propia de la actividad discursiva, la pregunta que nos debemos hacer, y que recoge la sospecha de que parte la postura crítica, es si no estamos imponiendo a través de la conducta discursiva una identidad de niño, concretamente en lo que se refiere a sus gustos, sus preferencias, sus formas de entender el esparcimiento y la diversión. ¿Quién y de qué forma está decidiendo qué lugares visitan? ¿Quién y de qué forma está decidiendo qué comer? ¿Hacemos creer a los padres que ir al parque es una actividad *aburrida* para los niños? ¿Divertirse es para los niños fundamentalmente estar constantemente en acción? En todo caso, ¿son ellos los que han creado las necesidades que los publicistas pretenden satisfacer con sus ofertas?

En última instancia cabe no solo poner de relieve estos aspectos sino también desarrollar una concienciación lingüística, que destape los mecanismos subyacentes de posibles actuaciones manipulativas. Esto no presupone sospechar de actuaciones *perversas* por parte del autor publicista, sino que expresa una intención de invitarle a revisitar usos lingüísticos que pueden excluir, inhibir, tergiversar o aportar un sesgo a la construcción de una identidad niño en la actividad discursiva.

Nuestro análisis nos proporciona importantes observaciones que hacer al respecto. Hemos comprobado que el empleo de *kid, kids, child* y *children* no es aleatorio; viene restringido por la oferta turística. Hay una preferencia por la referencia al colectivo, en lugar del individuo, o sea, a los niños como grupo homogeneizado, en lo que a sus gustos se refiere. Incluso en las entradas léxicas para tal idea de colectivo, las formas *children* frente a *kids*, se observan diferencias, de manera que podemos concebir una construcción de identidad discursiva distinta según se emplee uno u otro término.

Cuantitativa y cualitativamente la representatividad de *children* en posición de sujeto es mucho menor y mucho más lineal que la de su forma análoga *kids*. En el caso de *children* nos restringimos a un rol de niño que puede elegir entre un limitado número de ofertas estándar, y que en calidad de agente beneficiario es receptor de una serie de ofertas que recogen determinadas reglas, normas y promociones.

Sin embargo, los usos con *kids,* mucho más frecuentes, encierran una mayor variabilidad en su posición de sujeto gramatical, y proyectan un actor social más complejo, que contempla su rol de agente activo en la medida en que puede elegir diferentes acciones de las que se ofertan. Posiblemente lo más destacable sea, no obstante, la huella de intromisión por parte del escritor publicista con estructuras que categorizan al niño: el autor promete o asegura que los niños adoran ciertas actividades, garantiza su disfrute y beneficios, estableciendo un vínculo de complicidad con los padres y asimilando su rol de educadores y de conocedores de los gustos y necesidades de sus hijos.

Este desigual tratamiento también se detecta en los usos como predicado. En el caso de *children,* las estructuras sintácticas recreadas maximizan las posibilidades de proyectar como agente benefactor la entidad, institución u oferta propiamente dicha, el objeto o característica ofertada, y su determinación con rasgos positivos en forma de adjetivo o nombre, con los niños como beneficiarios de una oferta semánticamente compleja.

Esta actuación discursiva es muy similar en el caso de *kids* usado en predicado, pero con mayor complejidad cualitativa que supedita el niño como actor social al vínculo de co-educador que recrea el autor con los padres, asimilando su autoridad paterna y legitimando así su intervención como consejero. A esto hay que añadir la lectura que se desprende del Gráfico 1. Para las categorías de museos el uso de *children* casi triplica el de *kids*. Del mismo modo, en las actividades al aire libre *children* también supera en número el uso de *kids*. La proporción inversa la hallamos en las categorías de restaurantes y presupuesto, donde el uso de *kids* predomina de forma importante sobre el de *children,* particularmente en la categoría de presupuesto.

Esta lectura nos conduce a dos construcciones de identidad diferenciadas del actor social niño, que coinciden con dos formas de vincular al publicista con los padres. En el caso de *children,* y pese a que el niño es excluido como actor social agente activo en sus elecciones, y relegado a un rol exclusivamente beneficiario, el publicista adopta un rol más *profesional*, emocionalmente distanciado del rol de los padres, y se limitar a transmitir una información que versa en torno a productos de consumo de índole más bien cultural.

Por otro lado, en el caso de *kids,* si bien el niño como actor social está más presente que en *children,* como agente activo en sus elecciones, este se ve superado por su relegación a un rol pasivo, con una clara tendencia de intromisión por parte del autor, que se alinea a las funciones paternales, proporcionando implícitamente consejo o actuando en su lugar, especialmente en materia de presupuesto o de alimentación.

Estas observaciones nos hacen concebir dos formas de creación de identidad discursiva, que se dirigen a dos clases o sectores sociales: uno más propio de una clase media-alta interesada por una oferta culta, frente a una clase o sector social medio-baja, más preocupada por cuestiones de presupuesto. Si bien esta es una lectura posible, no es la única. Otra lectura encierra la posibilidad de que no haya que pensar *a priori* en dos hipotéticos destinatarios, sino en uno solo, en el que –dependiendo de los usos con *kids* o *children*– despertamos aspectos determinados que encierra la caracterización del rol paternal.

Hemos hablado con bastante detalle a lo largo de los comentarios añadidos a los resultados de las formas que se recrean en la construcción del actor social niño. No vamos a volver aquí sobre todas las observaciones que anteriormente referimos. Tratar de la construcción de identidad niño nos conduce inevitablemente a la construcción de identidad padres y al posicionamiento del autor publicista en torno al vínculo padres-hijos. La voz del publicista no se dirige a un niño o colectivo de niños interlocutor, sino a la figura de los padres. No obstante, si bien mantiene una total distancia emocional con respecto a *children*, adopta una posición más cercana, llamémosle asimilación de la figura paterna, en los casos de *kids*. Sobre todo es interesante que esta intromisión que hemos destacado a lo largo del estudio se produzca con la alusión a temas que giran en torno a las preocupaciones de los padres. En otras palabras, el acceso a los padres se realiza a partir de sus puntos débiles, y no desde la ausencia de problemas. Dichas preocupaciones se articulan en dos apartados: el dinero y problemas que pudiera haber de presupuesto, y la correcta atención a los niños, es decir, mantenerlos alimentados y entretenidos. Sobre todo va dirigida a la inseguridad de los padres en torno a cuestiones relativas a cómo divertir al niño y a cómo hacerle comer independientemente de si está bien o mal alimentado.

Estamos ante una situación de exclusión del niño no solo como actor social sino también como interlocutor. Su rol como consumidor es apelado por los publicistas a través de los padres. Al ser una identidad excluida como interlocutor de la actividad discursiva, al igual que lo son los padres, se rescatan los estereotipos generalizados, culturalmente no cuestionados, sobre qué elementos constituyen objetos de deseo para un consumidor niño. De este modo se dibuja un cliché de niño amante de la comida rápida (pizza, pasta, pollo en porciones) muy cercana a la llamada *comida basura*, de niño feliz con la actividad continuada, de niño con preferencias por actividades de ocio programadas en lugar de simples situaciones de mero contacto con la naturaleza, etc.

La ausencia del componente interactivo con los padres y el hecho de que el publicista deba acceder al niño consumidor a través de estos ponen de relieve dudosos mecanismos de apelación a las emociones más *ancestrales*, antropológicamente unidas a la paternidad, aludiendo a sus miedos, sus inseguridades o sus preocupaciones en torno a la correcta administración de sus funciones paternas.

Esta forma de intromisión se articula a partir de un propósito de márquetin, de literalmente lograr *vender* las ofertas pensadas para el público infantil, pero no se debe, a nuestro entender, a una intención manipulativa propiamente dicha, sino más bien a una carencia o ausencia de repertorios a los que recurrir para atender al consumidor niño, que necesariamente deben integrar su voz y la de los padres, lo cual sí es el caso en los *blogs* y foros.

El estudio pretende plantear, pues, la necesidad de que se revisite la construcción discursiva de la identidad niño en las páginas web turísticas oficiales, que integre la voz de los padres y de los niños, en su *interacción* con los discursos publicitarios. Al respecto, y a modo de epílogo, es interesante remitir a Luke (2002). El autor reivindica la necesidad de ir más allá de la crítica ideológica y de desarrollar una tesis sobre los usos productivos del poder, una tesis que se articularía por características *afirmativas* de la cultura, donde el discurso se contempla como un artífice de conducta estética y de intenciones *emancipatorias*. Al emplear el concepto de *emancipación,* se remite a Habermas, Freire y Macedo, y recoge su significado de representación contra-ideológica, que proyecte intereses en una dirección de transformación. Nos situamos en esta línea de reflexión, con una propuesta de que los estudios en el análisis crítico del discurso animen y desencadenen reacciones, respuestas sociales y formas de contestación, que pudieran redundar en un cambio social.

Referencias bibliográficas

BAKER, Paul (2006): *Using Corpora in Discourse Analysis.* London: Continuum.

BAUMAN, Zygmunt (1998): *Globalization. The Human Consequences.* Cambridge: Cambridge University Press.

BHATIA, Vijay K. (1993): *Analysing Genre: Language Use in Professional Settings.* London/New York: Longman.

— (2010): "Interdiscursivity in professional communication", en: *Discourse and Communication* 4, 1, 32-50.

BHATIA, Vijay K./FLOWERDEW, John/JONES, Rodney H. (2010): "Advances in discourse analysis", en: *Journal of Sociolinguistics* 14, 1, 153-156.

BIBER, Douglas (1988): *Variation across Speech and Writing.* Cambridge: Cambridge University Press.

— (1995): *Dimensions of Register Variation: A Cross-Linguistic Comparison.* Cambridge: Cambridge University Press.

BIBER, Douglas/FINEGAN, Edward (eds.) (1994): *Sociolinguistic Perspectives on Register.* New York: Oxford University Press.

BIBER, Douglas/CONRAD, Susan/REPPEN, Randi (2004): *Corpus Linguistics: Investigating Language Structure and Use.* Cambridge: Cambridge University Press.

BRUBAKER, Rogers/COOPER, Frederick (2000): "Beyond 'identity'", en: *Theory and Society* 29, 1-47.

CHOULIARAKI, Lilie/FAIRCLOUGH, Norman (1999): *Discourse in Late Modernity. Rethinking Critical Discourse Analysis.* Edinburgh: Edinburgh University Press.

CHRISTIE, Frances/MARTIN, James Robert (eds.) (2000): *Genre and Institutions. Social Processes in the Workplace and School.* London: Continuum.

DIJK, Teun A. van (1993): "Principles of critical discourse analysis", en: Dijk, Teun A. van (ed.): *Studies in Critical Discourse Analysis. Special Issue of Discourse & Society*, 249-283.

FAIRCLOUGH, Norman (1989): *Language and Power*. London: Longman.

— (1992): *Discourse and Social Change*. Cambridge: Polity Press.

— (1995): *Critical Discourse Analysis*. London: Longman.

— (2003): *Analysing Discourse. Textual Analysis for Social Research.* London: Routledge.

FAIRCLOUGH, Norman/WODAK, Ruth (1997): "Critical discourse analysis", en: Dijk, Teun A. van (ed.): *Introduction to Discourse Analysis*. London: Sage, 258-284.

FOUCAULT, Michel (1994): "Le souci de la vérité", en: *Dits et Écrits.* Paris: Gallimard, vol. 4, 668-678.

GERGEN, Kenneth J. (1994): *Realities and Relationships. Soundings in Social Construction*. Cambridge: Cambridge University Press.

GIDDENS, Anthony (1991): *Modernity and Self-Identity. Self and Society in the Late Modern Age.* Cambridge: Polity Press.

GOFFMAN, Erving (1981): *Forms of Talk.* Philadelphia: University of Pennsylvania Press.

GRAD, Héctor/MARTÍN ROJO, Luisa (2008): "Identities in discourse", en: Dolón, Rosana/Todolí, Júlia (eds.): *Analysing Identities in Discourse*. Amsterdam: John Benjamins Publishing Company.

GUMPERZ, John Joseph (1982): *Discourse Strategies.* Cambridge: Cambridge University Press.

HALL, Stuart (1996): "Introduction: who needs identity?" En: Hall, Stuart/Du Gay, Paul (eds.): *Questions of Cultural Identity.* London: Sage, 1-17.

HARDT-MAUTNER, Gerlinde (1995); "Only Connect: Critical Discourse Analysis and Corpus Linguistics", en: *UCREL Technical Paper 6.*

HOEY, Michael *et al.* (2007): *Text, Discourse and Corpora*. London: Continuum.

HOLSTEIN, James A./GUBRIUM, Jaber F. (2000): *The Self we live by: Narrative Identity in a Postmodern World.* New York: Oxford University Press.

JANKS, Hilary (1997): "Critical Discourse Analysis as a Research Tool", en: *Discourse: Studies in the Cultural Politics of Education* 18, 3, 329-342.

JENKINS, Richard (1996): *Social Identity.* London: Routledge.

KRESS, Gunther/HODGE, Robert (1979): *Language as Ideology.* London: Routledge.

LEEUWEN, Theo van (1996): "The representation of social actors", en: Caldas-Coulthard, Carmen Rosa/Coulthard, Malcom (eds.): *Texts and Practice.* London: Routledge, 32-70.

LUKE, Allan (2002): "Beyond science and ideological critique: developments in critical discourse analysis", en: *Annual Review of Applied Linguistics* 22, 96-110.

MARTIN, James Robert/ROSE, David (2002): *Working with discourse. Meaning beyond the Clause.* London: Continuum.

MARTÍN ROJO, Luisa/DIJK, Teun A. van (1997): "There was a problem and it was solved. Legitimating the expulsion of illegal immigrants in Spanish Parliament", en: *Discourse and Society* 8, 4, 563-606.

MAUTNER, Gerlinde (2009): "Corpora and critical discourse analysis", en: Baker, Paul (ed.): *Contemporary Corpus Linguistics*. London: Continuum, 32-46.

RICŒUR, Paul (1991): "Narrative identity", en: *Philosophy Today* 35, 73-81.

SCOLLON, Ron (1993): "What is plagiarism? A note on intercultural problems of identity in discourse", en: *Perspectives* 5, 1-24.

STUBBS, Michael (1996): *Text and Corpus Analysis: Computer-Assisted Studies of Language and Culture*. Oxford: Blackwell.

SWALES, John M. (1990): *Genre Analysis: English in Academic and Research Settings*. Cambridge: Cambridge University Press.

TAJFEL, Henri (ed.) (1982): *Social Identity and Intergroup Relations*. Cambridge: Cambridge University Press.

TRIANDAFYLLLIDOU, Anna/WODAK, Ruth (2003): "Conceptual and methodological questions in the study of collective identities. An introduction", en: *Journal of Language and Politics* 2, 2, 205-223.

WETHERELL, Margaret (2001): "Introduction", en: Wetherell, Margaret/Taylor, Stephanie/ Yates, Simeon (eds.): *Discourse Theory and Practice. A Reader*. London: Sage Publications, 284-293.

WETHERELL, Margaret/POTTER, Jonathan (1988). "Discourse analysis and the identification of interpretative repertoires", en: Antaki, Charles (ed.): *Analysing Everyday Explanation: A Casebook of Methods*. London: Sage, 168-183.

WILLIAMS, Robin (2000): *Making Identity Matter: Identity, Society and Social Interaction*. Durham: Sociologypress.

WODAK, Ruth (2002): "Fragmented identities: redefining and recontextualizing national identity", en: Chilton, Paul A./Schäffner, Christina (eds.): *Politics as Text and Talk*. Amsterdam: John Benjamins, 143-169.

WODAK, Ruth/LUDWIG, Christoph (eds.) (1999): *Challenges in a Changing World*. Wien: Passagen.

REVISTAS SOBRE TURISMO Y VIAJES EN INTERNET: PALABRAS PARA NOVEDADES, VOCES COMO NOVEDAD

MARÍA ESTORNELL PONS
Universidad Católica de Valencia

1. A modo de introducción

El presente texto se ocupa de determinadas particularidades léxicas que se observan en los textos de revistas electrónicas dedicadas al turismo y los viajes, en las que se informa sobre novedades en el sector, se presentan diversos destinos turísticos, tanto viajes como ofertas hoteleras, y también se recoge información sobre ocio y tiempo libre. Todo ello por medio de artículos de variada extensión, de reportajes, fotos y vídeos. Señala Calvi (2006: 46) que se trata de un tipo de revistas emergente y poco codificado dentro del periodismo, en el que se integran el relato de viajes, de corte subjetivo, con el planteamiento práctico y prescriptivo de las guías, y la precisión descriptiva del texto científico con la implicación del destinatario, mediante un estilo abierto hacia la lengua de la comunicación. La función de estas revistas la define la autora como más informativa que promocional, aunque con un fin último de potenciar la afición por los viajes, despertar curiosidades nuevas o comunicar una visión del mundo.

Las revistas que constituyen el corpus analizado son *Tusdestinos.net*, *Turismo & Ocio*, *TravellersBook online Magazine* y *Viajar*[1], si bien se han considerado algunas revistas del mismo tipo en material impreso –tales como *Viajar*, *deViajes*, *Muchoviaje.com* o *Condé Nast Traveller*[2]– con el fin de comprobar la aparición de ciertas voces dentro de estas publicaciones periódicas sobre turismo y de abordar el tema desde un punto de vista contrastivo. De acuerdo con la temática de tales publicaciones, sus textos son de tipología variada y a menudo se mez-

[1] No se han empleado en este trabajo otras revistas electrónicas (como *De Viajes* o *Turismoyviajes.com*) debido a las restricciones que presentan en cuanto a uso y manejo de la información incluida.

[2] También se ha tenido en cuenta alguna revista de temática distinta (por ejemplo, la revista *Woman*), que incluye apartados sobre turismo y viajes, y que, por tanto, recoge usos léxicos propios de este tipo de discurso. El corpus de revistas se ha constituido mediante publicaciones pertenecientes al año 2010 y principios del 2011.

clan en un mismo texto secuencias informativas con narrativas, descriptivas e instructivas, frente a la rigidez de otros géneros del turismo, como las guías o los folletos. Este aspecto, como se observará más adelante, repercute en el uso del léxico.

Dichas revistas van dirigidos al público en general, por lo que tienen un carácter divulgativo[3], sus textos están expresados en un lenguaje estándar, no recogen abundancia de voces terminológicas y no encierran una temática altamente marcada por su densidad o complejidad conceptual; de ahí que su lenguaje presenta un cariz menos especializado[4]. No obstante, como pone de manifiesto Calvi (2000), el discurso del turismo se caracteriza por determinados rasgos lingüísticos, de los cuales el léxico es el más distintivo. Se trata de un léxico heterogéneo que plasma la diversidad de componentes temáticos implicados en el turismo, de ahí que el *Diccionario de términos de turismo y de ocio* de Alcaraz Varó *et al.* clasifica el vocabulario en las siguientes áreas temáticas: el viaje y los seguros, el alojamiento, la gastronomía, el recreo y las industrias del ocio; y, en cuanto a la organización empresarial, la gestión y el márquetin. Dentro de dicho caudal léxico se separa un núcleo terminológico, caracterizado por su marcación especializada, y un bloque periférico constituido por palabras de la lengua común. Todo este vocabulario ilustra, además, diferentes procedimientos patrimoniales de formación de palabras, así como el fenómeno del extranjerismo[5].

En relación con dicho vocabulario característico del discurso del turismo, en las revistas consideradas se observan ciertos usos léxicos de interés en la medida en que suponen novedades léxicas surgidas a consecuencia de las innovaciones y cambios producidos en el sector o que responden a un uso estratégico comunicativamente, de acuerdo con la finalidad y razón de ser de las mencionadas revistas. Se trata de palabras ausentes en los diccionarios de la lengua común, y solo algunas de ellas se hallan registradas en algún glosario o vocabulario sobre términos del turismo[6], de lo que se informará en cada caso.

---

[3] Calvi (2006: 12) define el nivel comunicativo de la divulgación como el discurso para el no iniciado, en el que disminuye la densidad, a la par que se intensifican los procedimientos explicativos y ejemplificaciones; frente al nivel más especializado, que es la comunicación de especialista a especialista, y el de la comunicación dirigida a los especialistas en formación o a los semiespecialistas, como en el caso de los textos didácticos.

[4] De acuerdo con los rasgos señalados por Cabré Castellví (1993) y Sanmartín Saéz (2010: 243) sobre los lenguajes de especialidad.

[5] Para más información sobre este aspecto, véase Calvi (2006).

[6] Como principales fuentes lexicográficas de referencia, se han tomado la 22ª edición del *Diccionario de la lengua española* (*DRAE*) de la Real Academia Española en su versión electrónica, el *Diccionario de términos de turismo y ocio* de Alcaraz Varó *et al.* (2006), y distintos glosarios sobre turismo disponibles en Internet, los cuales se indicarán en nota al pie de página.

A continuación se analizan tales aspectos léxicos divididos en dos apartados: por un lado, se considerarán las voces representativas de novedades relacionadas con el ámbito del turismo; y, por el otro, se presentarán usos léxicos de motivación eminentemente pragmática. Los contextos de documentación de las palabras analizadas corresponden a artículos y reportajes de las revistas de consulta, así como a noticias o anuncios de actualidad turística en cuanto que sección incluida en algunas publicaciones[7].

2. Palabras para novedades

Las innovaciones surgidas en el ámbito del turismo imponen la necesidad de crear palabras para nombrarlas, ya sea como formaciones patrimoniales mediante los distintos procedimientos de creación léxica o por medio de la adopción de voces de otras lenguas, lo que se conoce como *préstamos* (Guilbert 1975: 89), los cuales son de gran frecuencia en el discurso del turismo dada la vocación internacional de este tipo de lenguaje, de acuerdo con Calvi (2000). Así, por ejemplo, se registran préstamos del inglés surgidos para denominar nuevas iniciativas en el sector del turismo, en concreto por parte de establecimientos hoteleros, como son las unidades *baby service* y *late check out*:

> Hotasa Puerto Resort, establecimiento de Hotasa Hoteles situado en Tenerife, lanza el **Baby Service**, una propuesta gratuita, pensada para todas aquellas familias que viajan acompañadas de sus recién nacidos. El "Baby Service" cuenta con un completo menú diario para la comida, la merienda y la cena y pone a disposición de los clientes todos los accesorios, productos y alimentos especiales que no siempre son fáciles de transportar y que resultan indispensables para el cuidado diario del bebé (*Tusdestinos.net*, 8-I-2011).

> Hoteles Center ofrece gratis un **late check out** hasta finales de febrero.
> La Cadena Hoteles Center ofrece a sus clientes la posibilidad de realizar el **check out** hasta las 14 horas. Esta exclusiva promoción permite disfrutar, sin agobios, de la habitación por algunas horas más (*Tusdestinos.net*, 7-I-2011).

La primera unidad hace alusión a un nuevo servicio que lanza un determinado hotel, como se observa en el contexto de documentación, y la segunda, a la posibilidad de retrasar el abandono del hotel por parte del viajero, con el fin de ofrecer

[7] Este trabajo se centra en el plano escrito del discurso, por lo que no se ha atendido a los discursos correspondientes a los vídeos que recogen las revistas electrónicas.

a este mayores facilidades y comodidad. Son novedades léxicas creadas para nombrar nuevas opciones o servicios en el turismo que, posiblemente, pronto se generalizarán, consolidándose así las voces como unidades denominativas fijas.

Es recurrente en estos textos la palabra compuesta *hotel-boutique* o *boutique hotel*, aunque más novedoso resulta el acortamiento de la unidad con la forma *boutique*, como en el primer ejemplo:

> **Vdara Hotel & Spa (Las Vegas)**
> En la mejor zona de Las Vegas está situado el hotel Vdara y Spa. Se trata de una **boutique** ecológica ideal para hacer encuentros de amigos, que ofrece espacios y suites contemporáneos. Las habitaciones de lujo cuentan además con camas de tamaño extra grande y spa (*Tusdestinos.net*, 27-XII-2010).
>
> **10. The Madison Hotel, Memphis (Estados Unidos)**
> A pocos pasos de la histórica calle principal Trolley, este **hotel boutique** de lujo deslumbra los sentidos con sus llamativos interiores que hacen un uso audaz tanto de colores como de figuras geométricas y de muebles modernos. El Martini lounge íntimo, el restaurante Grill, un gimnasio de primera clase, la piscina cubierta, la azotea y el jardín son algunas de las múltiples opciones que ofrece el hotel para una escapada de descanso (*Tusdestinos.net*, 27-XII-2010).

Esta unidad léxica nombra un nuevo concepto de hotel que se está difundiendo actualmente, el cual se relaciona con el tradicional *hotel con encanto*, al que se aportan una serie de lujos, servicios y comodidades extras que supuestamente diferencian ambos tipos de hoteles. Y en otros casos se presentan hoteles con características de *hotel boutique* que incluyen, además, servicio de *spa* y *wellness*, y son denominados con la yuxtaposición de las formas *hotel boutique* y *spa & wellness*, como en el siguiente fragmento:

> Holiday World es un complejo hotelero que crece. Lo conforman tres hoteles: Palace, Village, Polynesa y en mayo será la inauguración del exclusivo Hydros un **hotel boutique spa & wellnes** con 24 suites y cuatro áticos suites en el que el relax y el lujo van de la mano (*TravellersBook online Magazine*, 2010).

En relación con el formante *wellness*, cabe señalar su recurrencia en el discurso del turismo. El interés por el cuidado personal, el bienestar y la práctica de hábitos saludables han ganado importancia en los últimos años y han generado nuevas técnicas de masajes, de tratamientos hidráulicos y de terapias con variedad de recursos naturales; de ahí la alusión constante en los textos del turismo a centros y hoteles que ofrecen esta clase de servicios, denominados con las voces inglesas originales o con las correspondientes traducciones, a modo de calcos:

wellness, *wellness center*, *bienestar* y *centro de bienestar*[8]; unidades que a menudo aparecen combinadas con las palabras *spa* y *spa center*, como en el ejemplo anterior, si bien en otros casos funcionan como equivalentes léxicos de estas últimas. La rápida difusión de la palabra *wellness* o *bienestar* parece obedecer a la transparencia y connotaciones de la voz, ya que con ella se incide en el bienestar que se obtiene con el consumo del servicio anunciado. De este modo, la palabra se ha especializado semánticamente en tales contextos para referirse al bienestar obtenido mediante determinados tratamientos, comodidades y entorno. Y así se manifiesta claramente en el turismo cuando se anuncian viajes, escapadas o retiros que tienen entre sus objetivos el de que el viajero alcance *bienestar*, como en los casos siguientes:

> Hotel Convento Las Claras: retiro de historia, **bienestar** y gastronomía (*Tusdestinos.net*, 2-X-2010).

> Te damos la mejor idea para San Valentín: pasa una tarde en un centro de belleza o regálate un viaje de **bienestar**. No hay plan más romántico ni más seductor que elegir un destino relajante (*Woman* 209, febrero de 2010).

En los textos del turismo se aprecia con recurrencia la unidad *infinity pool* o su equivalente español *piscina infinita*. Se trata de una unidad sintagmática[9] denominativa de un tipo de piscina concreto que proporciona a la mirada un efecto de infinito gracias a que se funde con elementos naturales, como suelen ser el mar o un paisaje vegetal, de modo que se crea una sensación de continuidad; la voz funciona, pues, como una expresión estética para denominar algo estético:

> Es aquí, en pleno Mar de la China Meridional, en un idílico entorno de bosques tropicales, donde se encuentra uno de los hoteles más codiciados de la lujosa cadena Banyan Tree. Algunas villas disponen de su propia ***infinity pool***, para que te relajes y disfrutes del horizonte en la más absoluta intimidad (*Condé Nast Traveler* 28, abril de 2010).

---

[8] Todas estas unidades se encuentran documentadas en las citadas revistas sobre turismo y viajes, tanto electrónicas como impresas, o en otras de temática distinta que incluyen apartados sobre turismo.

[9] Se denomina *unidad sintagmática* a un sintagma que sufre un proceso de lexicalización por el que se recategoriza como una unidad léxica (Observatori de Neologia 2004). Otros autores, no obstante, se refieren a este proceso de creación de palabras como *composición sintagmática* (Val Álvaro 1999, Almela Pérez 1999, Varela Ortega 2005, etc.).

En el contexto que sigue a continuación destaca el uso de la forma *piscina de efecto infinito*, que supone una variante de la unidad anterior, la cual resulta más transparente semánticamente:

> Además de la nueva **piscina de efecto infinito**, la terraza-jardín de Blaumar Hotel ofrece esta temporada un sinfín de novedades para trasladar al cliente a un auténtico paraíso. El perímetro de la piscina ofrece un relajante paseo sobre piedra natural flameada, rodeado de palmeras, bambú y plantas autóctonas, así como una zona de toldos de madera tropical con cómodas tumbonas, zona chill out y cafetería-restaurante donde disfrutar al aire libre de la mejor cocina mediterránea y exóticos cócteles a ritmo de la mejor música lounge (*Tusdestinos.net*, 4-VI-2010).

También se observan en el discurso del turismo voces denominativas de realidades recientes que, sin ser específicas del turismo, designan elementos pertenecientes a campos semánticos relacionados con el sector, de ahí su presencia en estos textos. Así la unidad sintagmática *piscina sostenible*[10] o *ecológica*, usada para aludir a un tipo de instalación de ocio que ofrece el hotel anunciado y que presenta como una importante novedad. El adjetivo *sostenible* o *ecológico* se emplea con el sentido específico que tiene en la actualidad para denominar de manera unitaria un tipo concreto de piscina:

> En su firme compromiso con el cliente y con el respeto absoluto de la naturaleza y el entorno, Blaumar Hotel, el único de Salou que cuenta con los certificados Q de Calidad, EMAS e ISO de gestión medioambiental desde hace ya diez años, acaba de inaugurar su zona exterior con dos nuevas **piscinas sostenibles**, una infantil y una de adultos, en sus renovadas instalaciones.
>
> Son lo último en Inglaterra y Alemania y están empezando a introducirse en nuestro país de la mano de la vanguardia hotelera. Las **piscinas ecológicas** no utilizan cloro ni ningún tipo de sustancia química para el tratamiento del agua, sino un sistema de depuración salina totalmente natural que, además de la obvia ventaja para el medioambiente, resulta muy beneficioso para la salud y, especialmente, para el cuidado de la piel del bañista (*Tusdestinos.net*, 4-VI-2010).

Otro ejemplo es la unidad sintagmática *cocina joven*, relacionada con la restauración, que aparece en el texto para nombrar el tipo de cocina propio de un

---

[10] En la Red se hallan definiciones como la siguiente: "aquella que incorpora elementos claves para lograr un menor impacto ambiental, y reducir de forma significativa el consumo de recursos naturales (agua y energía), siendo viable en cuanto al coste de mantenimiento y retorno de la inversión inicial" (<http://www.astralpool.com/sites/es/Particulares/Piscina/su_piscina_sostenible.html>).

determinado hotel como otro más de sus reclamos turísticos, ya que se trata de una cocina preparada por un equipo joven que se caracteriza por que es innovadora y vanguardista:

> **Cocina joven y vanguardista**
> Uno de los aspectos más destacados del Hotel Convento Las Claras es su gastronomía gracias a un joven equipo de profesionales que conforman el Restaurante Conde Lucanor, situado en la antigua Capilla de clausura, donde cuidan los detalles y sorprenden a través de sus platos, exponentes de la cocina vanguardista con toques tradicionales, tanto por la unión de sabores y texturas como por la excelente presentación (*Tusdestinos.net*, 29-X-2010).

3. Voces como novedad

En los textos sobre viajes aparecen voces como novedades denominativas de realidades que no son esencialmente nuevas[11], si bien el uso de una forma concreta para nombrarlas aporta economía lingüística y, en algunos casos, ayuda a centrar el concepto denotado, a la vez que añade estilo y modernidad, ya que se trata, en su mayoría, de palabras procedentes del inglés.

Por ejemplo, la unidad *low cost*, originalmente utilizada para calificar las compañías aéreas baratas, se emplea también para referirse a las ciudades capitales a las que se puede viajar por un precio económico, dados los bajos costes de desplazamiento a ellas y de alojamiento. No resulta nuevo el hecho de viajar a una ciudad de manera barata, pero el calificativo *low cost* resume este concepto de un modo enfático y análogo a otras expresiones con el mismo formante, cuyo uso se está extendiendo en la actualidad.

> En el primer número del año te ofrecemos los grandes viajes del 2011 y las capitales "**low cost**", además de un viaje en el que conocer Uruguay a fondo (*Viajar*, 28-XII-2010).

Se observa también la unidad inglesa *citybreak*[12], que surge como un compuesto para denotar el concepto de "viaje de corta duración con una ciudad como

[11] Se ha tenido en cuenta, no obstante, la dificultad de discriminar en esencia la novedad de un concepto o referente determinado y el consecuente valor estimativo de los comentarios sobre algunas voces.

[12] En otras fuentes sobre textos de turismo (como las revistas impresas sobre viajes) se documenta el préstamo en la forma *city break*.

destino"[13], con el fin de "romper" con la rutina de la semana; de modo que la idea queda expresada de manera concisa y moderna:

> Barcelona a la medida de todos, ya sea durante un **citybreack** o para estancias más largas; en el BCN SHOP podrás contratar todos los servicios que necesites, desde un transfer al hotel, entradas a musicales, una cena romántica o un tour con **Personal shopper**, hasta comprar entradas para partidos del Barça, realizar una ruta cinematográfica e incluso alquilar una sillita de paseo para tu hijo (*Turismo & Ocio*, 8-IX-2010).

Y en el mismo texto aparece la expresión *personal shopper*, frecuente en reportajes y anuncios sobre viajes como servicio que ofrecen algunas agencias, hoteles, etc. Esta unidad se observa, en otros casos, acompañada de su equivalente en español y definida en el propio contexto, a modo de aclaración:

> Y como la ciudad siempre tendrá más tesoros secretos que descubrir, algunos hoteles exclusivos ofrecen a sus huéspedes el servicio de ***personal shopper*** o ***gerentes de estilo de vida***, quienes brindan asesoramiento personalizado para ahorrar tiempo de búsqueda y satisfacer demandas puntuales de consumo y esparcimiento (*Viajar*, 12-XI-2010).

De manera análoga al vocablo anterior *citybreak* se ha formado *cityzapping*, cuyo significado se presenta en el propio contexto de documentación:

> Las ciudades de Holanda tienen mucho que ofrecer. Y la buena noticia es que las puedes visitar todas en un solo viaje, si quieres. Lo llamamos **cityzapping**: viajar de ciudad en ciudad en el tiempo que normalmente tardas en leer el periódico, o ver tu correo electrónico. El tren te lleva de centro a centro en menos de una hora (*Muchoviaje.com,* año V, 59, 6).

Así, dos palabras inglesas componen una voz para nombrar de una forma original un concepto que no es nuevo, aportando creatividad y expresividad al discurso.

Y con el formante *city* se documenta también la unidad *citymarketing*[14], que aparece en textos sobre turismo en relación a la promoción de determinadas ciu-

---

[13] Definición extraída del *Glosario de turismo y hostelería* (<http://www.poraqui.net/diccionario/index.php>).

[14] Definida como "[a]plicación de técnicas de *marketing* a la promoción de las ciudades como destino turístico. El **citymarketing** pretende crear y difundir una imagen de una ciudad, basándose en los productos y servicios que ofrece para a satisfacer a sus ciudadanos y turistas. Para ello necesita un plan estratégico, no basta con un logotipo y un eslogan" (*Glosario de turismo y hostelería*).

dades, para denotar de un modo preciso una práctica que no es esencialmente nueva:

> Según Bassat no es necesario levantar grandes construcciones sino ser valiente para emprender pequeñas acciones con las que se puede conseguir mucho. Y sobre todo sacarle mucho más partido a lo que cada ciudad tiene de reseñable y darlo a conocer al mundo con una buena estrategia de **citymarketing** (*Turismo & Ocio*, 13-X-2010).

En otros textos, destaca el uso de la voz *premium* para nombrar atracciones turísticas pertenecientes al denominado *turismo premium*, que ofrece productos de alta calidad para viajeros con gustos exigentes que buscan experiencias exclusivas[15]. Un ejemplo de ello se ilustra en el enunciado que sigue:

> El crecimiento del turismo de lujo va de la mano de un tipo de cambio favorable, especialmente para aquellos que vienen del hemisferio norte (un euro equivale a cinco pesos argentinos, aproximadamente), pero también se ve estimulado por una mayor oferta de las llamadas atracciones ***premium***, con un alto valor agregado que seducen al viajero *bon vivant* mostrándole el lado más exclusivo y exquisito de la capital argentina (*Viajar*, 12-XI-2010).

Otras novedades léxicas son las unidades sintagmáticas *tarifa estrella* y *tarifa web*, que denominan de un modo específico tipos de tarifas concretos que funcionan desde hace varios años:

> En cuanto a las tarifas, Renfe quiere promocionar estas nuevas líneas con una oferta hasta el 9 de enero de 50 000 plazas a precio reducido gracias a su **tarifa estrella** (plazas concretas a determinadas horas y trenes). Además, los billetes cuentan con un 20% de descuento si se compran ida y vuelta y las **tarifas web** cuentan con precios especiales más económicos (*Viajar*, 16-XII-2010).

Asimismo, en el discurso del turismo se observan palabras procedentes de otros ámbitos que se usan en estos textos con algún cambio de sentido o matiz para referirse a elementos propios del turismo y los viajes, como recurso estilístico y expresivo[16]. Tal es el caso de *hub*, vocablo que se toma metafóricamente del

---

[15] Definición extraída del sitio de la Sala de Prensa del Consejo de Promoción Turística de México en España (<http://es.visitmexicopress.com/wb/presseues/pres_turismo_premium>).

[16] Se trata del mismo mecanismo que el correspondiente a la denominada neología semántica, si bien preferimos no referirnos a estas voces como *neologismos* dado que, de momento,

campo de la informática[17] para calificar un puerto de un modo expresivo y original, a partir de la asociación de un *hub* con las características de dicho puerto, como se desprende del propio contexto de documentación:

> Estocolmo, **hub** de cruceros.
> La capital de Suecia es, en la actualidad, el tercer puerto por importancia del Báltico después del de San Petersburgo y Copenhague. Por el puerto de Estocolmo pasan aproximadamente unos 12 millones de personas. En este sentido, los últimos años se ha multiplicado por nueve la cantidad de pasajeros que llegan a la capital sueca. Por este motivo se está trabajando para posicionar este puerto como uno de los más importantes del Báltico, ya que los cruceros están dando muchos beneficios económicos a la ciudad.
> Actualmente se está trabajando conjuntamente con empresas de la ciudad (unas 50 en total) para garantizar un buen servicio para el turista de cruceros. Las cifras son claras. Durante el año 2010, unos 45 000 cruceristas españoles visitaron Estocolmo y representa el cuarto mercado más importante (*Tusdestinos.net*, 27-XI-2010).

Destaca también en este fragmento el uso de voces específicas relativas al turismo de cruceros, como *turista de cruceros* y *cruceristas*, de acuerdo con el apogeo de este tipo de viajes en los últimos años.

Otro ejemplo representativo de estos usos léxicos es el vocablo *box* en referencia a un establecimiento hotelero. A partir de una de las acepciones de la voz, según la cual denota un compartimento individual en determinados establecimientos (véase *DRAE*), se produce una ampliación semántica para designar compartimentos individuales de un hotel, en relación con una iniciativa que ofrece este:

> Tras el éxito obtenido durante los últimos tres años por el Ushuaïa Ibiza Beach Club, la cadena apuesta por una innovadora iniciativa hotelera que permitirá a los huéspedes vivir una experiencia única y exclusiva. Poder disfrutar de las mejores actuaciones en vivo al aire libre con el Mar Mediterráneo como fondo, ya sea desde las terrazas de las habitaciones o desde los **boxes** privados, será el eje central de todos los servicios e instalaciones de primera clase que ofrecerá el Hotel. Los huéspedes podrán crear sus propios espacios para compartir en la intimidad momentos repletos de diversión, tanto de día como de noche (*Tusdestinos.net*, 15-X-2010).

También se observa el préstamo *mainstream*, cuyo significado original se especializa en textos del turismo para aludir a lo que resulta corriente o conven-

---

no se conoce con exactitud desde cuándo se documentan tales palabras en el discurso del turismo (para esta cuestión, véase Estornell Pons 2009).

[17] En Wikipedia se define esta voz de la manera siguiente: "Un concentrador o hub es un dispositivo que permite centralizar el cableado de una red y poder ampliarla".

cional en relación con este ámbito: la forma de viajar, los lugares que visitar, los alojamientos, etc. Así, en el siguiente fragmento sobre un viaje a París, aparece la voz con dicho sentido de "lo común, convencional o típico", como reflejan, además, las últimas líneas:

> Proponemos al viajero que se acerque a uno de los destinos turísticos por excelencia, aunque con un plan de viaje lejos del **mainstream**, haciendo especial hincapié en todos aquellos lugares con encanto que suelen pasarse por alto en las guías (*TravellersBook online Magazine*, 2010).

Asimismo, la palabra *must*, usada con recurrencia en el ámbito de la moda, actualmente aparece con frecuencia en el discurso del turismo. Su significado se relaciona con el sentido literal en la lengua inglesa de origen, ya que se emplea con el valor de "obligación, visita obligada, aspecto principal" de un determinado lugar, con una finalidad ponderativa o intensificadora, como se ilustra seguidamente:

> La ciudad londinense está de moda, de eso no cabe duda, pero además su increíble oferta de tiendas, la convierten en un "**must**" para renovar tu vestuario (*Tusdestinos.net*, 13-VIII-2010).

Además, parece que la voz inglesa resulta más moderna y estilosa que su correspondiente expresión patrimonial, como sería *obligación*, *visita obligada* u otras similares.

Por otra parte, se presentan novedades léxicas denotativas de elementos menos relacionadas directamente con el sector turístico. Por ejemplo, se ha formado la unidad sintagmática en español *recipientes de abuela* para designar los recipientes y utensilios que se encuentran en las cabañas anunciadas en el texto, los cuales, por su vejez o antigüedad y por su papel en el hogar, se han relacionado con los que se encuentran en las casas de las mujeres ancianas o son utilizados por estas:

> Cojines verdes, **recipientes de abuela**, cajonera de madera no tratada [...]. Cada cabaña tiene una decoración personalizada, que integra definitivamente el "**decor**" de la selva (*Tusdestinos.net*, 12-X-2010).

En el mismo fragmento destaca también la voz *decor*, que podría tratarse de un préstamo del francés, empleado para referirse a la decoración o paisaje de la selva, si bien no queda claro el sentido exacto ni la procedencia de la unidad.

Otro ejemplo es el préstamo *slow food*, surgido hace poco para expresar el concepto de comer despacio, como una filosofía o movimiento, y con este valor se emplea en el fragmento dedicado a la gastronomía perteneciente a un texto informativo sobre un determinado destino turístico:

> Los paladares intrépidos encontrarán platos con cordero patagónico, conejo, rabo de toro, ranas, yacaré, ñandú, jabalí, pejerrey, cocina molecular, vegetariana, naturista, propuesta del movimiento ***slow food*** (comer despacio) o ***raw food*** (comida cruda), y estilos que fusionan exitosamente numerosas tendencias culinarias de los más distintos orígenes (por ejemplo, peruano-japonés o japonés-francés) (*Viajar*, 12-XI-2010).

Y el mismo enunciado recoge la voz *raw food* como nueva forma de referirse a la comida cruda, de modo que prevalece la expresión foránea sobre la denominación patrimonial.

Con relación al primer vocablo, cabe comentar el uso en el discurso turístico de una voz formalmente análoga que sí se relaciona directamente con el sector, la unidad *slow travel* o *slow traveling*, la cual hace referencia al tipo de viaje tranquilo y relajado, actividad que no es nueva pero que conviene dotar de expresión ya que ahora, como indica el contexto que sigue a continuación, se revaloriza, frente a la velocidad de la vida cotidiana y a los frecuentes viajes rápidos o temporalmente muy ajustados por su organización:

> Reserva un coche en el aeropuerto y disfruta conociéndola al estilo "**slow traveling**" (*Woman* 211, abril de 2010, 231).

Al informar sobre determinados destinos, se usa en el discurso la voz inglesa *gayfriendly* combinada con otra palabra, *hostelería* en el caso que sigue, como nueva forma, posiblemente atenuante y estilística, para aludir a la existencia de establecimientos hosteleros para homosexuales en el lugar presentado:

> Muy cerquita de allí se encuentra el antiguo barrio judío, el Marais con su bonita Place des Vosgues. En las últimas décadas, el **quartier** ha sido colonizado por galerías de arte, tiendas de diseño y **hostelería gayfriendly**. Precios algo altos, por lo que por la salud de tu presupuesto de viaje, evita las compras (*TravellersBook online Magazine*, 2010).

Este préstamo es un compuesto de *gay* y *friendly*, el cual representa una formación recurrente en el uso, ya que se constatan otras análogas como *eco-friendly*, creada para especificar el gusto por lo ecológico, y documentada en textos del turismo para caracterizar diversos elementos relacionados con el sector (hoteles, barrios, establecimientos, rutas…), como ilustra este enunciado extraído de una revista impresa:

El establecimiento quiere explotar el perfil ***ecofriendly***, con pautas ecológicas para preservar el medio ambiente (*deViajes* 135, julio de 2010, 95).

Se documenta en textos sobre hoteles la palabra prefijada *mini-disco*, referida a una discoteca organizada para los niños, en este caso como servicio que predisponen algunos establecimientos. Se expresa así dicho referente de una forma económica y original:

Así, desde la mañana hasta la noche los más pequeños de la casa podrán desde participar en concursos de natación, lanzarse por el nuevo tobogán de la piscina infantil, vivir incontables aventuras en el nuevo castillo del jardín, mover el esqueleto en la **mini-disco** o participar en talleres de pintura, barro o globoflexia y otras actividades lúdico-educativas como aprender jugando a hacer jabón con aceite reciclado o a reciclar residuos en las diferentes papeleras (*Tusdestinos.net*, 4-VI-2010).

Y, por último, en cuanto a los usos léxicos agrupados en el presente apartado, hay que mencionar los préstamos del inglés que se emplean fundamentalmente en textos turísticos con fines estilísticos o expresivos, ya que cuentan con un equivalente en español. Por ejemplo, palabras como *extreme*, *all inclusive* o *shopping*, que parecen imprimir más estilo e internacionalidad al discurso, permiten presentar el producto turístico de un modo más atractivo y motivador para los lectores del texto. Así, en el siguiente enunciado se prefiere la voz foránea *extreme* en lugar de la correspondiente *extrema*:

Por otro lado, existe una versión más "**extreme**" solo apta para los más expertos en los lagos de Tristaina que combina fuera pistas con la inmersión en lagos con una profundidad de hasta 23 metros (*Viajar*, 20-XII-2010).

En este otro, se opta por la expresión inglesa *all inclusive* a pesar de la generalización en el uso de la española *todo incluido*:

La cadena Holiday World reinventa el "**all inclusive**" ofreciendo todo lo que se apetezca dentro de un recinto hotelero exótico ambientado en las islas de la Polinesia (*TravellersBook online Magazine*, 2010).

Igualmente, resulta cada vez más común en el discurso del turismo el anglicismo *shopping*, en lugar de la expresión castiza *hacer compras* o *ir de compras*, ya que, al parecer, el préstamo ofrece una imagen más moderna a la vez que aporta economía lingüística. Ejemplos de tal uso es el siguiente:

Descubre el norte de París, hogar de pintores y de la vida nocturna de la capital, pero también el destino de los locos por el **shopping** (*TravellersBook online Magazine*, 2010).

Y en otros contextos destaca como novedad el vocablo *ultrashopping*, derivado del anterior para denotar, mediante el elemento prefijal *ultra-*, una forma de hacer compras exigente y sofisticada, según se aprecia en el ejemplo siguiente:

> "**Ultrashopping**". Sibaritas de las tiendas. No importa el presupuesto o el gusto personal de cada uno, en las calles de Graz encontrarás lo que estás buscando (*Muchoviaje.com*, año V, 63, 90).

Los usos léxicos comentados en este epígrafe dan muestra, por tanto, de la pragmática que envuelve los textos sobre viajes que se analizan en el presente trabajo, ya que, con este tipo de voces se imprime al discurso un tono moderno y estiloso que potencia la buena imagen de los lugares, ambientes, locales, etc., con el fin de presentarlos de forma atractiva al lector y suscitar mayor interés en él por el producto; al mismo tiempo, a menudo la palabra encierra también un valor intensificador y expresivo sobre lo dicho.

4. Marcación metadiscursiva e interpretación semántica de las voces

Hasta el momento se han descrito determinados usos léxicos particulares observados en los textos de las revistas electrónicas e impresas sobre turismo y viajes. A continuación se abordan dos aspectos más sobre estas voces, como son la marcación metadiscursiva de tales palabras en los textos y la interpretación de su significado. De este modo, por un lado, se atiende a la aparición de dichas novedades léxicas, y, por otro, a cómo se presentan estas en los propios textos, considerando el punto de vista del redactor y del destinatario.

Como se observa en los diferentes contextos de aparición, algunas de las unidades se presentan en ellos con marcas metadiscursivas como la letra cursiva, las comillas o la definición de la voz. En el caso de los préstamos, las marcas tipográficas señalan el carácter foráneo de la palabra, como, *infinity pool*, *citybreak*, *personal shopper*, *premium*, *slow food*, *raw food*, *ecofriendly* (todas en letra cursiva), *low cost*, *slow traveling*, *must*, *extreme*, *all inclusive*, *ultrashopping* (todas con comillas). En una misma revista, esta práctica puede relacionarse con las normas de redacción de la revista, o simplemente responde al criterio de los redactores, dado que en ocasiones se encuentran préstamos marcados y préstamos que no lo están. Así, en *Tusdestinos.net*, aparecen con marcas tipográficas *baby service*, *must* y *decor*, y sin ellas todas las demás voces foráneas. Igualmente, en *Turismo & Ocio*, se escribe en letra cursiva el vocablo *citybreak*, pero no se señala la unidad *personal shopper*, en el mismo texto, o *citymarketing*, en otro. Y en *TravellersBook online Magazine*, aparecen sin marcas las palabras *gayfriendly*, *mainstream* y *shopping*, mientras que *all inclusive* se presenta con comillas.

En otros casos, en la misma revista sí se observa una tendencia más uniforme a escribir con marcas tipográficas las voces procedentes de otras lenguas, como en la revista *Viajar*, que recoge *low cost*, *personal shopper*, *premium*, *bon vivant*, *slow food*, *raw food* o *extreme* en letra cursiva o con comillas.

Por otra parte, las unidades léxicas formadas con procedimientos patrimoniales no se presentan con marcas metadiscursivas. Tan solo la unidad *gerentes de estilo de vida* aparece en su contexto en letra cursiva, si bien como equivalente español de *personal shopper*, también marcado en el mismo enunciado, lo que podría haber condicionado la marcación de la expresión patrimonial.

Estas dos unidades, además, van acompañadas de una definición aclaratoria en el propio contexto de documentación, lo que constituye una marca metadiscursiva que indica la novedad de la expresión al considerar el probable desconocimiento de su significado por parte del lector. Tal marca puede aparecer como una explicación de lo referido por el vocablo, de la que se obtiene su significado; así en las voces señaladas, en la unidad *baby service*, en *piscina sostenible* o *piscina ecológica*, y en la palabra *ecofrioendly*[18]:

> Y como la ciudad siempre tendrá más tesoros secretos que descubrir, algunos hoteles exclusivos ofrecen a sus huéspedes el servicio de ***personal shopper*** o ***gerentes de estilo de vida*****, quienes brindan asesoramiento personalizado para ahorrar tiempo de búsqueda y satisfacer demandas puntuales de consumo y esparcimiento** (*Viajar*, 12-XI-2010).

> Hotasa Puerto Resort, establecimiento de Hotasa Hoteles situado en Tenerife, lanza el Baby Service, una propuesta gratuita, pensada para todas aquellas familias que viajan acompañadas de sus recién nacidos. **El 'Baby Service' cuenta con un completo menú diario para la comida, la merienda y la cena y pone a disposición de los clientes todos los accesorios, productos y alimentos especiales que no siempre son fáciles de transportar y que resultan indispensables para el cuidado diario del bebé** (*Tusdestinos.net*, 08-I-2011).

> Las **piscinas ecológicas** no utilizan cloro ni ningún tipo de sustancia química para el tratamiento del agua, sino un sistema de depuración salina totalmente natural que, además de la obvia ventaja para el medioambiente, resulta muy beneficioso para la salud y, especialmente, para el cuidado de la piel del bañista (*Tusdestinos.net*, 04-VI-2010).

---

[18] Para ejemplificar este aspecto, se ofrecen los contextos de documentación, en algunos casos con la explicación de la voz marcada en negrita.

> El establecimiento quiere explotar el perfil ***ecofriendly*****, con pautas ecológicas para preservar el medio ambiente** (*deViajes* 135, julio de 2010, 95).

En otros casos, el significado del vocablo se presenta en forma de definición, como en *cityzapping*, anunciada por los dos puntos:

> Las ciudades de Holanda tienen mucho que ofrecer. Y la buena noticia es que las puedes visitar todas en un solo viaje, si quieres. Lo llamamos **cityzapping**: **viajar de ciudad en ciudad en el tiempo que normalmente tardas en leer el periódico, o ver tu correo electrónico. El tren te lleva de centro a centro en menos de una hora** (*Muchoviaje.com*, año V, 59, 6).

Y en *tarifa estrella*, la explicación aparece entre paréntesis, mientras que de *tarifa web* se desprende su significado de la información sobre el propio referente:

> En cuanto a las tarifas, Renfe quiere promocionar estas nuevas líneas con una oferta hasta el 9 de enero de 50 000 plazas a precio reducido gracias a su **tarifa estrella (plazas concretas a determinadas horas y trenes)**. Además, los billetes cuentan con un 20% de descuento si se compran ida y vuelta y las **tarifas web** cuentan con precios especiales más económicos (*Viajar*, 16-XII-2010).

También se aclara el sentido del vocablo mediante su traducción, para los préstamos, que puede aparecer integrada en la frase o bien entre marcas de inciso, como el paréntesis:

> Los paladares intrépidos encontrarán platos con cordero patagónico, conejo, rabo de toro, ranas, yacaré, ñandú, jabalí, pejerrey, **cocina molecular**, vegetariana, naturista, propuesta del movimiento ***slow food*** **(comer despacio)** o ***raw food*** **(comida cruda)**, y estilos que fusionan exitosamente numerosas tendencias culinarias de los más distintos orígenes (por ejemplo, peruano-japonés o japonés-francés) (*Viajar*, 12-XI-2010).

Esta práctica de redacción mediante la cual se indica el significado de las voces no se emplea en otros muchos casos. De modo que si la unidad no presenta un significado transparente, puede resultar incomprensible o imprecisa para el lector que no la conozca. Esto es frecuente con préstamos que, o bien son desconocidos por el destinatario, o bien su traducción literal no se corresponde con su denotación exacta, como por ejemplo en *infinity pool*, *citybreak*, *citymarketing*, *decor*, *mainstream*. En función de los conocimientos sobre el idioma y de la ayuda del contexto de aparición de la voz, el lector podrá realizar o no una interpretación del vocablo.

Otros préstamos, como *late check out*, *low cost*, *slow traveling*, *gayfriendly*, *ecofriendly*, *must*, *extreme*, *all inclusive*, *shopping*, *ultrashopping*, *hub*, *box*, pueden resultar más claros semánticamente, ya que su traducción literal ofrece un significado muy próximo a lo denotado, o bien este se infiere de la ayuda del contexto, como en las tres últimas voces: *ultrashopping* no refleja su sentido literal pero este se obtiene claramente de la información del contexto; y *hub* y *box* responden a un uso metafórico que se interpreta del fragmento textual en que aparecen.

En cuanto a las voces formadas con procedimientos patrimoniales, algunas de ellas no presentan un significado transparente ya que obedecen a una creación metafórica o a una especificación o ampliación semántica, como *piscina de efecto infinito, hotel boutique, bienestar, cocina joven, recipientes de abuela, cocina molecular* o *mini-disco*. De ahí que el lector debe deducir el sentido basándose en la información contextual y en su conocimiento del mundo, por lo que, en algunos casos, el resultado será la creación *ad hoc* de un significado impreciso e inexacto del vocablo. Así en *hotel boutique* o *cocina molecular*, cuyos contextos de aparición no ayudan a inferir el valor de la unidad.

Estos casos en que el sentido de una voz no resulta claro ni por la forma ni por el contexto producen, para algunos lectores (los menos familiarizados con este tipo de textos o con las innovaciones que se producen en el sector del turismo), problemas de interpretación semántica, que, en cierto modo, dificultan la comprensión total del contenido leído, lo que contrasta con la finalidad publicitaria de estas revistas.

En suma, las novedades léxicas usadas en tales textos sobre turismo y viajes se presentan marcadas metadiscursivamente de un modo variado, no uniforme y, con frecuencia, poco cooperativo con el lector.

5. Conclusión

Como recapitulación, cabe decir que en las revistas sobre viajes, tanto electrónicas como impresas, aparecen voces novedosas motivados por necesidades denominativas de acuerdo con las innovaciones surgidas en el sector, y usos léxicos de motivación más pragmática para revestir de estilo, modernidad y expresividad al discurso, con el fin de presentar el lugar descrito de un modo más atractivo y de potenciar el interés del lector por el producto turístico. La mayoría de todas estas novedades léxicas son formalmente préstamos del inglés, lo que incide en el carácter internacional que enmarca el sector del turismo; pero se emplean también otros procedimientos de creación léxica patrimonial como la sintagmación, la composición, la prefijación y el cambio de sentido.

No se observa uniformidad a la hora de señalar metadiscursivamente estas unidades, con variedad o ausencia de marcas tipográficas en sus textos, y algunas de las voces resultarán poco claras semánticamente para muchos destinatarios, ya que no es posible deducir su significado exacto y este no se ofrece en la redacción del discurso.

Esta información sobre los usos léxicos analizados contribuye a ampliar el conocimiento del lenguaje del turismo desde su plano léxico y desde un género discursivo periodístico que todavía es reciente y minoritario en comparación con otros del sector, en su vertiente electrónica y, en menor medida, impresa.

Referencias bibliográficas

ALCARAZ VARÓ, Enrique *et al.* (2006): *Diccionario de términos de turismo y ocio: inglés-español, spanish-english.* Barcelona: Ariel, 2.ª ed.

ALMELA PÉREZ, Ramón (1999): *Procedimientos de formación de palabras en español.* Barcelona: Ariel.

CABRÉ CASTELLVÍ, María Teresa (1993): *La terminología : teoría, metodología, aplicaciones.* Barcelona: Antártida/Empuries.

CALVI, Maria Vittoria (2000): "El léxico del turismo", en: Calvi, Maria Vittoria: *Il linguaggio spagnolo del turismo.* Viareggio: Baroni, <http://www.ub.es/filhis/culturele/turismo.html>.

— (2006): *Lengua y comunicación en el español del turismo.* Madrid: Arco Libros.

ESTORNELL PONS, María (2009): *Neologismos en la prensa: criterios para reconocer y caracterizar las unidades neológicas.* Valencia: Universitat de València, Quaderns de Filologia, Anejo 70.

GUILBERT, Louis (1975): *La creativité lexicale.* Paris: Larousse.

OBSERVATORI DE NEOLOGIA (2004): *Llengua catalana i neologia.* Institut Universitari de Lingüística Aplicada, Universitat Pompeu Fabra. Barcelona: Meteora.

SANMARTÍN SÁEZ, Julia (2010): "El léxico, los registros y la adecuación lingüística", en: Aleza Izquierdo, Milagros (coord.): *Normas y usos correctos en el español actual.* Valencia: Tirant lo Blanch, 229-247.

VAL ÁLVARO, José Francisco (1999): "La composición", en: Bosque, Ignacio/Demonte Berreto, Violeta (eds.): *Gramática descriptiva de la lengua española.* Madrid: Espasa, vol. 3, 4757-4843.

VARELA ORTEGA, Soledad (2005): *Morfología léxica: la formación de palabras.* Madrid: Gredos.

Revistas electrónicas de consulta

Tusdestinos.net: <http://www.tusdestinos.net/>.

Turismo & Ocio internacional Magazine: <http://turismoyocio.net/new/index.php>.

TravellersBook online Magazine: <http://www.travellersbook.net/>.

Viajar: <http://www.revistaviajar.es/>.

TURISTAS FRANCÓFONOS EN ESPAÑA: ANÁLISIS DE TESTIMONIOS Y RELATOS DE VIAJEROS EN *BLOGS* Y FOROS DE INTERNET

MARÍA ELENA BAYNAT MONREAL
IULMA-Universitat de València

1. Los viajeros franceses en España y sus relatos de viajes

Para comprender los testimonios y relatos de viajeros en *blogs* y foros de Internet convendría remontarnos en el tiempo y observar cómo comunicaban sus impresiones los viajeros anteriores a la era digital; este análisis comparativo no puede realizarse sin tratar de comprender los grandes cambios socioculturales vividos en los últimos siglos.

Puesto que el siglo por excelencia de los relatos de viaje clásicos, en formato papel, es el XIX, tomaremos esta época como referencia para compararla con la actualidad y observar la evolución sociocultural y de los diferentes modos y medios de expresión y comunicación. La ventaja añadida de tomar como referencia clásica el siglo XIX son los puntos en común que, salvando las diferencias, poseen los viajeros de entonces y los actuales. En efecto, si bien los motivos de su viaje, la organización, los medios de transporte, la duración o la compañía elegida para sus viajes difieren evidentemente entre ellos, y sus fuentes de información y modos de expresión son de diversa naturaleza y formato, podemos afirmar, sin embargo, que hay intenciones, gustos e inquietudes similares y un imaginario colectivo común: una imagen estereotipada de España, afianzada y exportada principalmente por esos viajeros franceses del siglo XIX, que ha sobrevivido a lo largo del siglo XX y que, aunque algunos españoles renieguen de ella, hoy en día sigue siendo reclamo de numerosos turistas.

El XIX que tomaremos de referente también por ser el siglo del que más relatos de viaje sobre España han surgido, es sin duda *un siglo viajero*. La no adaptación a los rapidísimos avances de la ciencia y de la sociedad industrializada, el llamado *mal del siglo*, provoca en el ciudadano europeo de la época un vértigo y una angustia inevitables estrechamente relacionados con la necesidad de escapar y evadirse en el espacio y en el tiempo, tanto física como mentalmente, lo que le empuja a una búsqueda constante y obsesiva de pintoresquismo. En consecuencia, en los testimonios escritos de entonces observamos una transformación y exageración de la realidad en beneficio del citado exotismo, tal y como apunta

Serrano Segura: "Olvidos y exageraciones en los relatos, no ajenos en absoluto a un mercantilismo nada romántico, contribuyeron a configurar una España inventada que todavía se detiene en las imágenes arquetípicas del extranjero medio más de cien años después" (1993: 3).

En efecto esta imagen inventada de la España de la pandereta y el trabuco se afianza durante ese siglo debido, en buena parte, a los numerosísimos relatos de viaje que se escriben. Y, a medida que avanza el siglo del romanticismo, se va fijando e impregnando en el imaginario colectivo esta imagen idealizada de España, creada, exportada y afianzada por escritores como Byron, Irving, Gautier, Dumas, Laborde, Mérimée, Charles Davillier o Gustave Doré. Así pues, aunque durante en el siglo estrella de los relatos de viajes los viajeros consultasen guías en papel de la época[1] para preparar su viaje, la imagen literaria y estereotipada es la que más vendía y se consultaba. Incluso los propios relatos de viaje eran utilizados a modo de guía[2]. España se convirtió en un destino turístico privilegiado para sus vecinos franceses y, en consecuencia, los relatos de viaje de los escritores franceses fueron determinantes para la difusión de estos prejuicios y estereotipos en Francia y en toda Europa.

Es importante conocer esta imagen romántica de España para comprender lo que ha permanecido de ella dos siglos después y qué elementos comunes se encuentran entre dos épocas tan alejadas en el tiempo; este conocimiento nos ayudará a estudiar y comprender mejor las particulares características de los *cibergéneros* elegidos.

En comparación con sus antecedentes –los relatos de viaje clásicos– y salvando las diferencias formales que analizaremos en nuestro estudio, ya en un primer análisis superficial, hallamos conexiones temáticas interesantes con los que llamaremos los *relatos de viajes digitales,* que son, siguiendo la clasificación de Virginia González García en este libro, *blogs de autores,* en su mayor parte aficionados que usan estos géneros como diario personal. Para ello, conviene observar los usos y costumbres de la sociedad actual lo que nos llevaría a etiquetar al XXI igualmente de *siglo viajero*: el viaje, tanto real como virtual, es sin duda una costumbre difundida hoy en día en la sociedad y forma parte de la vida cotidiana. Por otro lado, en cierto sentido, podríamos encontrar bastantes similitudes entre

---

[1] Citaremos, a modo de ejemplo, la *Guía del viajero en España de 1843* de Francisco de Paula Mellado.

[2] Mencionaremos el relato de Richard Ford, que se convirtió en la guía descriptiva de viajes más utilizada y leída en el siglo XIX o el *Itinerario descriptivo de las provincias de España*, de Alexandre Laborde, uno de los relatos más estadístico y exhaustivo, de gran utilidad durante muchos años a posteriores viajeros, o también el famoso *Viaje a España* de Théophile Gautier, que sirvió de compañero de viaje de muchos otros amantes del viaje a España.

la sociedad romántica y la actual: los rapidísimos avances tecnológicos e informáticos son igualmente difíciles de asimilar por una parte de la población que no comprende o no tiene tiempo a digerir y se refugia de nuevo en el individualismo. Entre la sociedad moderna predomina también esa necesidad de evasión que toma variadas y diversas versiones: compartimos con el XIX ese deseo de viajar en el tiempo (por ejemplo, la recuperación de la memoria histórica) y la imperiosa necesidad de viajar físicamente y conocer nuevos lugares exóticos, así como la utilización de substancias artificiales o de otros adictivos para viajar con la mente... Pero no podemos tampoco afirmar que seamos iguales, puesto que la sociedad ha evolucionado enormemente en muchos aspectos fundamentales durante estos dos siglos. Destacaríamos como gran diferencia, aunque no la única, la velocidad: vivimos sin duda envueltos en una sociedad dirigida por la rapidez y la inmediatez.

Estos son temas de debate de actualidad en numerosos espacios físicos y virtuales donde se discute frecuentemente sobre la supervivencia del romanticismo en el siglo XXI o sobre las diferencias entre los ideales y el modo de vida romántico y la situación actual, con diversidad de opiniones. Citaremos el taller de la escritora gaditana Ana Rosetti en la Universidad de Almería titulado "¿Es romántico el Romanticismo?"[3], o diversos foros o *blogs* de Internet abiertos en España y Francia con preguntas del estilo "¿El romanticismo sigue vigente en el siglo XXI?"[4], "C'est quoi le romantisme au XXIe siècle?"[5] o "Le romatisme au XXIe siècle"[6].

Durante el siglo XXI los destinos turísticos son más diversificados, sin embargo, al igual que ocurría en el siglo XIX, España sigue considerándose hoy en día una visita privilegiada en Europa y, más concretamente, en Francia que es el país que nos interesa. Tal como afirma, por ejemplo, un artículo francés publicado en un anuario de artículos gratuitos de la Web en marzo del 1010, basado en datos del diario *El País,* España es el segundo destino turístico de los franceses:

> L'Espagne a consolidé en 2006 sa deuxième place mondiale en ce qui concerne le nombre de touristes, puisqu'elle a accueilli 58,5 millions de visiteurs. Ce chiffre suppose un développement de 4,5% par rapport à l'année précédente, selon les données présentées aujourd'hui par l'Organisation Mondiale du Tourisme (OMT) [...]. Le secrétaire général de l'OMT, Francesco Frangialli, a remarqué aujourd'hui que l'Es-

---

3 <http://www.universia.es/html_estatico/portada/actualidad/noticia_actualidad/param/noticia/ijgfe.html>.

4 <http://mx.answers.yahoo.com/question/index?qid=20090210063647AA7AumB>.

5 <http://fr.answers.yahoo.com/question/index?qid=20071205150331AAy2rNt>.

6 <http://dandyderuelles.blogspot.com/2009/02/le-romantisme-du-xxie-siecle.html>.

pagne a obtenu des "résultats supérieurs" que ses plus proches concurrents européens avec "développe"assez grande dans le nombre d'arrivées" face aux prochaines années (Anónimo 2010).

En otro artículo publicado en un página web titulada *Veille info tourisme* se afirma igualmente que España, Italia, Alemania, Francia e Inglaterra son los cinco primeros países europeos en números de noches de hotel de turistas y se asegura que el turismo europeo no conoce la crisis, afirmación que se justifica con una encuesta: "Enquête sur les intentions de voyages des européens en 2010 – Eurobarometer"[7].

Por otro lado, hallamos en la Red diversos *blogs* en lengua francesa que proponen abrir conversaciones sobre España como destino turístico. Citaremos un *blog* titulado *Si on parlait d'Espagne* que empieza así:

> L'Espagne est devenue au cours de la dernière décennie une destination phare, et pour cause. Il y en a pour tous les goûts: amateurs d'art, d'histoire et de tourisme, vous serez comblés. Pour ceux qui préfèrent le côté plage, soleil, détente, tapas, vous n'en serez pas moins déçus. Alors, si on parlait Espagne[8]?

Si bien, como comprobaremos, la oferta y la demanda son muy variadas y diversificadas, y el atractivo de nuestro país ha evolucionado y se ha ampliado con el tiempo, la citada imagen tradicional del XIX ha sobrevivido en la actualidad como reclamo de turistas que buscan en España un país moderno y de contrastes pero igualmente pintoresco y exótico como el que describían los relatos, novelas y guías de los siglos precedentes.

Observaremos, en un primer lugar, la imagen de España que se exporta actualmente en la Web para analizar así la imagen recibida por los turistas franceses y como lo expresan digitalmente: es decir, las opiniones, comentarios, relatos, diálogos... de algunos internautas francófonos sobre sus viajes a España.

2. Imagen exportada de España a turistas francófonos en Internet

Si estudiamos las guías de viaje que se le ofrece actualmente en la Red al viajero de nuestro país en lengua francesa comprobaremos que los aspectos más destacados de España son prácticamente los mismos que se alababan en los relatos del

---

[7] <http://www.veilleinfotourisme.fr/66654425/0/fiche_pagelibre/&RH=1223377672109>.

[8] <http://vacancesespagne.uniterre.com/>.

siglo XIX, o sea, el clima, el sol, la cultura y el folclore, el arte y la cocina, aunque actualmente se da una mayor y especial importancia a la fiesta:

> Espagne, l'esprit de la fête. L'Espagne de soleil, Espagne de plage, mais aussi Espagne de la fête et des nuits blanches[9].

> L'Espagne est vraiment un pays de rêve... La clémence du climat et l'omniprésence du soleil en font une "destination détente" de premier choix. Mais l'Espagne, c'est bien plus que ça! [...] le pays possède une culture et des traditions profondément ancrées dans le cœur de ses habitants [...]. Cependant, un trait de caractère réunit tous les Espagnols: l'esprit de la fiesta [...]. L'Espagne nous livre aussi une cuisine raffinée [...]. L'Espagne, c'est le mélange étonnant du soleil, de l'art et de la fiesta[10].

Sin embargo, como hemos comentado, hay diferencias considerables entre los dos siglos. Por ejemplo, la gastronomía no era uno de los aspectos más elogiados por los viajeros del siglo XIX, más bien al contrario... Además, en la última página web citada y en otras similares, se intenta ofrecer al turista francés algo más que la España típica, añadiendo que el privilegiado destino turístico es eso y mucho más: "un país de contrastes y de multitud de posibilidades". En efecto, la imagen que más vende actualmente en Internet es la de la diversidad y la de la heterogeneidad:

> On pense évidemment à la corrida ou au flamenco. Mais, la culture espagnole va bien au-delà de ces clichés de carte postale. D'ailleurs, on devrait plutôt dire les cultures espagnoles... [...]. La "celtitude" galicienne s'oppose à l'héritage arabe de l'Andalousie[11].

> Bienvenue en Espagne, pays qui évoque pour beaucoup le soleil et les vacances au bord de la mer méditerranée. Mais l'Espagne c'est beaucoup plus que ça: riche d'un passé historique et culturel très anciens [...][12].

Las últimas campañas publicitarias españolas van en esa dirección. En la página oficial de turismo de España se han seleccionado las imágenes promocionales que intentan resumir la oferta turística de nuestro país y se incide en aspectos como el clima y el mar, la familia, la cultura y la tradición, el arte la moda y el diseño, la modernidad, la naturaleza, la gastronomía y, como novedad, el últi-

---

[9] <http://www.voyagia.com/>.

[10] <http://www.linternaute.com/voyage/espagne/>.

[11] <http://www.linternaute.com/voyage/espagne/>.

[12] <http://espagne.americas-fr.com/>.

mo atractivo del país que se ofrece como reclamo turístico desde que ganamos la copa del mundo: el fútbol[13].

Tras observar la imagen oficial de España exportada actualmente en Francia a través de la Web realizaremos un análisis tanto formal como temático de algunos documentos, relatos y comentarios para observar las particularidades de estos *cibergéneros*, así como las diferentes opiniones, sensaciones, interpretaciones, intervenciones... de los viajeros actuales, siempre en relación con el género de relato de viajes clásico tomado como punto de referencia. Los nuevos medios de expresión escrita virtuales cooperativos, entre los que destacamos los *blogs* y los foros por su relevancia en el sector turístico actual, tienen funciones muy diversas, tales como la propaganda turística y la exportación de imágenes, estereotipos, prejuicios... La última tendencia, sin embargo, es, como se ha visto antes, la de decantarse cada vez más por la publicidad a través de otros *cibergéneros*.

3. Los cibergéneros: *blogs* y foros

Como hemos comentado, la revolución informática y tecnológica de los últimos tiempos ha convivido con cambios de mentalidad y de costumbres fundamentales; una evolución a la que los modos y medios de expresión y de comunicación, al igual que prácticamente todos los sectores de la sociedad, se han ido adaptando. En el mundo del turismo, nuestro centro de interés, han proliferado nuevos géneros para la promoción turística: las páginas web son utilizadas como medio de difusión y publicidad unilateral por muchas agencias oficiales de turismo, ayuntamientos o gobiernos. y por una gran mayoría de establecimientos hoteleros u otras empresas turísticas. Pero, además de estas páginas, actualmente podemos hablar de una variadísima gama de posibilidades bilaterales e incluso tridimensionales muchos más participativas y en consonancia con la filosofía de la Red: como todos sabemos en Internet se parte de la base del concepto de colaboración y de participación, motivo de la creación de nuevos espacios y medios comunicativos interactivos escritos y audiovisuales. Así lo explica el *Informe Horizon: Edición Iberoamericana* de 2010 que afirma que las tecnologías de la Web 2.0 han transformado el campo de los medios de comunicación "haciendo confluir distintas herramientas que permiten la creación, la clasificación y el intercambio de contenidos generados por el usuario. Imágenes, vídeos, clips de audio, *podcasts*, presentaciones multimedia, etc. son hoy medios plenamente accesibles para cual-

[13] <http://www.spain.info/es/>.

quier internauta". Es relativamente cada vez más fácil para cualquier usuario consultarlos pero también "producirlos, clasificarlos, crear, colecciones compartidas, comentarlos, valorarlos, etc.". Por otro lado, tal y como afirma el citado informe, "el uso de estos medios amplía enormemente la diversificación de fuentes de información y la disponibilidad de recursos multimedia".

En realidad, hemos pasado de ser receptores y consumidores pasivos de una información más reducida y dirigida (lectores de libros o espectadores televisivos, por ejemplo) a poder elegir entre una variedad mucho más elevada de posibilidades, teniendo además la posibilidad de elegir entre mantenernos en esa pasividad o intervenir activamente[14].

Según el glosario de la biblioteca virtual de google[15], un *blog* es básicamente "un sitio web periódicamente actualizado que recopila cronológicamente textos o artículos de uno o varios autores", donde hay libertad de expresión pero en el que "el autor conserva el privilegio de dejar publicado lo que crea pertinente"; el nombre *bitácora* está basado en los cuadernos de bitácora, cuadernos de viaje que se utilizaban en los barcos para relatar el desarrollo del viaje y que se guardaban en la bitácora. La palabra *bitácora* se utiliza preferentemente cuando el autor escribe sobre su vida propia como si fuese un diario, contando una experiencia vivida o redactando un relato de viaje y publicándolo en la web: este sería el descendiente directo del relato de viajes clásico. En el año 2005 la Real Academia Española de la Lengua introdujo el término *blog* en el *Diccionario panhispánico de dudas.*

Sin embargo, la definición exacta de *blog* es compleja, pues su tipología es muy variada y tan amplia que incluso "se ha llegado a afirmar que cada *blog* es un mundo" (Larrondo 2005). En efecto, como comprobaremos en nuestro estudio, la escritura en *blogs* de Internet es muy peculiar, puesto que "va encadenando los textos a medida que estos se renuevan y completan con contenidos y comentarios de los lectores"[16]. Gracias a esta interacción se puede generar un debate alrededor de sus contenidos, además de ofrecer cualquier otra información complementaria. También suelen ir acompañados de sumarios de enlaces (*blogroll*) a otros *weblogs*, reenviando, a su vez, a otros recursos específicos de la Red: los vínculos hipertextuales hacia otras fuentes de información que dentro del macrosistema de Internet son fundamentales y enriquecen el *blog* originario. Normalmente cada *blog* tiene un autor principal y se centra en un tema concreto,

---

[14] Así lo explica recientemente el gran especialista en medios de comunicación Henry Jenkins en una entrevista (<http://www.henryjenkins.org/>).

[15] <http://sites.google.com/site/cursobibliotecavirtual/glosario>.

[16] Según se indica en: <http://www.wikilearning.com/curso_gratis/periodismo_digital-weblog_y_periodismo/29570-1>.

suele retroalimentarse, actualizarse y mostrar una presentación cronológica inversa.

La expansión de *weblogs* ha sido realmente espectacular en los últimos tiempos en todo el mundo. El fenómeno ha alcanzado tal magnitud que "se ha situado en el punto de mira de numerosos expertos de diversas disciplinas para quienes la expansión de la *blogosfera* supone una auténtica revolución y un verdadero mercado en expansión" (Morales Moreno 2007). Es más, tal como afirma Orihuela (2003), "el *weblog* representa una particular forma de expresión que promueve la colaboración –voluntaria, asíncrona y pública– de los usuarios en la comunicación. Esta interrelación entre el emisor y receptor –o, si se prefiere, entre el *blogger* y el internauta– es caracterizada como un proceso comunicativo abierto que ha sabido consagrarse como alternativa al paradigma tradicional de los medios de comunicación, de carácter jerárquico y unidireccional". Con estas herramientas digitales y muchas otras, cada vez más innovadoras e interactivas, se le ofrece al lector/consumidor un gran abanico de posibilidades de intervención, participación y argumentación desconocidos anteriormente y, gracias a este sistema participativo, se consigue atraer a un público mucho más variado –incluso el más joven, que no hay que menospreciar como actual y futuro consumidor– y este gran potencial no debe ser obviado por los principales sectores económicos entre los que se sitúa el turismo.

Otro *cibergénero* que analizaremos, muy relacionado y con puntos en común con el *blog*, es el foro. Ambos son espacios de discusión y de intercambio de ideas pero su funcionamiento es distinto en su naturaleza: un *blog* es básicamente un espacio personal creado por un individuo que acepta las contribuciones de otros internautas para mejorar su espacio, mientras que el foro es un espacio público que propone un tema de partida y espacios de discusión o de intercambio de ideas donde todo el mundo puede participar libremente. Aparte de esta base inicial diversa, la mayoría de características citadas pueden hallarse igualmente en los foros: la asincronía, la colaboración voluntaria, la retroalimentación, los enlaces internos a otros espacios web... Aunque los foros son formalmente menos flexibles son "herramientas virtuales que, por el número de usuarios o la frecuencia de uso, más éxito ha tenido después del correo electrónico y del chat" (Pérez *et al.* 2004).

Remontándonos de nuevo al origen de la palabra y tal como la define la Real Academia Española, el término *foro* puede tener diferentes acepciones, entre las cuales destacaríamos que es el lugar adecuado para oír las causas en los tribunales, así como la reunión para "discutir asuntos de interés actual ante un auditorio"; aunque también se puede definir el *foro* como un contrato o incluso como la misma plaza donde se trataban antiguamente los negocios públicos y los juicios. En efecto, *foro* ha sido desde tiempos remotos sinónimo de diálogo, mediación y pacto, considerándose un espacio público fundamental para el curso de la vida en sociedad. Y los foros de Internet no son más que los descendientes modernos de estos foros de la antigüedad.

Pérez Sánchez (2005) define el foro virtual como "un espacio de comunicación formado por cuadros de diálogo en los que se van incluyendo mensajes que pueden ir clasificados temáticamente". Esta estructura formal permite su uso en los más diversos sectores y con los más variadas usos e intenciones: "existen foros de todo tipo, desde grupos de científicos que trabajan sobre temas de alta especialización, hasta aquellos otros de carácter más bien lúdico o de ocio, como pueden ser los turísticos, culinarios, deportivos, etc.". En este mismo sentido, Sainz (2009) señala que "los foros son aplicaciones web que permiten mantener discusiones de una manera muy viva por medio de textos consecutivos en torno a un texto principal" y "pueden ser espacios de discusión, de intercambio de ideas y como tales, ayudar al individuo a cotejar sus propios esquemas de pensamiento con los de otros, con las realidades que le rodean, propiciando de esa manera el desarrollo del pensamiento crítico". Por lo general, a diferencia de los *blogs*, los foros toman sentido si complementan un sitio web. Son espacios que invitan a los usuarios a compartir libre e informalmente informaciones relacionadas con la temática propuesta: a partir de las discusiones se forman con frecuencia comunidades sobre un tema o interés común discutido. Las conversaciones de los foros virtuales suelen ser moderadas por un coordinador o dinamizador que se encarga, comúnmente, de introducir el tema, formulando la primera pregunta, animar a participar y guiar, dar la palabra, pedir explicaciones y sintetizando lo expuesto antes de cerrar la conversación.

El foro de Internet es "rico y amplio desde el punto de vista de que puede abordar temas variadísimos, promueve en mayor medida la libertad de expresión, ayuda a crear relaciones interpersonales muy estrechas, favorece la formación de comunidades, conecta a los usuarios incluso más allá de la Red, etc". Además cabe citar que, en general, en estos los foros "se suele cuidar más la calidad de los textos que en otros espacios comunicativos actuales" (Sanz Gil/Baynat 2008).

Por otro lado, es una herramienta que, al igual que el *blog*, se puede utilizar y consultar libremente y en cualquier momento: las aportaciones de los demás participantes quedan recogidas permanentemente y pueden ser respondidas cuando se desee. Gracias a esta característica –la asincronía– existe un mayor grado de reflexión sobre las intervenciones y la respuesta a estas; ya que "permite mantener comunicación constante con personas que están lejos, sin necesidad de coincidir en los horarios de encuentro en la Red, superando así las limitaciones temporales de la comunicación sincrónica (como un chat, que exige que los participantes estén conectados al mismo tiempo) y dilatando en el tiempo los ciclos de interacción, lo cual, a su vez, favorece la reflexión y la madurez de los mensajes"[17].

En definitiva, los foros virtuales y los *ciberblogs* son espacios comunicativos que, junto con otros, han entrado a formar parte activa de la vida de los ciudadanos, convirtiéndose en nuevos e interesantes *cibergéneros* de usos variados y multidisciplinares.

4. *Blogs* y foros franceses sobre España

4.1. Del relato de viajes clásico al relato de viajes digital

Hemos hallado ciertas semejanzas entre las sociedades de los dos siglos analizados: el siglo más prolifero en relatos de viajes clásicos (el XIX) y el XXI, el siglo de Internet y de la creación de nuevos espacios y géneros entre los que se encuentran los que hemos llamado "relatos de viajes digitales". En cierto sentido, podríamos comparar el desconcierto, la incomprensión y los grandes cambios de vida y de mentalidad que supuso la revolución industrial decimonónica con la revolución informática y tecnológica que estamos viviendo en la actualidad. En consecuencia, los viajeros de ambos siglos tendrían algo en común: en efecto, tal y como hemos comentado, nos encontramos actualmente con una especie de resurrección de ciertas ideas, temas y sentimientos románticos. Pero, aunque haya intereses y objetivos compartidos, la sociedad y los avances tecnológicos han evolucionado vertiginosamente y, con ellos, los medios de expresión utilizados.

Tal como afirma Cañizo Rueda, definir el género "relato de viajes" y, sobre todo, marcar sus límites dentro de la literatura es una tarea muy compleja, pues, de un modo comparable a las múltiples posibilidades que ofrece actualmente la Web, "el universo de relato de viajes se expande hasta abrumarnos. Relatos de viajes son casi todas las grandes obras de la literatura universal" (1997: 1). Añade, no obstante, que se trata de un género real y de igual prestigio y calidad que otros, y que, a pesar de poseer como característica innata la intertextualidad que dificulta la delimitación de sus fronteras y que le ha llevado a un frecuente menosprecio, existe como tal y no debe ser confundido con otros géneros literarios en los que solo aparece el viaje como tema. Cañizo Rueda consigue ofrecernos una acertada definición de lo que sería la literatura de viajes:

---

[17] <http://www.foroswebgratis.com/mensaje-re_puede_un_foro_virtual_fundamentar_la_ense%C3%83%E2%80%98anza-175166-2579982-1-6874456.htm>.

> Se trata de un discurso narrativo-descriptivo en el que predomina la función descriptiva como consecuencia del objeto final que es la presentación del relato como un espectáculo imaginario, más importante que su desarrollo y su desenlace. Este espectáculo abarca desde informaciones de diversos tipos hasta las mismas acciones de los personajes (ibid.: 14).

Los cambios de la era digital han transformado de tal modo los géneros literarios que podemos afirmar que el *relato de viajes digital* es, en realidad, una quimera. En efecto, este género no existe tal y como se concibe y define la literatura de viajes a lo largo de la historia, puesto que lo que encontramos actualmente en la Red es formal y conceptualmente diferente: tanto en extensión como en estructura, formato y modo de lectura.

Podríamos afirmar, sin embargo, que el género de la literatura de viajes que hemos denominado clásica tampoco ha desaparecido sino que se ha desfragmentado y reconvertido en otros modos de expresión, dando paso a nuevos relatos de viajes diferentes que no podrían ya calificarse como tales, desde la concepción tradicional del género. En definitiva, pensamos que el género simplemente ha evolucionado a partir de un tronco común, adaptándose a los nuevos tiempos, al igual que se han transformado los demás ámbitos de la vida cotidiana, y, gracias a Internet, ha derivado no en uno sino en varios *cibergéneros* en los que aparecen relatos o textos de características similares. En la base compartida se halla, no obstante, un eje vertebrador común: la intencionalidad. Todo viajero ha querido y quiere compartir con sus relatos sus experiencias, revivirlas, dar a conocer a sus lectores lo que ha visto y vivido, conocer a los otros y, de este modo, por contraste conocerse a sí mismo. En este sentido no hemos cambiado tanto, pues, como veremos en los foros y *blogs* que vamos analizar, además de las semejanzas encontradas en ambos tipos de relatos de viajes, los viajeros serán siempre curiosos descubridores del otro y los del siglo XXI, a pesar de las diferencias, tienen mucho puntos en común con sus antecesores en cuanto a experiencias vividas y modos de compartirlas.

En los nuevos y recientes *cibergéneros* hallamos rasgos lingüísticos, léxicos y discursivos similares a los de los relatos de viajes: a menudo la literatura de viajes ha sido considerada a lo largo de su larga historia como un género literario menor, debido principalmente a su carácter popular y, en ese sentido, los universos virtuales son igualmente espacios populares en los que se da menos importancia al estilo lingüístico, la corrección o la precisión léxica, en beneficio de la función comunicativa. En efecto, lo importante, en muchas ocasiones, en los nuevos soportes digitales, no es cuidar el estilo ni la corrección del lenguaje sino que la comunicación sea efectiva y llegue, de un modo u otro, al receptor. Además, la principal característica que nos define en este siglo –la velocidad– conlleva una inmediatez intrínseca que deja menos tiempo a la reflexión y que provoca que los textos contengan un mayor número de incorrecciones lingüísticas, errores y numerosas marcas de oralidad: características estas últimas y muy frecuentes también en la literatura de viajes, hecho que ha contribuido a la poca consideración de este género literario e incluso a su menosprecio.

La característica principal del que hemos llamado *relato de viajes digital* es que se ha fragmentado el relato de viajes clásico y ya no sobrevive entero, como única unidad, sino subdividido o fraccionado en micro-relatos e incluso desperdigado en diálogos o testimonios aislados que cuentan experiencias, comentarios, opiniones, inquietudes.... Sin embargo, podemos encontrar fragmentos de estos relatos digitales que, si los analizamos, ofrecen similitudes básicas con el género de relatos clásico tal y como lo definía Cañizo Rueda (1997): aparecen también discursos narrativo-descriptivos en los que predomina la función descriptiva y que tienen como objeto final la presentación del relato del viaje como un espectáculo imaginario con informaciones de diversos tipos, incluidas las mismas acciones de los viajeros; así ocurre en muchos *blogs* en los que los viajeros relatan y comparten sus experiencias de viaje al estilo de los relatos de viaje tradicionales.

4.2. Rasgos de los relatos de viajes clásicos en foros y *blogs* de Internet en lengua francesa con la temática del viaje a España

Para realizar nuestro estudio hemos elegido como base representativa de análisis 40 conversaciones de visitados foros de viajes franceses y 20 *blogs* con la misma temática: el viaje a España. Con el contenido de ellos y ayudados con el programa FileMaker Pro[18] hemos elaborado un corpus de 8706 palabras que hemos almacenado en la citada base de datos COMET.VAL. Una vez compilado el corpus y gracias a la herramienta WordSmith Tools[19] hemos podido obtener más datos interesantes de concordancias, frecuencias y listados de palabras que nos han permitido sacar conclusiones sobre estos *cibergéneros*, tanto a nivel formal como de contenido.

Empezaremos citando algunos ejemplos de los *blogs* y foros seleccionados y compilados en nuestra base de datos con el fin de ilustrar nuestras hipótesis de evolución desde los relatos clásicos a los modernos. En efecto, en los testimonios digitales analizados encontramos una característica fundamental del género

---

[18] FileMaker Pro es una herramienta informática que sirve para crear bases de datos relacionales.

[19] WordSmith Tools es un programa de análisis de concordancias.

de la literatura de viajes clásica: la intertextualidad. Este rasgo inherente a los relatos de viajes es también una característica intrínseca a la comunicación en la Web, puesto que, como hemos comentado anteriormente y todos sabemos, Internet funciona normalmente con textos que se hibridan y enriquecen con otros, y que ofrecen a menudo enlaces a otros escritos o enlaces de diversa naturaleza. Mostraremos algunos ejemplos de esa intertextualidad encontrados, principalmente, en los foros analizados:

> Bonsoir essayez le site espagnol niumba.com[20].

> Bonjour Je laisse quelques liens afin que vous puissiez organiser votre prochain voyage de camping que vous apportez à la Catalogne. http://www.campingsclick.com/campings_cataluña[21].

> Pour ceux que ça peut intéresser, je viens de mettre en ligne mon journal de voyage en Catalogne et Communauté Valencienne [...]. Vous le trouverez à l'adresse suivante: http://jc.chabanis.free.fr/...atalogne_valence.htm[22].

Aunque es menos común que en los foros, en algunos *blogs* de nuestro corpus hemos hallado también enlaces a otras páginas web o plataformas, e incluso invitaciones a participar con un comentario de los que mostraremos algunos ejemplos ilustrativos:

> Bienvenue sur le site de Rosas en Espagne. www.roses-info.net est un site d'informations destiné aux francophones qui soient vivent sur place soit viennent en vacances à Rosas[23].

> Elles sont enfin arrivées!! Les photos du voyage en Espagne avec les 4ème4 de l'an dernier. Cliquez sur le lien suivant pour découvrir tout ça:
> Photos du voyage en Espagne.
> N'hésitez pas à laissez vos commentaires, soit directement sur Picasa (mais il faut créer un compte pour ça) ou bien directement sur le *blog*[24].

Otra característica común en la mayoría de *blogs* de viajeros seleccionados es la importancia de los propósitos del emisor o de la autobiografía: en contraste

---

20 <http://voyageforum.com/v.f?post=2369590;search_string=voyage%20en%20Espagne>.

21 <http://voyageforum.com/v.f?post=1672955;search_string=voyage%20en%20Espagne>.

22 <http://voyageforum.com/v.f?post=2056352;search_string=voyage%20en%20Espagne>.

23 <http://vacancesespagne.uniterre.com/>.

24 <http://davidfirmin.blog4ever.com/blog/articles-cat-262910-477990-voyage_en_espagne.html>.

con algunos intentos de objetividad, la mayoría de relatos de viaje se suelen acompañar de confesiones personales y subjetivas. Mostraremos algunos ejemplos de *blogs* de nuestro corpus:

> Nous avons roulé environ 1h30 avant de nous poser dans une forêt de pins. Petit coup de spleen: "C'est pas drôle d'être que tous les trois, Maman nous manque!"[25].
>
> Réveil en douceur en plein centre-ville avec les cloches des églises et un joli soleil! Et les pétards qui explosent toute la journée mais on ne comprend pas à quoi ça sert, même les habitants ne savent pas ce que c'est[26]!
>
> Il faut savoir que je suis allée en Espagne dans un but bien précis, qui me touche énormément, je voulais revenir sur les origines de mes ancêtres avant l'Algérie, et bien j'ai été bien récompensée pour un début[27].

En consecuencia, en los relatos de viaje clásicos el viajero diseña y trata de explicar la imagen de las sociedades visitadas siempre en relación con su propia realidad e identidad; así ocurre igualmente en los siguientes ejemplos de relatos de viaje extraídos una vez más de los *blogs* analizados:

> Les plaques des noms de rues sont très jolies, c'est bien plus sympa qu'en France[28].
>
> Avec des éoliennes partout sur toutes les montagnes en pierre (mais vraiment partout), ce qui nous étonne par rapport en France mais vu le vent qu'il y a par ici[29].

En la mayoría de relatos de viaje se crean espacios dentro del discurso destinados a la admiración y esta característica no es ajena tampoco a los textos analizados donde hallamos numerosos adjetivos calificativos y expresiones de entusiasmo y admiración; como por ejemplo:

> Nous avons donc profité pleinement de notre première soirée espagnole, à la carte: cidre et tapas!!![30]

---

[25] <http://voyageforum.com/voyage/blog_notre_futur_voyage_en_espagne_D2337994/>.

[26] <http://tripjuillet2008.blogspot.com/>.

[27] <http://arzewville.doremiblog.com/>.

[28] <http://www.dinoutoo.com/blog-grenoble/julien_mon-Road-Trip-en-Espagne_L-Espagne%2C->.

[29] <http://tripjuillet2008.blogspot.com/>.

[30] <http://monnuagetvleblog.20minutes-blogs.fr/archive/2010/11/02/premiers-pas-en-espagne.html>-

> Gaudi a su méler [*sic*] l'utile à l'artistique. C'est fantastique[31].
>
> [...] super semaine de vacances, beau temps,super propre, bien manger, idéal pour famille avec enfants!![32]
>
> J'adoooooooooore aller dans les bars et me mélanger à la population locale autour d'un verre de Cerveza![33]

También es frecuente, en ambos soportes, la presentación de materiales que sirvan para enriquecer diversas áreas de conocimiento: geográficos, históricos, económicos, políticos, de la naturaleza, antropológicos y religiosos.

Por otro lado, en los dos casos se trata de textos escritos a menudo durante el trayecto o al finalizar este, pero con precipitación y sin demasiada reflexión, lo que conlleva una mayor frecuencia de errores de contenido o lingüísticos y un mayor acercamiento a la oralidad, aspectos que ejemplificaremos en el siguiente apartado.

Otra característica común en los viajeros de todos los siglos es la de ilustrar sus viajes con grabados o, a partir del siglo XIX, de fotos que ilustran sus relatos. Además, encontramos también frecuentes intentos de transcribir palabras o frases aprendidas por los viajeros en la nueva lengua (aquí, el español) con numerosas incorrecciones y, algunas veces, con la traducción de la palabra extranjera insertada en el texto:

> J'aime bien ça et la police ("Guarda Civil")[34].
>
> Voilà les dernières nouvelles. Ce soir, Noche vieja (nouvel an avant l'heure) et dans la semaine autre post pour vous parler de mon voyage à Granada[35].
>
> À la prochaine, viva España!!![36]

Algunos viajeros lo intentan incluso con la lengua catalana:

> A més m'agrada molt parlar català!!![37]

---

31 <http://www.dinoutoo.com/blog-grenoble/julien_mon-Road-Trip-en-Espagne_L-Espagne%2C>.

32 <http://voyage-bons-plans.aufeminin.com/forum/voyagesespagne/_f710_voyages espagne-Ibiza-c-est->.

33 <http://voyageforum.com>.

34 <http://tripjuillet2008.blogspot.com/>.

35 <http://carnets-de-salamanque.eklablog.fr/blabla-et-recap-de-mon-voyage-en-galice-a860459>-

36 <http://www.dinoutoo.com/blog-grenoble/julien_mon-Road-Trip-en-Espagne_L-Espagne%2C->.

37 <http://voyageforum.com/v.f?post=3532109;search_string=voyage%20en%20Espagne>.

En otros casos estos diálogos transcritos le sirven al turista para demostrar que, según su opinión, en ocasiones los españoles fingen no comprenderle por el hecho de ser extranjero; estos comentarios son bastantes comunes en los relatos de viajeros que visitan el país sin intentar integrarse en él: un ejemplo ilustrativo de este caso es el relato de viaje por España (*De Paris à Cadix*) del conocido Alexandre Dumas cuyas críticas y burlas hacia el país y sus habitantes son muy duras, aunque se van suavizando a medida que va avanzando el viaje y se va "españolizando". Sin embargo, además de un medio de crítica proveniente de ideas preconcebidas *del otro* instaladas en el imaginario colectivo, este tipo de comentarios son un recurso para añadir un toque de humor a los relatos, así se observa en la supuesta transcripción de este diálogo por parte de un *cibernatura* en su *blog*:

> Les gars essaient de commander une bière:
> –Cervezas?
> –Servicios? répond la serveuse.
> –Beers…?
> Elle comprend mais:
> –Tubo o cana?
> –Euh…
> –Momentito…

Y, para finalizar, diremos que tanto en los relatos de viaje tradicionales como en los *modernos* –los más similares son los *ciberblogs*– el escritor se dirige al lector interpelándolo o incluso dialogando ficticiamente con él: en los primeros este no tiene la opción de responderle física e inmediatamente, sin embargo la innovación de Internet permite que se establezca con frecuencia este diálogo, si no inmediato, sí cercano en el tiempo; ya hemos hablado anteriormente de esta característica digital de la asincronía. La interactividad es, en consecuencia, uno de los motores clave que han hecho evolucionar, desviarse y transformarse al género clásico reconvirtiéndolo en algo nuevo, de soporte digital, pero con similitudes de naturaleza, función e intencionalidad.

4.3. Análisis de los foros y *blogs* franceses sobre España seleccionados

En los testimonios almacenados en nuestra base de datos COMET.VAL podemos observar que los temas más comunes en las conversaciones analizadas de los foros de Internet seleccionados se relacionan mayoritariamente con los alojamientos, los destinos turísticos, los transportes, las fiestas, el clima o el turismo al aire libre:

> Alors si quelqu'un connait un camping (bungalows) ou un hôtel pas cher. Nous sommes 4 et nous aimerions en avoir pour pas plus de 50 euros la nuit (pour nous tous!)[38].

> Après cela, nous allons prendre un verre et manger une méga paella dans un resto spécialisé dans le riz, une merveille. Tout comme le cadre, un patio illuminé rempli de verdure[39].

> Au programme, soleil, bonne humeur, glaces? et oui, i que calor! [...][40].

> Nous avons donc loué une voiture et roulé, roulé, roulé jusqu'à Vigo (juste à côté de Pontevedra sur cette carte)[41].

> Je suis parti par la biais de playa y fiesta pour le nouvel an 2010 avec 4 amis[42].

En efecto, analizando el listado de frecuencias léxicas obtenido gracias al citado programa WordSmith, podemos apreciar que, aparte de una gran cantidad de vocablos frecuentes relacionados con el propio sistema de funcionamiento del *blog* o del foro (*répondre, message, posté* o *alerté* son las primeras palabras del listado de frecuencia, repetidas 112, 83, 83 y 82 veces respectivamente), las palabras más comunes en los textos analizados nos muestran los centros de interés turísticos más habituales de los viajeros franceses actuales:

1. El viaje y las vacaciones: *vacances* (145 veces), *voyage* (153 veces).
2. Los lugares de interés turístico: *ville* (141 veces), *mer* (60 veces), plage (59 veces), *site* (59 veces), *village* (45 veces veces), *côte* (35 veces), *musée* (33 veces), *cathédrale* (30 veces).
3. Los destinos turísticos españoles: *Espagne* (251 veces), *Ibiza* (62 veces), *Barcelone* (73 veces), *Madrid* (39 veces).
4. El clima: *temps* (69 veces), *jour* (63 veces), *été* (36 veces), *janvier* (36 veces), *soleil* (59 veces).
5. El alojamiento: *camping* (48 veces), *palais* (41 veces), *hôtel* (35 veces).
6. La fiesta: *nuit* (66 veces), *gens* (29 veces), *fête* (13 veces).

---

38 <http://voyageforum.com/v.f?post=2105041;search_string=voyage%20en%20Espagne>.

39 <http://www.dinoutoo.com/blog-grenoble/julien_mon-Road-Trip-en-Espagne_L-Espagne%2C->.

40 <http://3eme-espagne-2008.skyrock.com/>.

41 <http://carnets-de-salamanque.eklablog.fr/blabla-et-recap-de-mon-voyage-en-galice-a860459>.

42 <http://www.routard.com/forum_message/692399/playa_y_fiesta.htm>.

7. Los tranportes: *route* (47 veces), *train* (46 veces), *parking* (32 veces), *vélo* (31 veces), *gare* (29 veces).
8. Los acompañantes del viaje: *famille* (43 veces), *personnes* (34 veces), *gens* (29 veces), *voyageurs* (24 veces).
9. La gastronomía: *déjeuner* (30 veces), *repas* (21 veces), *restaurant* (24 veces), *table* (24 veces).

El hecho de que las palabras *voyage* (viaje) y *vacances* (vacaciones) sean las más frecuentes en nuestro corpus nos permite concluir que el viaje se asocia actualmente a menudo al descanso, el relax y el tiempo libre. Los motivos para realizar cualquier viaje son variadísimos y dependen de las realidades, necesidades, intereses o condiciones de los viajeros. Sin embargo, en la tradición literaria hallamos menos relatos viajes en los que la finalidad sea exclusivamente el ocio y podemos afirmar que, puesto que hay más posibilidades de viajar en la actualidad, también se encuentra más variedad de relatos de viaje, no solamente desde el punto de vista formal y estructural sino también desde el temático.

Por otro lado, la evolución lingüística de la escritura favorecida por las nuevas tecnologías hace que, sobre todo en los testimonios de los más jóvenes, aparezcan muy a menudo escritos en la nueva *jerga digital* tan común entre este colectivo y que no para de evolucionar, que es motivo de numerosos estudios y que, por su frecuencia de uso, acabará, queramos o no, por modificar la escritura clásica. En nuestro corpus –en especial de foros–, encontramos inevitablemente ejemplos que contienen este tipo de escritura tan cercano a la oralidad y cada vez más alejado del dogmatismo:

> ouai c sur ibiza a changé mais si tu passe une saison la bas , tu verras que c est cosmopolite, ouvert d'esprit , il y a des bons plans qd tu gratte plus loin que le bout du nez, moi j ai jamais payé 65 c'est de la folie c sur mais fo etre malin, en tou cas il y a tro de truc a voir et a faire[43].

> Fais gaffe, sans être parano, dans les refuges. Il y a vraiment des crapules qui hantent le Camino qui savent que tu transportes tous tes biens sur toi ou dans ta banane[44].

Además, en textos ortográficamente más normalizados, como el de la última cita, encontramos igualmente un gran número de vocablos de argot o palabras

---

[43] <http://voyage-bons-plans.aufeminin.com/forum/voyagesespagne/_f710_voyages espagne-Ibiza-c-est->.

[44] <http://www.routard.com/forum_message/2384029/via_de_la_plata_%28et_camino_sanabres%29.htm>.

coloquiales que acercan igualmente a este tipo de producciones escritas a la oralidad; como por ejemplo: *info* (24 veces), *sympa* (20 veces), *vélos* (8 veces), *balade* (7 veces), *resto* (6 veces) *super* (6 veces). Y, como era de esperar, también numerosos anglicismos: *trip* (39 veces), *road* (36 veces), *addictrip* (10 veces), *cost* (10 veces), *end* (10 veces).

En general, la mayoría de turistas franceses, al igual que en otras épocas, se sienten agradablemente sorprendidos por su visita a España y nutren frecuentemente sus relatos con vocablos que demuestran este entusiasmo: el adverbio *très*, por ejemplo, se repite en 160 ocasiones en nuestro corpus; la palabra *beau* aparece en 25 ocasiones, su femenino *belle* en 38; y los adjetivos *magnifique* y *superbe*, en 16 y 6 respectivamente.

En cuando a los foros, son muy diversos. Algunos de ellos son, como la mayoría de *blogs*, una especie de relatos de viaje: están escritos por viajeros que comparten sus experiencias viajeras; pero muchos otros son usados por cibernautas que aún no han visitado España y piden información sobre aspectos diversos (campings u hoteles en la zona a visitar, dudas sobre las condiciones atmosféricas o la ropa a elegir para el viaje, qué medio de transporte elegir, qué actividades deportivas se pueden practicar, cómo vestirse, qué excursiones se pueden hacer o qué monumentos visitar, cómo son las fiestas…) y, sobre todo, para contactar con otras personas, posibles futuras compañeras de viaje:

> salut...
> je suis a la recherche d'un partenaire pour aller escalader dans les pyrénées ou catalogne dans le moi de mars.
> je suis basé a Toulouse et aimerai partir en vélo..
> si ca motive quelqu'un... c'est parti[45].

> Je suis une fille âgée de 20 ans, j'habite en Hongrie à Budapest. Je cherche des personnes qui veulent voyager en Espagne en février pour une ou deux semaines. Si vous êtes interessé(e) ou vous avez des questions n'hésitez pas à me contacter[46].

Y, para terminar, comentaremos que en nuestro corpus hemos hallado también bastantes foros comerciales, creados o aprovechados por profesionales de agencias de viajes, otras empresas o particulares que quieren informar pero también vender sus productos o servicios:

45 <http://voyageforum.com/v.f?post=4009042;search_string=voyage%20en%20Espagne>.
46 <http://voyageforum.com/v.f?post=2233669;search_string=voyage%20en%20Espagne>.

> Je vous propose la location d'un studio, à Torrevieja (Alicante), Costa Blanca, en bord de mer, dans une résidence privée avec piscine.
>
> Prix à la semaine: 300 euros en pleine saison (Juin à Septembre)[47].

> pour 3 nuits, l'année dernière on a été au goya park à santa margarita à 200 m de la plage (environ 5 km de rosas) et cette année pour les vacances 1ère quinzaine d'aout on à l'hôtel montecarlo qui est en bordure de mer[48].

> si tu veux partir en Espagne, je te propose de la visiter en solo: pas de guide ni de conseils. Comment? C'est simple, va voir http://www.azureva.com/espagne/archives.php3. Tous les liens et reportages que tu y découvriras te montreront les meilleurs endroits à ne pas manquer ainsi que les bons plans dans la belle andalouse, ils y sont décrits avec beaucoup de détail que tu auras l'impression de connaître le pays depuis toujours[49].

5. Conclusiones

La primera conclusión a la que hemos podido llegar, tras nuestro análisis previo, es que los siglos XIX y XXI son comparables y cercanos en ciertos aspectos, y que la imagen romántica de España sigue predominando en el presente en los relatos de los viajeros, aunque la dispersión del género y la evolución de la sociedad la haga convivir con muchas otras complementarias. En efecto, podemos afirmar que esta imagen se mantiene actualmente gracias a los que hemos llamado los *relatos de viajes digitales*, pues consideramos que, actualmente, en su esencia más pura, el género de la literatura viajes no ha desaparecido: los testimonios de viajeros que podemos encontrar en la actualidad en la Red aparecen diseminados entre diversos *cibergéneros*, entre los que destacan los *blogs* y los foros. Los que hemos llamado *relatos de viaje digitales* serían, en realidad, los herederos modernos de sus antecesores reemplazándolos funcionalmente: el inevitable fruto de su necesaria evolución y revolución social y digital.

En nuestro corpus hemos obtenido una muestra de los testimonios y relatos escritos en la actualidad por los viajeros francófonos antes, durante o después de su viaje a España. Por un lado, hemos observado que lo que más se asemeja a los

47 <http://voyage-bons-plans.aufeminin.com/forum/voyagesespagne/_f3785_voyages espagne-Vacances>.

48 <http://voyage-bons-plans.aufeminin.com/forum/voyagesespagne/_f947_voyages espagne-Qui-connait>.

49 <http://voyage-bons-plans.aufeminin.com/forum/voyagesespagne/_f710_voyages espagne-Ibiza-c-est->.

relatos de viajes *clásicos* son los *blogs* en los que los viajeros relatan con detalle sus experiencias de viaje a modo de diarios, pero también hemos analizado los comentarios de otros usuarios de Internet a esos relatos y la interacción de los foros donde los internautas se comunican con otros viajeros informándoles o aconsejándoles sobre el destino turístico o sobre detalles del viaje: itinerarios, lugares de visita recomendada, experiencias, curiosidades del país, gastronomía, medios de transporte, consejos, gente, fiestas, hábitos…

Tras el análisis de nuestro corpus podemos concluir que algunas de las características fundamentales del género de la literatura de viajes clásica están presentes en los textos objeto de estudio, es decir: la intencionalidad, la intertextualidad, la subjetividad, la necesidad de compartir y revivir sus experiencias de viaje, el deseo de los viajeros de conocer *al otro* y –en el fondo– a sí mismos, el diseño de la imagen de las sociedades en relación con la propia realidad e identidad, la presentación de información de diferentes ámbitos (geográficos, históricos, económicos, políticos, naturales, antropológicos o religiosos), la escritura precipitada, el uso de imágenes ilustrativas de los relatos (grabados o fotos) o las interpelaciones directas al lector.

También hemos encontrado similitudes lingüístico-discursivas entre los relatos de viajes clásicos y los modernos, entre las cuales: el predominio de la descripción, el uso de discursos admirativos, la utilización de un lenguaje popular o de marcas de oralidad, la frecuencia de errores de contenido o lingüísticos, el uso de extranjerismos o el intento de aprender y enseñar al lector algunas palabras o frases de la lengua española.

Sin embargo, como hemos podido observar, existen características intrínsecas a los *cibergéneros* que añaden particulares específicas al este supuesto nuevo género de *relato digital* y lo hacen evolucionar, como son: la interactividad, la asincronía, el uso de vocablos relacionados con el propio sistema de funcionamiento del *blog* o del foro, la velocidad, la asociación del viaje al ocio, la multiplicidad de modos de viajar, los variados alojamientos, los nuevos medios de transporte y la diversidad de intereses turísticos. En cuanto al lenguaje utilizado en los *cibergéneros*, según nuestro estudio podemos concluir que son características comunes de los *blogs* y foros relacionados con el viaje a España: la fragmentación de los discursos, la creación de comunidades, el uso cada vez más frecuente de argot y de extranjerismos así como la utilización de un nuevo *ciberlenguaje* menos normativo pero más comunicativo y cercano a la oralidad.

El estudio de frecuencias léxicas de nuestro corpus nos ha permitido comprender mejor el funcionamiento y las particularidades de los *cibergéneros* objeto de estudio, conocer un poco más a los turistas franceses actuales en España y estudiar cuáles son sus preferencias, necesidades e intereses, y el tipo de lenguaje utilizado por estos en sus relatos y testimonios de viaje. En efecto, el viajero del siglo XXI se interesa principalmente por aspectos del viaje a España relacionados con el viaje en sí y las vacaciones, los lugares de interés turístico del país, ciudades turísticas españolas concretas, el clima, el alojamiento, la fiesta, los transportes, los compañeros de viaje y la gastronomía.

Exceptuando algunos casos particulares, en general, la mayoría de los turistas franceses cuyos testimonios hemos seleccionado, incluso los más jóvenes, poseen y exportan en sus relatos una imagen positiva de España y consideran que los españoles les tratan muy bien y hacen esfuerzos por comprenderlos. Además, a pesar de los impresionantes cambios formales y de contenido citados, y de que los viajeros actuales se hayan modernizado en muchísimos aspectos, de nuestro análisis se desprende que la imagen tradicional y romántica de España que analizamos al principio del nuestro artículo, tal y como suponíamos, sigue permaneciendo en el imaginario colectivo y predetermina muchos de los juicios, opiniones y comentarios de los turistas actuales.

Para terminar, comentaremos que hemos hallado foros y *blogs* muy diversos y variados: algunos de ellos son casi verdaderos relatos de viaje clásicos donde los viajeros comparten sus experiencias viajeras, aunque más cortos que estos, pero muchos otros son usados para pedir información sobre diversos aspectos del viaje a España (campings u hoteles en la zona a visitar, condiciones atmosféricas, vestimenta, medios de transporte, actividades deportivas, excursiones, monumentos, fiestas…) y, sobre todo, para contactar con otras personas, posibles compañeras de viaje. En nuestro modesto corpus hemos encontrado también bastantes foros comerciales, creados o aprovechados por agencias de viajes, otras empresas o particulares para informar o vender sus productos y servicios.

En definitiva, no podemos ignorar la magnitud de Internet en la vida actual y su influencia e impacto en el desarrollo turístico tanto para los profesionales del sector como para los consumidores. Muchos son los espacios descubiertos y por descubrir en la Red pero, sin ninguna duda los *blogs* y foros son dos *cibergéneros* interesantes para el sector, tanto a nivel empresarial y comercial como a nivel personal de los propios viajeros que se comunican cada vez más a menudo por medio de los diferentes espacios comunicativos de la Web y que, en muchos casos, han reemplazado el papel por el ordenador. Pensamos que es interesante seguir rastreando, estudiando y analizando los *relatos de viaje digitales* y otros espacios virtuales relacionados con el turismo, ya que son buenos indicativos del estado actual del sector y nos ayudan a comprender mejor su evolución y sus necesidades.

Referencias bibliográficas

Anónimo (2010): "L'Espagne se maintient comme la deuxième destination touristique du monde", <http://www.articlonet.fr/article_2051818.html> (última fecha de consulta: 13-I-11).

Alcaraz Varó, Enrique (2000): *El inglés profesional y académico*. Madrid: Alianza.

Arango Muñoz, Martha Luz (2004): *Foros virtuales como estrategia de aprendizaje,* <http://www.rlcu.org.ar/revista/numeros/02-02-Abril-2004/documentos/Arango.pdf> (última fecha de consulta: 20-I-2011).

Blood, Rebecca (2000): "Weblogs: A History and Perspective", en: *Rebecca's Pocket*, <http://www.rebeccablood.net/essays/weblog history.html> (última fecha de consulta: 12-X-05).

Brito, Vivina (2004): *El foro electrónico: una herramienta tecnológica para facilitar el aprendizaje colaborativo (The Electronic Forum: A Technological Tool that Fosters Cooperative Learning)*, <http://www.uib.es/depart/gte/edutec-e/revelec17/brito_16a.htm> (última fecha de consulta: 20-I-2011).

Cañizo Rueda, Sofía (1997): *Poética del relato de viajes*. Kassel: Reichenberger.

De Amicis, Edmondo (2000): *España, diario de un turista escritor*. Edición y traducción de Irene Romera. Madrid: Cátedra:

Dumas, Alexandre (1989): *De Paris à Cadix*. Paris: François Bourin.

Fombona, Javier (2004): *Foro virtual: sus límites y posibilidades en el proceso de enseñanza-aprendizaje*. Barcelona: EDUTEC, <http://eqaula.org> (última fecha de consulta: 20-I-2011).

García-Montón G.-Baquero, Isabel/García-Romeral, Carlos (2000): "Viajeros americanos en Andalucía durante los siglos xix y xx", en: *Revista Complutense de Historia de América* 26, 261-279, <http://147.96.1.15/BUCM/revistas/ghi/11328312/articulos/RCHA0000110261A.PDF> (última fecha de consulta: 30-I-2011).

Gautier, Théophile (1981): *Voyage en Espagne*. Paris: Gallimard.

Informe Horizon: Edición Iberoamericano 2010 (2010): El New Media Consortium/Universitat Oberta de Catalunya, <http://wp.nmc.org/horizon-ib-2010/secciones/tecnologias/>.

Larrondo Ureta, Ainara (2005): "Presencia del formato weblog en los cibermedios: una aproximación a sus usos y funciones", en: *Revista Latina de Comunicación Social* 60, <http://www.ull.es/publicaciones/latina/200539larrondo.htm> (última fecha de consulta: 22-I-2011).

Mérimée, Prosper (1983): *Carmen*. Paris: Gallimard.

Monmarché, Marcel (1927): *Espagne*. Paris: Hachette (Guides bleus).

Morales Moreno, Albert (2007): "Estudio sobre la variación *weblog*, *blog* y *bitácora* en discursos de diferente grado de especialidad", en: *Debate Terminológico* 3 (revista del RITERM).

Orihuela, José Luis (2003): "En medio de los medios: *weblogs* y periodismo", en: *Jornadas Presente y Futuro del Periodismo Digital*. Facultad de Ciencias Sociales y de la Comunicación de la Universidad del País Vasco (Leioa), 17 y 18 de diciembre.

Accesible en el portal de bitácoras web de *blogs*: <http://mccd.udc.es/orihuela/web-deblogs/periodismo.htm> (última fecha de consulta: 12-X-2005).

Pérez Sánchez, Lourdes (2005): *El foro virtual como espacio educativo: propuestas didácticas para su uso*, <http://www.quadernsdigitals.net/datos_web/hemeroteca/r_1/nr_662/a_8878/8878.html> (última fecha de consulta: 30-I-2011).

Pérez, Ramón/Álvarez, Emilio/García, Marta Soledad/Pascual, María Ángeles (2004): "Foro virtual: Sus límites y posibilidades en el proceso de enseñanza-aprendizaje", <http://www.lmi.ub.es/edutec2004/pdf/183.pdf>.

Sainz, Itzel (2009): *Los foros virtuales como herramienta de reflexión y desarrollo del pensamiento crítico: del planteamiento a la realidad*, <http://macyte.wordpress.com/2009/11/08/los-foros-virtuales-como-herramienta-de-reflexion-y-desarrollo-del-pen samiento-critico-del-planteamiento-a-la-realidad/> (última fecha de consulta: 20-I-2011).

Sanz Gil, Mercedes/Baynat, María Elena (2008): "Los Foros de Discusión como espacio de intercomunicación y ayuda en la Enseñanza-Aprendizaje del FLE", en: *La culture de l'autre: l'enseignement des langues à l'université*, <http://cle.ens-lyon.fr/.../com.univ.collaboratif.utils.LectureFichiergw?ID>.

Serrano Segura, María del Mar (1993): "Viajes y viajeros por la españa del siglo xix", en: *Cuadernos Críticos de Geografía Humana*, 18, 98, septiembre.

Shepherd, Michael/Watters, Carolyn (1998): "The Evolution of Cybergenres", en: Sprague, Ralph (ed.): *Proceeding from the 31th Hawaii International Conference on System Sciences*. Los Alamitos (CA): IEEE-Computer Society, 97-109.

Soler Pascual, Emilio (2006): "El trabuco romántico. Viajeros franceses y bandoleros españoles en la Andalucía del siglo xix", en: *La cultura del otro: español en Francia, francés en España*. Sevilla: APFUE/SHF/Departamento de Filología Francesa de la Universidad de Sevilla/Universitat d'Alacant.

Sprague, Ralph (ed.): *Proceeding from the 31th Hawaii International Conference on System Sciences*. Los Alamitos (CA): IEEE-Computer Society.

Suau Jiménez, Francisca (1998): *La traducción empresarial*. Valencia: Universitat de València (Colección Lynx).

Swales, John M. (2002): *Genre Analysis: English in Academic and Research Settings*. Cambridge: Cambridge University Press.

Villanueva, Marí Luisa/Luzón, María José/Ruiz-Madrid, María Noelia (2008): *Understanding digital genres as semiotic artefacts: Meaning and cognition beyond standardised genres*. Computers and Composition Online Journal. Fall Issue. Elsevier.

VV. AA. (2005): *Urban Dictionary*, <http://www.urbandictionary.com/define.php?term=2005>.

Páginas electrónicas, foros y *blogs* visitados

<http://www.veilleinfotourisme.fr/66654425/0/fiche_pagelibre/&RH=1223377672109> (última fecha de consulta: 13-I-11).

<http://vacancesespagne.uniterre.com/> (última fecha de consulta: 12-IV-2010).

<http://www.voyagia.com/> (última fecha de consulta: 12-IV-2010).

<http://www.universia.es/html_estatico/portada/actualidad/noticia_actualidad/param/noticia/ijgfe.html> (última fecha de consulta: 10-IV-2010).

<http://mx.answers.yahoo.com/question/index?qid=20090210063647AA7AumB> (última fecha de consulta: 10-IV-2010).

<http://fr.answers.yahoo.com/question/index?qid=20071205150331AAy2rNt> (última fecha de consulta: 10-IV-2010).

<http://dandyderuelles.blogspot.com/2009/02/le-romantisme-du-xxie-siecle.html> (última fecha de consulta: 10-IV-2010).

<http://www.henryjenkins.org/> (última fecha de consulta: 12-IV-2010).

<http://voyageforum.com> (última fecha de consulta: 24-I-2011).

<http://voyage-bons-plans.aufeminin.com/forum/voyagesespagne/_> (última fecha de consulta: 22-I-2011).

<http://www.routard.com> (última fecha de consulta: 20-I-2011).

<http://jc.chabanis.free.fr/voyages/catalogne_valence.htm> (última fecha de consulta: 21/01/2011).

<http://vacancesespagne.uniterre.com/> (última fecha de consulta: 21-I-2011).

<http://tripjuillet2008.blogspot.com/> (última fecha de consulta: 21-I-2011).

<http://www.turismo-carboneras.com/blog/archives/11> (última fecha de consulta: 21-I-2011).

<http://voyageforum.com/voyage/blog_notre_futur_voyage_en_espagne_D2337994/> (última fecha de consulta: 21-I-2011).

<http://denissalesse.centerblog.net/48-voyage-en-espagne-2010> (última fecha de consulta: 21-I-2011).

<http://animation-mfr-gencay.over-blog.com/article-comment-s-habiller-en-espagne-infos-voyage-> (última fecha de consulta: 21-I-/2011).

<http://davidfirmin.blog4ever.com/blog/articles-cat-262910-477990-voyage_en_espagne.html> (última fecha de consulta: 24-I-2011).

<http://ladyde.unblog.fr/tag/voyage-en-espagne/> (última fecha de consulta: 24-I-2011).

<http://monnuagetvleblog.20minutes-blogs.fr/archive/2010/11/02/premiers-pas-en-espagne.html> (última fecha de consulta: 24-I-2011).

<http://vacancesespagne.uniterre.com/entry_tags.php?id=465&w=vacancesespagne> (última fecha de consulta: 24-I-2011).

<http://www.mon-travel-blog.fr/2010/05/27/que-faut-il-mettre-dans-ma-valise-pour-mon-voyage-> (última fecha de consulta: 24-I-2011).

<http://3eme-espagne-2008.skyrock.com/> (última fecha de consulta: 24-I-2011).

<http://www.dinoutoo.com/blog-grenoble/julien_mon-Road-Trip-en-Espagne_L-Espagne%2C-> (última fecha de consulta: 24-I-2011).

<http://carnets-de-salamanque.eklablog.fr/blabla-et-recap-de-mon-voyage-en-galice-a860459> (última fecha de consulta: 24-I-2011).

<http://arzewville.doremiblog.com/> (última fecha de consulta: 24-I-2011).

<http://jiel.unblog.fr/mai-08-espagne/> (última fecha de consulta: 30-I-2011).

<http://blog.ebookers.ch/fr/2010/12/21/un-invierno-en-mallorca/#more-4156> (última fecha de consulta: 30-I-2011).

<http://www.foroswebgratis.com/mensaje-re_puede_un_foro_virtual_fundamentar_la_ense%C3%83%E2%80%98anza-175166-2579982-1-6874456.htm> (última fecha de consulta: 18-IV-2011).

<http://sites.google.com/site/cursobibliotecavirtual/glosario> (última fecha de de consulta: 18-IV-10).

<http://www.wikilearning.com/curso_gratis/periodismo_digital-weblog_y_periodismo/29570-1> (última fecha de de consulta: 18-IV-10).

E-LIBROS DE VISITAS: ESTUDIO DE HOTELES FRANCESES Y ESPAÑOLES

MERCEDES LÓPEZ-SANTIAGO
Universitat Politècnica de València

1. Introducción

El turismo constituye uno de los pilares esenciales de la economía mundial. Esta industria, creadora de trabajo fijo y temporal para un gran número de personas durante todo el año, especialmente en los periodos vacacionales, representa asimismo uno de los sectores económicos que más ingresos y ganancias obtiene. En este contexto tan competitivo, la adecuada promoción de los productos turísticos (destinos, establecimientos, actividades, personal cualificado, servicios, restauración, etc.) es garantía de éxito en estos momentos de grave crisis económica. Entre las diversas herramientas utilizadas en la promoción de los servicios turísticos (guías, folletos, anuncios en televisión, radio y prensa, etc.) destaca, por su atractivo y gran eficacia, la red Internet. Esta herramienta de difusión máxima, gracias al alcance cada vez mayor de Internet, debe ser considerada con detalle debido a su indiscutible valor y a su creciente presencia en todos los ámbitos sociales, tanto profesionales como particulares. Su mayor importancia radicaría precisamente en este factor: su omnipresencia en nuestra vida, tanto laboral como privada.

Gracias a Internet, miles de hoteles promocionan sus instalaciones y servicios a través de sus propias páginas web, como el Hôtel des Roys o el Hôtel Le Corbusier; mediante las que recogen la opinión y valoración de los clientes sobre alojamientos turísticos, como *TripAdvisor* y *Venere*; por medio de servicios online de reserva de vuelos y hoteles, como *Expedia* y *Hoteles.com*; o de las páginas web de las Oficinas de Turismo, como *Turisvalencia* o *Turismomadrid*. Por otra parte, cada día, miles de internautas utilizan Internet para encontrar información sobre viajes, hoteles, actividades turísticas, etc.; así como para reservar hoteles y billetes de avión o de tren. Tras el viaje, muchos de estos viajeros plasman comentarios y valoraciones sobre el hotel en el que se han alojado, en *blogs*, foros de viajeros y también en los *e-libros de visitas* de los propios hoteles frecuentados durante su estancia.

En nuestro trabajo, nos centraremos únicamente en los comentarios emitidos por los clientes en las propias webs de los hoteles, en distintos apartados denominados: *comentarios de los clientes, opiniones de los clientes*; dejando de lado los portales y buscadores de hoteles como *Tripadvisor, Hoteles.com*, etc., por considerar que estos dos tipos de comentarios no deben mezclarse, ya que, en los portales y foros de opinión, los comentarios se editan para ser leídos en estos portales por miles de personas. En cambio, en las webs de los hoteles, se editan más para el hotel que para los posibles visitantes de la página oficial del hotel. Esta circunstancia no debe desdeñarse en ningún caso en el estudio que nos ocupa porque pensamos que puede influir, en gran medida, en el tono y contenido de los comentarios de opinión.

Como López Alonso (2006) pensamos que "la comunicación electrónica se ha popularizado en todos los niveles y organizaciones y, entre sus géneros, el correo representa, en la actualidad, una de las aplicaciones informáticas más utilizadas, práctica social que ha sustituido, en gran medida, a la carta, al fax o al teléfono". Para Alcaraz Varó (2000: 133-134), el género es un conjunto de textos, escritos u orales del ámbito profesional y académico que poseen una serie de rasgos tales como: una misma función comunicativa, un esquema organizativo similar, llamado macroestructura, una modalidad discursiva semejante, un nivel léxico-sintáctico, formado por unidades y rasgos funcionales y formales equivalentes, y unas convenciones sociopragmáticas comunes. Los comentarios electrónicos, objeto de nuestro estudio, comparten una forma externa y una serie de características comunes: todos son textos escritos; poseen la misma función comunicativa (valorar un servicio recibido); siguen el mismo esquema organizativo, en la mayoría de los casos (saludo, comentario, despedida); comparten el nivel léxico-semántico (unidades léxicas, campo temático); y, por último, su contexto sociocultural es similar (clientes y profesionales de los hoteles). Por todo ello, puede considerarse que constituyen un género, calificado como "género digital o cibergénero", ya que su medio natural es Internet. Según Jiménez (2006), la expansión del uso de Internet ha propiciado la aparición de estos géneros. Villanueva Alfonso y Sanz Gil (2009) también califican estos géneros como cibergéneros oponiéndolos a los géneros tradicionales. Entre los géneros digitales o cibergéneros presentes en la Red, tales como los correos electrónicos, los chats, los foros, etc., trataremos de ubicar los comentarios electrónicos enviados a los *livres d'or* de los hoteles de nuestro corpus. No podemos definir estos comentarios electrónicos como verdaderos correos electrónicos ya que no tienen como funciones principales, como señala Yus Ramos (2010: 244): 1) comunicar personas entre sí, de forma regular y constante, a bajo coste, y 2) publicitar y vender productos. Tampoco cabe integrarlos en los foros, especie de tablón de anuncios con noticias o petición de información, seguidas de las respuestas de otros internautas. En nuestra opinión, creemos que se sitúan en un punto intermedio entre el correo electrónico, puesto que se incorpora un formulario con elementos propios de este (remitente, destinatario, comentario) a la página del hotel para enviar el comentario, y el foro, porque los comentarios quedan expuestos para la lectura de otros visitantes de la página.

2. Descripción del corpus de referencia

En la elaboración de este trabajo, hemos seleccionado, por razones metodológicas, hoteles, franceses y españoles, de varias categorías, con el fin de abarcar diferentes tipos de establecimientos, con características específicas y distintivas. El primer escollo encontrado en este proceso ha consistido en el hecho de que no todos los hoteles, franceses y españoles, ofrecen la posibilidad de emitir un comentario en sus páginas web. Muchos de ellos, reenvían a portales, foros y buscadores de hoteles, como los ya citados anteriormente. En otros casos, los hoteles no ofrecen ni siquiera la posibilidad del reenvío a estos servicios, dificultando por tanto la selección de hoteles para este estudio. Por todas estas razones, la variedad y el número de hoteles, tanto franceses como españoles, ha sido limitada a 50 hoteles: 25 franceses y 25 españoles. El segundo escollo ha sido debido a los criterios de clasificación de los hoteles en Francia y en España, ya que no se corresponden exactamente. En España, la clasificación de los hoteles depende de cada una de las Comunidades Autónomas, ya que tienen competencia en dicha materia; sin embargo, en la práctica las diferencias entre las distintas comunidades son mínimas. Los hoteles españoles se clasifican en cinco categorías[1], de 1 a 5 estrellas. En Francia, desde 1986, los hoteles homologados se han clasificado en seis categorías desde 0 estrella (0 *étoile*) hasta 4 estrellas lujo (4 *étoiles luxe*). Esta clasificación determina la existencia de tres clases de hoteles: económicos (de 0 a 1 estrella), confort (de 2 a 3 estrellas) y gran confort (4 estrellas y 4 estrellas lujo). Pero a partir del mes de diciembre de 2008, el Ministerio de Turismo francés ha dictaminado otra clasificación[2]. Los hoteles franceses tienen hasta el año 2012 para adaptarse a esta nueva clasificación, que comprende de 1 a 5 estrellas, que se corresponderá entonces con la clasificación vigente en España y en otros países europeos, como, por ejemplo, Austria, Benelux, Eslovenia, Grecia, Italia, Portugal o Suecia (Arcarons i Simon *et al.* 2008).

En los anexos 1 y 2, se indican los hoteles franceses y los hoteles españoles seleccionados, para este trabajo, así como su clasificación y localización.

---

[1] Fuente: Confederación Española de Hoteles y Alojamientos turísticos (CEHAT).

[2] Nueva clasificación hoteles franceses: <http://www.tourisme.gouv.fr/hotel/classement.php>.

En cuanto a la ubicación de los hoteles seleccionados, hemos considerado oportuno escoger hoteles de ciudad, de playa y de montaña, con el objeto de abarcar diferentes destinos turísticos. Las ciudades son asimismo de distintos tamaños para contemplar, de esta manera, un mayor abanico de posibilidades en la tipología de los establecimientos hoteleros.

El trabajo ha consistido, en primer lugar, en la búsqueda por Internet de hoteles, franceses y españoles, de varias categorías, que contemplan la posibilidad de insertar un comentario de los clientes sobre sus servicios en su página web oficial. En segundo lugar, hemos recogido todos los comentarios que aparecían en estas páginas web para su análisis léxico y semántico. A continuación, describiremos con más detalle el proceso llevado a cabo. En las webs de los hoteles de nuestro listado existe una pestaña que permite el acceso directo al libro de visitas, *livre d'or* en francés, que recoge las opiniones y valoraciones de aquellos clientes que han querido dejar constancia de su paso por el hotel. El antecedente de estos *e-libros de visitas* es el libro de visita manuscrito que puede todavía encontrarse en numerosos establecimientos hoteleros. Algunos de estos hoteles, como el Hôtel Paris Saint-Honoré[3], Hôtel Villa Roseraie[4], el Hôtel Le Soleil d'Or[5] o el Hôtel Azur[6], permiten la visualización de sus libros de visita manuscritos, en formato PDF, en su página web oficial (Figura 1).

En ambos tipos de libros de visitas, tanto el manuscrito como el electrónico, los clientes dejan constancia igualmente de sus felicitaciones, sugerencias o quejas respecto a la calidad del establecimiento, al servicio y a las atenciones recibidas durante la estancia en el hotel.

Se han seleccionado únicamente los comentarios, en lengua francesa, del año 2010, de enero a diciembre, al considerar que de esta forma obtendríamos información valiosa sobre el hotel en las distintas temporadas del ejercicio: alta, baja y fuera de temporada. Respecto a la cantidad de comentarios[7] retenidos para nuestro estudio, no hemos considerado relevante el valor cuantitativo de los mismos, sino la calidad, variedad y características de los mismos. Hemos insistido más en la tipología de los hoteles y en el reflejo de la misma en las opiniones y valoraciones de los clientes. Nuestro objetivo ha sido estudiar y analizar qué comentarios y cómo se escribe en los *e-libros de visitas* de hoteles franceses y españoles visitados por clientes francófonos.

---

[3] <http://www.paris-saint-honore.com/fr/livre.html>.

[4] <http://www.villaroseraie.com/?Francais>.

[5] <http://www.hotellesoleildor.fr/index2.htm>.

[6] <http://www.azur-hotel.fr/pdf/page1.pdf>.

[7] En total, para este trabajo hemos analizado 820 *e-comentarios* recogidos de los *livres d'or* de los hoteles españoles y franceses de nuestro corpus.

FIGURA 1
Ejemplo de *livre d'or* manuscrito del Hôtel Paris Saint-Honoré
(<http://www.paris-saint-honore.com/fr/livre.html>)

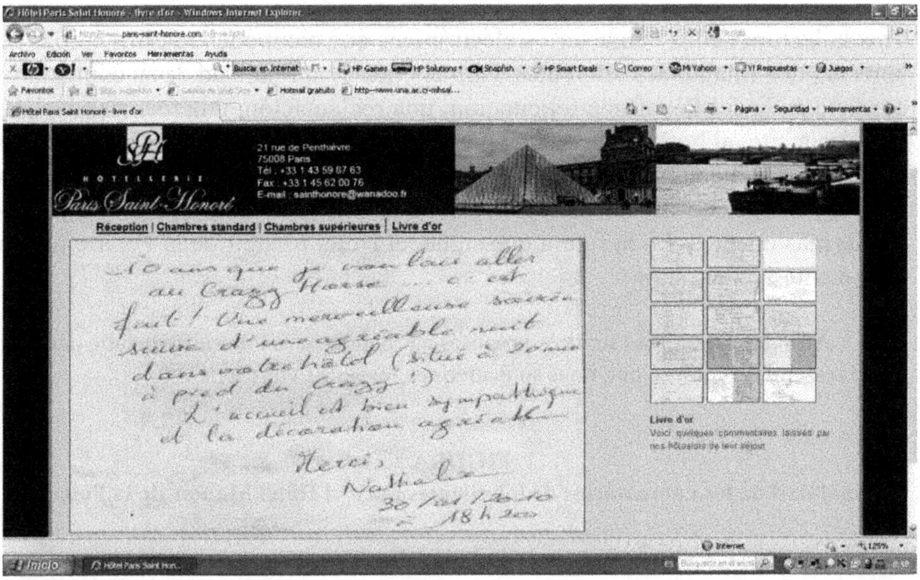

Para determinar las unidades léxicas claves, las unidades más frecuentes, las combinaciones léxicas más frecuentes, los tipos de combinación, etc., hemos utilizado el programa WordSmith[8] de Mike Scott, el cual ofrece múltiples posibilidades de explotación de un corpus de documentos, como Concord, herramienta que extrae listas de ejemplos del uso de unidades léxicas en contexto (concordancias) presentes en el corpus; y WordList, herramienta que elabora listas de unidades léxicas, por orden alfabético, de mayor a menor frecuencia o por archivo, según la frecuencia con la que aparecen en el corpus. Gracias a estas dos herramientas, hemos localizado los términos más utilizados, tales como *hôtel, personnel, agréable, calme*, que son los más importantes para los clientes; los aspectos más relevantes y los menos relevantes, tales como limpieza, ruido, calidad, cantidad y variedad en el desayuno; así como la lista de las unidades léxicas de los documentos seleccionados, con su frecuencia de uso.

[8] <http://www.lexically.net/wordsmith/>.

3. Análisis del corpus

3.1. Finalidad de los comentarios

Tras la lectura de los comentarios electrónicos que componen nuestro corpus se aprecian dos finalidades diferentes. Para el cliente, la finalidad de su comentario consiste en hacer llegar una felicitación, una reclamación, una recomendación, una queja, etc. al hotel en el que ha pernoctado unos días. Para los hoteles, gracias a estos comentarios conocen la opinión de sus clientes, así como los puntos fuertes y débiles de sus establecimientos, con el fin de mejorar el servicio y conseguir más clientes. En la figura que sigue, el Hôtel Manoir de la Poterie indica claramente esta cuestión:

> Afin d'améliorer les services proposés au Manoir de la Poterie et de faire partager le ressenti de votre séjour, nous souhaiterions recueillir votre avis[9].

FIGURA 2
Finalidad de los comentarios de los clientes para el Hôtel Manoir de la Poterie

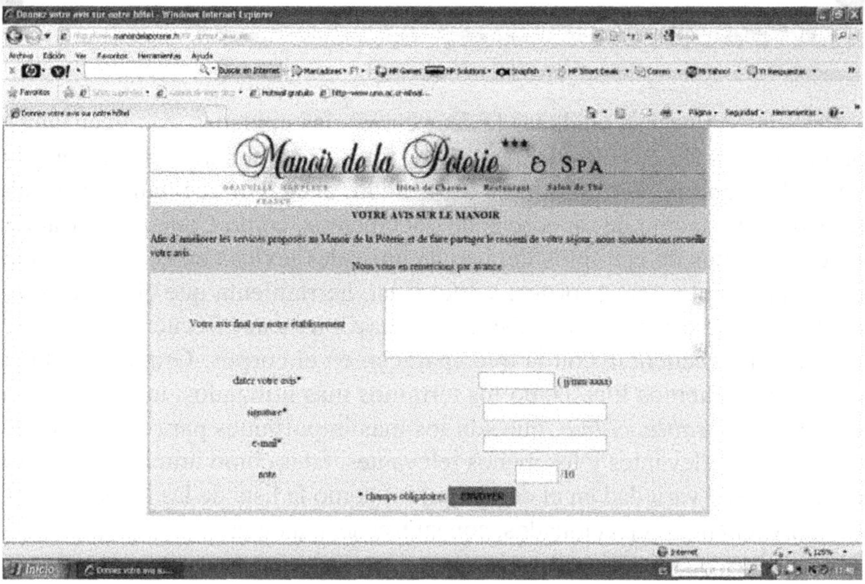

9 <http://www.manoirdelapoterie.fr/FR_donner_avis.asp>.

A continuación reproducimos el párrafo en el que, otro hotel, el Hôtel Épi d'Or, explica el uso del *livre d'or* y la importancia del mismo para este establecimiento.

> Le livre d'Or est une tradition à laquelle nous tenons. C'est votre espace.
> À contrario de vous l'ôter, l'avènement de l'ère numérique et particulièrement notre site vous le restitue. L'espace où vous pouvez nous laisser un message qui sera partagée avec l'ensemble de nos hôtes[10].

Los especialistas en publicidad y márquetin aconsejan el uso de libros de visitas (*livre d'or*, en francés) por varias razones. Además existen numerosas empresas[11] que se ocupan de la instalación y mantenimiento de estos libros de visita, que también destacan las ventajas de utilizarlos. En la página web de Hiwit[12] dedicada a suministrar servicios a los webmasters, se exponen los siguientes motivos: ofrecer a los clientes un espacio para expresar su opinión o para hacer constar simplemente que han estado en un hotel concreto; y así aumentar de manera exponencial la visibilidad del establecimiento hotelero.

Para los hoteles, las ventajas del uso de los libros de visita se concretan en los siguientes aspectos: mayor visibilidad del hotel en Internet; valoración general y particular del hotel por parte de los clientes; posibilidad de contactar directamente con los clientes que han dejado su opinión; y sobre todo, recogida de información valiosa sobre los diferentes servicios prestados. Bernard (2009), en su artículo "Hôteliers, 10 astuces pour gérer votre réputation en ligne", aconseja publicar los comentarios (buenos y malos), implicar a todo el personal del hotel, tomar nota de las sugerencias, contestar a los clientes (a todos con un mensaje visible para todos, o personalmente) para mejorar la reputación, en Internet, de los hoteles. Como ejemplo, citaremos a continuación algunas de las respuestas[13] dadas por los hoteles; en unos casos respondiendo a comentarios positivos y en otros a comentarios negativos:

---

[10] <http://www.hotel-epidor.fr/charente-angouleme-hotel/>.

[11] <http://www.swisstools.net/fr/membre/livredor.asp>; <http://www.alexguestbook.net/>; <http://www.i-services.net/membres/faq/>.

[12] <http://www.hiwit.org/>.

[13] Hemos reproducido literalmente las respuestas de los hoteles sin corregir los errores. A pesar de ellos, lo realmente importante aquí es el esfuerzo por comunicar en la lengua de los autores de los comentarios, que demuestra el verdadero interés del hotel por mantener una actitud abierta y cercana con sus clientes.

Réponse du Webmestre:
En esperant vous accueillir une prochaine fois. Merci (Hôtel L'Oustou de la Font).

Réponse de l'hôtel:
Cher client, tout d'abord j'apprécie vos commentaires sur l'hôtel Opéra, et ayant choisi de passer ses jours à Madrid. Nos espérons vous revoir très prochainement dans notre hôtel situé en plein cœur de Madrid et possède un salle de plus silencieux. Avec nos sinères amitiés, La Direction (Hotel Ópera, Madrid).

Réponse de l'hôtel:
Cher client. Nous nous excusons de n'avoir pu combler vos attentes. Nous prenons vos commentaires en considération, car nous voulons toujours nous améliorer (Hotel Best Western Carlos V, Madrid).

Réponse de l'hôtel:
Désolés pour ce petit désagrément concernant la climatisation, mais, effectivement, il y avait un problème technique, qui a été résolu à ce jour. La Direction (Hôtel Aux Tambours, Reims).

3.2. Tipos de comentarios

En nuestro trabajo, se observan dos tipos de comentarios:

1. Tipo mensaje electrónico: el cliente redacta un pequeño texto sin ningún tipo de pauta o guía por parte del hotel y sin responder a ningún cuestionario. A continuación, presentamos un par de ejemplos del formato de envío de este tipo de comentario (Figuras 3 y 4).
2. Tipo cuestionario: el cliente indica su grado de aceptación optando entre varias respuestas, con la posibilidad de adjuntar comentarios. Como ejemplo, citaremos el cuestionario del Hotel Regente Aragón de Salou. En la primera página de este cuestionario se le pide al cliente que escriba "lo que más le ha gustado" y "lo que menos le ha gustado" de su estancia en el hotel (Figura 5).

En la Figura 6, el cliente indica su evaluación general sobre el hotel (muy mal, mal, medio, bien, excelente), selecciona el tipo de hotel (básico, simple, normal, superior, excelente) e indica si lo recomendaría o no.

En la segunda página de este cuestionario, titulada "Par thèmes" (por temas), el cliente puede señalar el nivel de aceptación (muy mal, mal, medio, bien, muy bien) y añadir un pequeño comentario sobre los siguientes temas: situación, instalaciones y servicios generales, personal, tranquilidad, habitación y relación calidad-precio (Figura 7).

FIGURA 3
Modelo del formato de envío de comentario del Hôtel Bellevue
(<http://www.hotel-bellevue-mimizan.com/fr/ajouter-message.php>)

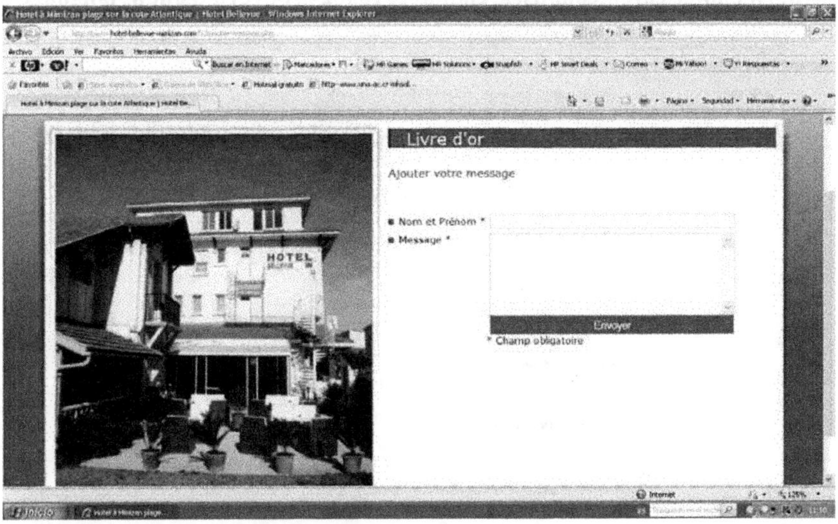

FIGURA 4
Modelo del formato de envío de comentario del Hôtel Le Colbert
(<http://www.avignon-hotel-colbert.com/
cgi-bin/guestbook/guestbook.cgi?action=add&aspm1=1295046898>)

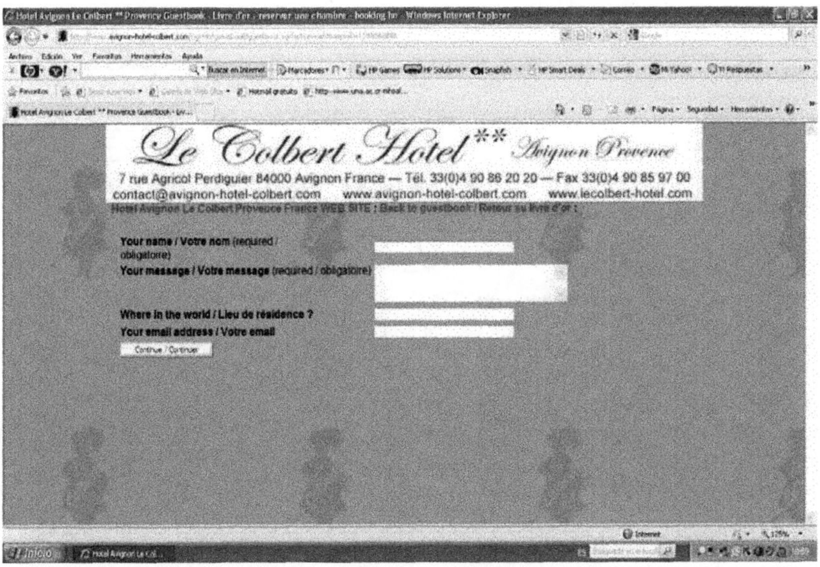

FIGURA 5
Modelo del formato de envío de comentario tipo cuestionario del Hotel Regente Aragón
(<http://ws.hotelsearch.com/hsearch/hotels/100024314/reviews/new?language=fr>)

FIGURA 6
Modelo del formato de envío de comentario tipo cuestionario del Hotel Regente Aragón
(<http://ws.hotelsearch.com/hsearch/hotels/100024314/reviews/new?language=fr>)

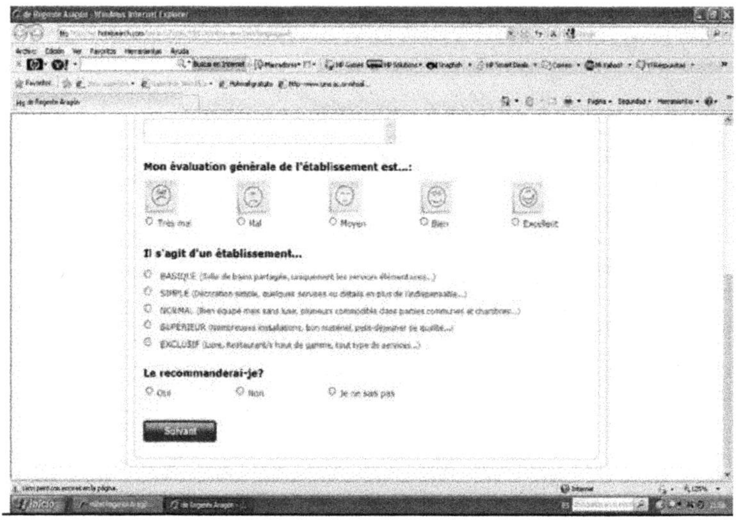

FIGURA 7
Modelo del formato de envío de comentario tipo cuestionario del Hotel Regente Aragón
(http://ws.hotelsearch.com/hsearch/hotels/100024314/reviews/new?language=fr)

FIGURA 8
Modelo del formato de envío de comentario tipo cuestionario del Hotel Regente Aragón
(<http://ws.hotelsearch.com/hsearch/hotels/100024314/reviews/new?language=fr>)

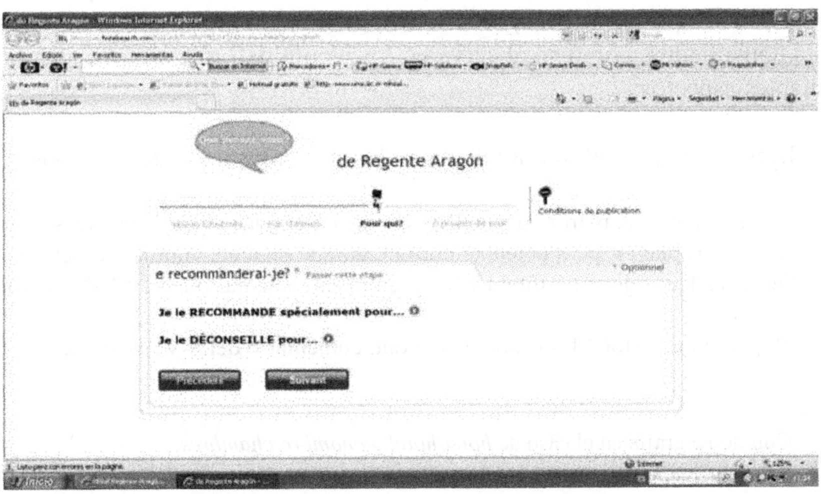

En la Figura 8, el cliente puede marcar a quién recomendaría este hotel y a quién no. Se abre un listado con las siguientes posibilidades: jóvenes, jubilados, familias, parejas, amantes del lujo, personas que buscan tranquilidad, amantes de lo clásico, amantes de lo moderno, personas con discapacidad, personas con presupuestos limitados, turismo de negocios, clientes que viajan en coche, amantes de la vida sana.

En este trabajo, tanto en el primer tipo de comentario, mensaje electrónico, como en el segundo, cuestionario, nos ocuparemos únicamente del texto escrito, en su contenido y en su forma.

3.3. Características de los comentarios

3.3.1. *Contenido*

Tras la constitución del corpus de comentarios electrónicos consignados en las páginas web de los hoteles franceses y españoles, hemos utilizado el programa WordSmith para determinar el listado de las unidades más frecuentes utilizadas. De las 5100 unidades registradas con dicho programa, hemos considerado las de mayor frecuencia. En laTabla 1, y a modo de ejemplo, reproducimos únicamente las diez unidades[14] más frecuentes, con el número de veces que han sido utilizadas cada una de ellas, en cuántos textos y el porcentaje total.

El estudio del contenido de los comentarios producidos por los clientes ha permitido constatar los diferentes campos temáticos que interesan tanto a los clientes como al gestor del hotel, y comprobar además que están estrechamente relacionados con las unidades más frecuentes, mencionadas en el párrafo anterior. Estos campos temáticos, recurrentes prácticamente en todos los libros de visita consultados, como se observa en los ejemplos[15] que siguen, abarcan los siguientes aspectos:

- Impresión general del hotel (todos los mensajes enviados son positivos):

> Hôtel très propre, patrons accueillants, très bon emplacement à quelques mètres du port et des plages, petit déjeuner correct, grande douche, vraiment hôtel très familial, excellent séjour!! (Hôtel Le Méditerranée, comentario del 10-VIII-2010).

> Tb [très bien] (Hôtel L'Oustou de la Font, comentario del 5-VIII-2010).

[14] Con doble grafía en el caso de *hôtel/hotel* y *chambre/chambres*.

[15] Reproducimos exactamente los comentarios sin corregir ninguna falta o error tipográfico.

TABLA 1
Datos obtenidos con el programa WordSmith

Unidades	Nº de ocurrencias	Nº de textos	Porcentaje
hôtel hotel	515 261	46 41	92 82
personnel	460	43	86
chambre chambres	402 83	42 29	84 58
propreté	306	25	50
services	293	23	46
qualité-prix	274	19	38
installations	272	18	36
tranquillité	262	17	34
situation	259	25	50
étoiles	206	20	40

Négatif: rien (Hotel Opera, comentario de junio de 2010).

Rien à reprocher. Tout était ok (Hotel Labienay, comentario de mayo de 2010).

Nous reviendrons! (Hotel Fontecruz, comentario del 20-VII-2010).

Beau, bon, sympathique et tellement humain, cet endroit est merveilleux [...] (Hotel Casa di Maria Cicilia, comentario del 01-VI-2010).

Tout simplement. Merci (Hôtel des Acacias, comentario del 14-II-1010).

Positif: le luxe de l'hotel, le service et la disponibilite du personnel, la tranquilité du lieu (Hotel Apsis Porta Marina, comentario de mayo de 2010).

[...] L'hotel est un bon 3 étoiles, avec le confort et le service qui va avec [...] (Hotel Monte Triana, comentario del 25-IV-2010).

[...] Bref, on a adoré. Il s'agit d'un hotel bon marché mais qui devrait être classé 4 étoiles (Hotel Monte Triana, comentario del 17-II-2010).

Bravo pour la décoration de l'établissement qui mérite une troisieme étoile (Hôtel des Roys, comentario del 19-V-2010).

- Precio del hotel (hemos encontrado mensajes positivos y negativos):

Une réception au top, une cuisine excellente, un prix incroyable et une équipe incroyablement polie, la côte d'azur devrait vraiment prendre exemple [...] (Hôtel Chez Carrière, comentario del 27-VIII-2010).

Hôtel propre, bien situé : bons rapports qualité / prix (Hotel Iris, comentario del 20-VIII-2010).

Calme et très bon rapport qualité prix (Hotel Monte Triana, comentario del 09-V-2010).

L'IVA non comprise dans le prix quand on paie à l'avance par Internet, et le prix du petit déjeuner un peu trop élevé (Hotel Moderno, comentario de noviembre de 2010).

Les chambres sont un peu petites pour le prix (en référence à Paris) [...] (Hotel Century Park, Barcelona, comentario del 18-V-2010).

La chambre calme et très moderne, décorée avec goût, pour un prix abordable (Hôtel Épi d'Or, comentario del 18-VIII-2010).

- Ubicación del hotel:

Excellent établissement calme et à deux pas du Château de Versailles et des restaurants [...]. Un hôtel à retenir absolument qui mérite trois étoiles (Hôtel Des Roys, comentario del 12-IX-2010).

[...] situation idéale au cœur du centre ville, proche des commerces, restaurants et bars (Hôtel Le Grand Hôtel, comentario del 20-VIII-2010).

Localisation top, hotel de charme, ambiance décontractée... A ne pas louper (Hotel Málaga Picasso, comentario del 21-XI-2010).

Hôtel bien situé avec vue agréable sur le port du Havre [...] (Hôtel Manoir de la Poterie, comentario del 21-II-2010).

Hotel très proche du centre ville, chambre très propre, personnel sympa, très calme la nuit [...] (Hotel Monte Triana, comentario del 17-II-2010).

- Habitaciones: tamaño y limpieza (comentarios positivos y negativos):

Chambre clame, très bonne literie. Parking pratique. Petits déjeuners simples mais suffisants (Hôtel Épi d'Or, comentario del 01-IX-2010).

[...] Chambres confortables, propres, silencieuses (ce qui est appréciable en Espagne!) [...] (Hotel Monte Triana, comentario del 09-V-2010).

Négatif: Décoration des chambres (Hotel Aparthotel Tribunal, comentario de noviembre de 2010).

Chambre un peu petite, mais en été on y est surtout pour dormir... (Hotel Antiga, comentario del 03-IX-2010).

Lits trop fermes (Hôtel Terraza, comentario del 09-X-2010).

Négatif: le doublé lit, j'aurai préféré un grand lit (Hotel Senator, comentario de octubre de 2010).

- Trato en recepción: amabilidad, sonrisa, empatía, disponibilidad (comentarios positivos y negativos):

Encore un agréable séjour passé grâce à votre gentillesse et toutes vos petites attentions [...] (Hôtel Le Méditerranée, comentario del 25-II-2010).

Merci pour l'accueil, les prestations et la gentillesse du personnel (Hôtel Roissy, comentario de junio de 2010).

[...] Merci encore de la qualité, du temps et de la gentillesse que vous accordez à vos clients (Hotel Casa di Maria Cicilia, comentario del 01-VI-2010).

L'accueil glacial de tout le personnel. Aucun sourire, aucun message de bienvenue (Hotel Labienay, comentario de septiembre de 2010).

- Dominio de lenguas del personal de recepción (los clientes valoran positivamente que el personal sepa hablar francés y lamentan que no lo sepan hacer):

[...] Vraiment correcte et agréable, ils parlent en plus le français ce qui n'est pas négligeable [...] (Hotel Regente Aragón, comentario de junio de 2010).

Positif: [...] on parle le français- le personnel est charmant [...] (Hotel Labienay, comentario de septiembre de 2010).

Le personnel est peu à l'aise en langue française (Hotel Puerta de Toledo, comentario de noviembre de 2010).

le personnel a du mal a s'exprimer dans une autre langue que l'espagnol, c'est dommage parce qu'il est sympathique (Hotel Málaga Picasso, comentario del 24-VI-2010).

- Nivel de ruido exterior –calle, habitación contigua, pasillos, etc.– e interior –aparato del aire acondicionado, inodoro, tuberías, etc.– (la mayoría de estos comentarios son negativos):

Négatif: le fait d'entendre tout ce qu'il se passe dans les chambres à côté (Hotel Regente Aragón, comentario de noviembre de 2010).

Négatif: "A savoir: côté rue chambre bruyante" (Hotel Rialto, comentario de octubre de 2010).

Négatif: Très mal insonorisé par rapport aux chambres voisines et au couloir (Hotel Turín, comentario de octubre de 2010).

Les chambres sont un peu petites [...] et sont plutôt mal insonorisées en intérieur (par contre très bonne insonorisation pour l'extérieur) (Hotel Century Park, Barcelona, comentario del 18-V-2010).

[...] Climatisation peu utilisée mais bruyante (Hôtel Aux Tambours, comentario del 18-VI-2010).

Négatif: 2 nuits dans la chambre 606 impossible d'y dormir bruits de ventilation-climatisation venant de la terrasse [...] (Hotel Rialto, comentario de abril de 2010).

Négatif : Très bruyant à partir du Jeudi soir jusqu'au Dimanche (Hotel Labienay, comentario de octubre de 2010).

Bonne insonorisation. Chambre refait à neuf, déco très agréable (Hôtel Épi d'Or, comentario del 16-VIII-2010).

[...] Une chambre spacieuse, très confortable et très calme donnant sur des petites cours [...] (Hôtel de la Porte Saint-Malo, comentario del 25-VIII-2010).

chambre sur cour très calme et accueillante, déco très sympathique ainsi que la salle de bain. Propreté irréprochable (Hôtel des Roys, comentario del 11-VII-2010).

- Desayunos: cantidad, precio y calidad:

[...] Le petit déjeuner etait un vrai festin [...] (Hôtel de la Porte Saint-Malo, comentario del 06-I-2010).

Un super accueil, un petit déjeuner très classe, les chambres très sympas. Un hôtel à connaître (Hôtel Le Colbert, comentario del 26-V-2010).

Négatif: le petit déjeuner n'était pas assez varié (Hotel Ópera, comentario de abril de 2010).

Négatif: le prix des déjeunes: 69 euros pour 4 (Hotel Moderno, comentario de agosto de 2010).

[…] surtout petit déjeuner à éviter cher et nul (Hotel Rialto, comentario de abril de 2010).

Négatif: Déjeuner trop cher (Hotel Rialto, comentario de febrero de 2010).

- Garaje: ubicación y precio (aquí, también hay más comentarios negativos que positivos):

Négatif: L'accès au parking (Hotel Senator, comentario de mayo de 2010).

[…] le parking n'est pas dans l'hotel mais plus loin ce qui donne un sentiment d'insécurité concernant la voiture et ce n'est pas pratique pour charger et décharger les affaires (Hotel Century Park, comentario del 29-VI-2010).

Négatif: le supplément tarifaire pour le parking (Hotel Apsis Porta Marina, comentario de septiembre de 2010)-

[…] le parking de l'hôtel est pratique, de plus le lendemain le pare-brise était nettoyé! (Hotel Monte Triana, comentario del 03-XI-2010).

- Canales de televisión:

[…] pas de chaine internationale a la télévision (Hotel Aparthotel Tribunal, comentario de diciembre de 2010).

Aspects négatifs: les chaines proposées sur la télé (pas de chaines françaises) (Hotel Terraza, comentario del 24-III-2010).

Aspects négatifs: pas assez de chaines francaise (Hotel Terraza, comentario del 01-IX-2010).

Positif: […] le nombre de chaines de l'énorme écran plat de la chambre (Hôtel des Acacias, comentario del 27-X-2010).

- Servicio de Internet en el hotel (se valora aquí sobre todo la gratuidad de este servicio; se critica su lentitud o que no haya este servicio en el hotel):

L'accès gratuit au Wi-Fi [...] (Hôtel Le Grand Hôtel, comentario del 20-VIII-2010).

la connexion Wifi gratuite et performante [...] (Hôtel Le Grand Hôtel, comentario del 16-IX-2010).

[...] Wifi et poste Internet gratuit [...] (Hotel Monte Triana, comentario del 17-II-1010).

[...] Et en + l'Internet est gratuit ;) (Hôtel Eden Cannes, comentario del 27-I-2010).

Négatif: Internet: pas de haut débit, très lent (Hotel Moderno, comentario de mayo de 2010).

Négatif: l'accès au Wifi qui était très faible et que je n'arrivais jamais à obtenir (Hotel Aparthotel Tribunal, comentario de abril de 2010).

Négatif: L'absence totale d'internet (Hotel Rialto, comentario de diciembre de 2010).

3.3.2. *Forma*

En los dos modelos de comentarios electrónicos definidos en este trabajo, mensaje libre y respuesta a un cuestionario (con posibilidad de añadir algunas líneas), como ya hemos descrito en el apartado 3.2, nos ocuparemos únicamente del texto redactado por los clientes, dejando para otro estudio las respuestas a un cuestionario porque son valoraciones numéricas (de 0 a 5; de 0 a 10) o apreciativas (*très mal, mal, moyen, bien, très bien)* y no implican una producción escrita por parte de los clientes del hotel.

En primer lugar, indicaremos que los textos escritos no tienen ni el mismo tamaño ni la misma estructura, debido a razones técnicas, como el espacio limitado del comentario; y a razones sociolingüísticas, cada cliente presenta unas características diferentes respecto a varias cuestiones: grado de conocimiento de la lengua (gramática, puntuación, estilo), manejo de los mensajes electrónicos (control del teclado y de las opciones ofertadas en las páginas de los hoteles) y condiciones en las que se ha redactado el mensaje (ambiente distendido o no, tiempo dedicado a la redacción, estado emocional del cliente: agradecido, satisfecho, eufórico, enfadado, molesto, etc.).

Por otra parte, tenemos que señalar que el formato de varios *livres d'or* condiciona y determina en gran medida la redacción del comentario. Así, en aquellos cuestionarios en los que se demanda indicar los aspectos positivos y los negativos, y, en aquellos en lo que se pide escribir lo que más y menos ha gustado. La reacción más habitual del cliente es, en estos casos, la de enumerar dichos aspectos, como se puede observar en estos ejemplos:

> Aspects positifs: espace détente spa la vue; Aspects négatifs; chambres mal insonorisées (Hôtel Terraza).
>
> Positif : L'accueil, sauna, piscine couverte (Hotel Regente Aragón).
>
> chambres superbes, petit-déj fabuleux, piscine chauffée, resto excellent (Hôtel Manoir de la Poterie).

Salvando estas limitaciones, los comentarios electrónicos redactados por los clientes comprenden desde textos formados por una o dos unidades léxicas, por una o varias líneas, por un párrafo y, finalmente, por varios párrafos reproduciendo, en algunos comentarios, el formato de una carta convencional.

En el primer caso, reseñamos comentarios[16] compuestos de una única unidad:

- Sustantivo: **tranquillité** (Hotel Málaga Picasso); **Félicitations** (Hôtel Les Carrettes); **l'accueil** (Hotel Moderno); **merci** (Hôtel les Carrettes).
- Adjetivo: **calme** (Hotel Málaga Picasso); **Excellent** (Hotel Cordial); **Génial** (Hôtel Manoir de la Poterie).

Los clientes han escrito comentarios compuestos de dos unidades:

- Determinante + sustantivo: **le calme** (Hotel Turín); **la localisation** (Hotel Moderno); **le bruit** (Hotel Apsis Porta Marina).
- Sustantivo + adjetivo: **accueil moyen** (Hotel Málaga Picasso); **situation géographique** (Hotel Terraza).
- Adjetivo + sustantivo: **Superbe Hôtel**!!! (Hôtel Champlain); **Excellent hotel** (Hôtel des Acacias); **Beau standing** (Hotel Regente Aragón).
- Adverbio + adjetivo: **bien située** (Hotel Regente Aragón).

Glosamos comentarios compuestos de tres unidades:

[16] Reproducimos siempre literalmente todos los comentarios, sin corregir ningún error.

- Sustantivo + adverbio + adjetivo: **chambre très lumineuse** (Hotel Apsis Porta Marina).
- Adverbio + adjetivo + sustantivo: **Très bon établissement** (Hôtel Manoir de la Poterie); **TRES BON SEJOUR**[17] (Hôtel Aux Tambours).
- Adverbio + adverbio + adjetivo: **Toujours aussi satisfait** (Hôtel des Acacias); **Très bien situé** (Hotel Rialto).

En el segundo caso, comentarios de una línea, se corrobora la idea enunciada más arriba de que los autores no tienen, a veces, en consideración las reglas ortográficas y de puntuación. Creemos, como López Alonso (2006) que la función predominante de estos textos es la comunicativa, por encima de la expresión y corrección sintácticas. La mayoría de los autores de estos comentarios escriben como hablan, sin un plan previo del texto: redactan como si pensasen en voz alta. Para López Alonso (2006), esta imperfección formal no "puede considerarse como un desprestigio sino como una marca de género". A este apartado, corresponderían las frases sin verbo y con varios sustantivos, como, por ejemplo:

> La literie, la salle de bain, l'accueil, la propreté, la piscine sur le toit (Hotel Regente Aragón).

> le confort, la situation de l'hôtel, la propreté, et la disponibilité du personnel (Hotel Turín).

> l'accueil, la piscine, le calme (Hotel Málaga Picasso).

También las frases sin verbo, pero con sustantivos y adjetivos, como, por ejemplo:

> Excellent accueil de l'ensemble des personnels, endroit chic et simple à la fois (Hôtel Champlain).

> Petit hôtel très agréable et sympathique (Hotel Málaga Picasso).

No todos los comentarios han sido redactados con incorrecciones, hemos recogido frases cortas sintácticamente correctas que sintetizan de manera clara y precisa la opinión de los clientes, tales como:

> nous reviendrons (Hotel Fontecruz).

---

[17] Escrito con mayúsculas en el texto original

je ne sais pas (Hotel Apsis Porta Marina).

Ne changez rien. C'est très bien. (Hôtel Manoir de la Poterie).

super accueil, nous reviendrons! (Hôtel Bellevue).

En los ejemplos siguientes, los clientes han redactado frases más largas, con algunos errores ortográficos y sintácticos:

Hotel tres bien situe, personnel acceuillant, chambre spacieuse… rien que du bon pour ce sejour. Une adresse a retenir (Hôtel Champlain).

Hôtel de grande qualité, restaurant valant le d´tour, nous reviendrons vous rendre visite… Nos amitiés à Catherine et Sylvie (Hôtel Casa di Maria Cicilia).

Accueil sympathique, cuisine excellente, région magnifique, nous avons passé un séjour inoubliable (Hôtel Chez Carrière).

En el tercer caso, en los textos formados por varias líneas, en la mayoría de los casos, se advierte un mayor cuidado en la redacción del mensaje, como en estos ejemplos:

Week-end délicieux dans un cadre irréprochable. Personnel très agréable et souriant. Rien à redire: merveilleux! (Hôtel Château de Nantilly).

L'hôtel est exceptionnellement propre. C'est suffisamment rare pour être souligné et communiqué! (Hôtel Épi d'Or).

Faute de disponibilité pour une chambre chez vous, nous avons dû passer à "l'ennemi" et franchement vos prestations sont de loin bien meilleures! A bientôt (Hôtel L'Oustou de la Font).

J'ai apprécié la totalité de mon séjour: l'accueil chaleureux du personnel, l'emplacement de l'hôtel, la grandeur et le confort de la chambre (avec mention toute particulière pour le lit king size et la salle de bain magnifique), le sauna, et le restaurant de l'hôtel (Hotel Regente Aragón).

Nous avons passé un excellent séjour dans cet hôtel: une réservation de 4 nuits pour un petit voyage de noces; aucun regret!!! Une chambre spacieuse, très confortable et très calme donnant sur des petites cours, un excellent petit déjeuner, très copieux, les propriétaires sont charmants, de très bon conseil sur les visites à faire aux environs et sur les restaurants de Dinan. Je recommande vivement cet hôtel!!! (Hôtel de la Porte Saint-Malo).

> Nous reviendrons avec un grand plaisir sans problème. L'accueil est convivial, la cuisine et le cadre excellent, tout est parfait. Nous avons passé un séjour très agréable. Hôtel a recommander sans hésitation. A bientôt (Hôtel Les Écureuils).

En otras ocasiones, no ocurre la misma situación porque se redactan comentarios sin verbos, con periodos largos y sin puntuación. Como señala López Alonso (2006), estos mensajes electrónicos reproducen, de alguna manera, comentarios orales; por ello, no siempre respetan las reglas ortográficas y de puntuación de un texto escrito, como se aprecia en el ejemplo que sigue:

> Hotel tres sympa, personnel tres acceuillant (dont les 2 petits chats), proche du centre ville et de la plage seul incovenient peu de places de parking (20) par rapport au nombre de chambre (Hôtel Bellevue).

Por último, en los textos que reproducen el formato de una carta convencional, se comprueba que los autores han sido más cuidadosos ya que han reproducido, en mayor o menor medida, la estructura de este tipo de escrito, tal y como se observa en el siguiente comentario[18]:

> Hotel au Tambour chambre nº 6 les Flamands avec petit chien Bengy
>
> Madame, Monsieur,
>
> Nous sommes vraiment satisfaits de notre séjour à l'hotel au Tambour. D'abord l'acceuil nous donnait l'impression d'un hotel de famille, très chaleureux, pour nous, mais aussi pour le petit chien qui se trouvait subitement comme chez soi.
>
> La chambre, la salle de bains et toute l'accomodation était de grande qualité, le petit déjeuner avec des produits vraiment frais nous donnait des ailes pour tomber sur Reims avec sa culture, sa cathédrale, ses boutiques, et... le champagne.
>
> Comme Jacques Brel chantait Paris je reviens, nous chantons Reims à bientôt.
>
> Le Mercredi 03 Novembre 2010 à 16:35:48.

En el ejemplo que sigue, se ha respetado el formato de una carta, aunque se mencione al principio que se trata de un correo electrónico. Conviene resaltar el extremo cuidado de la redactora en la redacción de su mensaje, respetando con-

---

[18] Hemos reproducido literalmente el comentario con los espacios dejados por el autor del mismo.

cordancias verbales (*nous avons été contents, Anne Pelardy que nous avions vue*), puntuación, ortografía (*nous-mêmes*) y estructura interna del texto (saludo, objeto del mensaje, descripción detallada y fórmula de despedida formal).

Le 21 avril 2010, 15:02 par Brigitte[19]
Bonjour Madame,

Ce petit mail pour vous dire à quel point nous avons été contents du WE que nous avons passé chez vous le 4 avril dernier, et qui nous a permis de nous retrouver en famille dans des conditions si agréables.

L'accueil a été chaleureux et votre équipe souriante et à l'écoute. Notre mère, pour laquelle nous organisions ce WE, en gardera un excellent souvenir, ainsi que nous-mêmes. Merci aussi de transmettre ces remerciements à Anne Pelardy que nous avions vue plus longuement et qui nous avait consacré un long moment avec beaucoup de gentillesse. J'espère que nous aurons l'occasion de revenir chez vous.

Avec mes sentiments les meilleurs.
Brigitte

Concluimos este apartado observando otras cuestiones significativas, ilustrativas del carácter oral y coloquial de muchos de los comentarios electrónicos vistos en este trabajo, como, por ejemplo:

- la presencia de emoticones para ilustrar el mensaje, como en los comentarios siguientes:

De: **ROCHEDIX PHILIPPE** habitant: STE SIGOLENE (43) -*FR*- Ajouté le: 29/05/2010 à 09:09:16
Message: un bon régal de moules à la crème, de telines. Merci de votre accueil si chaleureux. Au plaisir de se revoir A bientôt LUCAS 8 ans, un petit garçon de la haute-Loire dont les parents viennent depuis 1995.

De: Férouze (France)
Note 9/10 le 13/11/2010
Des moments inouïe, sur l'accueil rien a dire c'était le top Une chambre chaleureuse... Ou l'on trouvait vite ces repère.... L'hôtel est très bien placée, Des petit déjeuner comme on les aime. Je ne sait pas si vus vous rappeler de nous Mais avant de partir on vous avez demander de ne pas changer et de rester comme étiez et sur ces derniers mot je tiens a dire que l'hôtel Méditerranée convient a tout les ages...

---

[19] Hôtel Le Château de la Tour.

- anglicismos: **cosy** (Hôtel Les Arcades); **ok** (Hotel Labienay); **top** (Hôtel Manoir de la Poterie); **standing** (Hotel Regente Aragón); **parking** (Hôtel Bellevue); **design** (Hôtel Épi d'Or).
- siglas y abreviaturas: **WE** (week-end) (Hôtel Le Château de la Tour); **w.e** (week-end) (Hôtel Le Château de la Tour); **Tb** (très bien) (Hôtel l'Oustou de la Font).
- términos truncados: **comme d'hab** (comme d'habitude) (Hôtel Kastel); **resto** (restaurant) (Hôtel Manoir de la Poterie); **déco** (décoration) (Hôtel des Roys); **symp** (sympathique) (Hôtel des Acacias); **sympa** (sympathique) (Hôtel L'Oustou de la Font); le **petit déj** (le petit-déjeuner) (Hôtel Le Méditerranée).

4. Observaciones finales

Con el estudio realizado en este trabajo, hemos pretendido resaltar el auge y la incidencia de Internet en el sector turístico, no solo desde el punto de vista económico sino también desde el punto de vista léxico y discursivo. El uso de Internet, por medio de comentarios electrónicos consignados en las páginas oficiales de establecimientos hoteleros, permite una mayor visibilidad de los mismos repercutiendo positivamente en su actividad económica. Para los estudiosos de la lengua y de sus usos, Internet constituye una fuente de documentos escritos de gran interés, tanto formal como temáticamente. La descripción de los comentarios electrónicos, en lengua francesa, seleccionados para este estudio, nos ha permitido verificar: 1) la influencia de los mismos en la gestión hotelera y 2) la influencia de Internet en la producción de los mismos.

En el primer caso, las respuestas de los hoteles a comentarios de los clientes, positivos y negativos, demuestra la influencia de la Red en la gestión hotelera, ya que se toman en cuenta las opiniones vertidas en los *livres d'or* con el fin de mejorar y de aumentar la productividad y la competitividad de la empresa. En el segundo caso, creemos que el redactor de los *e-comentarios* no es totalmente consciente de que su texto puede ser visible durante un largo tiempo, dependiendo de la voluntad del gestor del libro de visitas del hotel. Pensamos, como López Covadonga (2006), que los autores reproducen comentarios orales, por lo que descuidan, en mayor o menor medida, la redacción de los mismos. Los comentarios electrónicos estudiados constituyen un género discursivo estereotipado, que se repite en la misma situación comunicativa: valoración de servicios prestados por un establecimiento hotelero, con una forma externa y una serie de características comunes.

En nuestro estudio, hemos definido dos tipos de comentarios: en el primero, el cliente escribe un texto libre; y, en el segundo, el cliente responde a un cuestionario para puntuar una serie de servicios y aspectos del hotel, y tiene también la posibilidad de adjuntar unas líneas de opinión. Únicamente hemos tenido en cuenta los textos escritos (texto libre y líneas de opinión) para realizar nuestro análisis. El análisis llevado a cabo ha permitido describir textos cortos, formados de una o dos unidades léxicas, textos de una línea, textos de varias líneas y, por último, textos largos reproduciendo el formato de una carta convencional; así como delimitar los campos temáticos más recurrentes, que constituyen los aspectos más destacadas para los clientes. Con nuestro estudio esperamos haber contribuido a la descripción de formas léxicas y discursivas propias del ámbito turístico presentes en Internet.

Referencias bibliográficas

Alcaraz Varó, Enrique (2000). *El inglés profesional y académico.* Madrid: Alianza.

Arcarons i Simon, Ramon/Goitia Serra, Victor/González Aznar, Nuria (2008): "La clasificación hotelera en la Unión Europea: un mercado poco común", en: *Evocati Revista* 26, 28 de febrero, disponible en: <http://lexturisticanovaextensa.blogspot.com/2008/01/la-clasificacin-hotelera-en-la-unin.html>.

Barlow, Janelle/Moller, Claus (2005): *Una queja es un favor: cómo utilizar los comentarios de los clientes como herramienta estratégica.* Bogotá: Norma.

Bernard, Claude (2009): "10 conseils pour gérer votre réputation e-tourisme sur Internet", disponible en: <http://www.marketingonthebeach.com/hoteliers-10-astuces-pour-gerer-votre-reputation-en-ligne/>.

CEHAT (Confederación Española de Hoteles y Alojamientos turísticos): disponible en <http://www.cehat.com/frontend/cehat/El-Sistema-De-Clasificacion-Hotelera-En-Espana-vn2681-vst300>.

Jiménez Crespo, Miguel Ángel (2006): "La localización de hipertextos: el género y la tipología textual en los sitios web coporativos", disponible en: <http://people.uncw.edu/jimenezm/Research/Proy.investigacion.tutelada.M.A.Jimenez_Crespo_UGR_2006.pdf>

López Alonso, Covadonga (2006): "El correo electrónico", en: *Estudios de Lingüística del español (ELiEs)* 24, disponible en: <http://elies.rediris.es/elies24/lopezalonso.htm>.

Sanz Álava, Inma (2006): "El correo electrónico profesional: ¿género, subgénero o cibergénero?", en: *Actas del V congreso Internacional AELFE*, disponible en: <http://www.unizar.es/aelfe2006/ALEFE06/1.discourse/25..pdf>.

Villanueva Alfonso, María Luisa/Sanz Gil, Mercedes (2009) : "Interculturalité et fonctionnement des flux d'information dans l'écriture hypertextuelle. Réflexions pour une approche pédagogique", en: *Çédille* 5, 387-406, disponible en: <http://webpages.ull.es/users/cedille/cinco/villanueva-sanz.pdf>.

Yus Ramos, Francisco (2010): *Ciberpragmática 2.0.* Barcelona: Ariel.

Anexo 1

RELACIÓN DE HOTELES FRANCESES

Hôtel Aux Tambours***
<http://www.hoteltambour.com/Francais—LOR.phtml>
Hôtel Bellevue**
<http://www.hotel-bellevue-mimizan.com/fr/livre-d-or.php>
Hôtel Casa di Maria Cicilia***
<http://www.casamariacicilia.com/livre_or/index.php>
Hôtel Château de Montvillargenne****
<http://www.chateaudemontvillargenne.com/fr/chateau-hotel-chantilly-paris/mariage-et-receptions/livreor>
Hôtel Champlain***
<http://www.hotelchamplain.com/livre_or/livre_or.php>
Hôtel Château de Nantilly****
<http://www.chateau-de-nantilly.com/Pages_Livre-d-Or.aspx>
Hôtel Château de la Tour***
<http://www.lechateaudelatour.fr/livre-or.html>
Hôtel Chez Carrière**
<http://premiumwanadoo.com/cemi/livreor.php>
Hôtel de la Porte Saint-Malo**
<http://www.hotelportemalo.com/livreor/>
Hôtel des Acacias***
<http://www.hotelacacias.com/livre_d_or.php?page=1>
Hôtel des Roys**
<http://www.hotel-roys-versailles.com/livre-or.php?page=1>
Hôtel Eden Cannes****
<http://www.eden-hotel-cannes.com/fr/partagez-votre-experience>
Hôtel Épi d'Or**
<http://www.hotel-epidor.fr/charente-angouleme-hotel/>
Hôtel Grand Bornand**
<http://www.hotel-les-ecureuils.com/livre_dor_fr.html>
Hôtel Kastel***
<http://www.hotel-kastel.com/FR/guestbook.html>
Hôtel le Colbert**
<http://www.avignon-hotel-colbert.com/>
Hôtel Le Corbusier
<http://www.hotellecorbusier.com>
Hôtel Le Grand Hôtel**
<http://www.hotelorleans.com/FR/livredor.php>
Hôtel Le Méditerranée**
<http://www.hotel-lemediterranee.com/messages/>

Hôtel Le Relais d'Agay**
<http://www.relaisdagay.com/livre-d-or/livre-or-hotel-relais-agay.html>
Hôtel L'Oustou de la Font***
<http://www.oustaudelafont.com/>
Hôtel Les Carrettes**
<http://www.les-carrettes.com/livre-d-or.php>
Hôtel Manoir de la Poterie***
<http://www.manoirdelapoterie.fr/FR_avis_clients.asp>
Hôtel Nice Goldstar****
<http://www.hotel-goldstar-nice.com/index.php?module=Home&action=index&lang=fr>
Hôtel Roissy***
<http://www.lourdes-roissy.com/fr/Temoignages.htm>
Hôtel Sous les figuiers***
<http://www.hotel-charme-provence.com/livrehotel/index.php>

Anexo 2

RELACIÓN DE HOTELES ESPAÑOLES

Hotel Albarracin***
<http://www.hotelalbarracinteruel.com/fr/reviews.html>
Hotel Antiga***
<http://www.hotelantiga.com/fr/>
Hotel Aparthotel Tribunal
<http://www.hotel-tribunal.com/fr/reviews.html>
Hotel Apsis Porta Marina****
<http://www.hotel-portamarina.com/fr/avis.html>
Hotel Best Western Carlos V***
<http://www.hotelcarlosv-madrid.com/fr/avis.html>
Hotel Carlos V***
<http://www.carlosv.com/fr/opiniones/>
Hotel Century Park***
<http://www.hotelcenturypark.com/ca/opinions-hotel-century-park-_163_1015.html>
Hotel Fontecruz Sevilla****
<http://www.fontecruzhoteles.com/hotel-fontecruz-sevilla/opiniones/>
Hotel Gaudi***
<http://www.hotelgaudireus.com/fr/reviews.html>
Hotel Iris***
<http://www.hoteliris.com/fr/commentaires-hotel-iris-_180_1015.html>
Hotel Liabeny****
<http://www.liabeny.es/fr/avisdesclients-hotel-liabeny.html>

Hotel Málaga Picasso***
<http://malagahotel.fr/comments-fr.php>
Hotel Moderno****
<http://www.hotel-moderno.com/fr/surveys.html>
Hotel Monte Triana***
<http://www.hotelesmonte.com/comentarios-clientes-hotel-sevilla-triana-FR.html>
Hotel Ópera****
<http://www.hotelopera.com/fr/ofertas_empleo.html#nogo>
Hotel Parador de Almagro****
<http://www.paradores-spain.com/comments/paradoralmagro&rurl=translate.google.com>
Hotel Parador de Viehla****
<http://www.paradores-spain.com/comments/fr/parador-vielha/>
Hotel Pedro I de Aragón***
<http://www.hotelpedroidearagon.com/fr/reviews.html>
Hotel Puerta de Toledo***
<http://www.hotelpuertadetoledo.es/fr/reviews.html>
Hotel Regente Aragón****
<http://www.hotelregentearagon.com/fr/vues.html>
Hotel Rialto***
<http://www.hotel-rialto.com/fr/opiniones>
Hotel Rivoli Las Ramblas****
<http://www.hotelrivoliramblas.com/opiniones.php?lg=fra>
Hotel Senator****
<http://www.hotelsenatorgranada.com/index.fr.html>
Hotel Terraza****
<http://www.hotelterraza.com/hotel.php?idm=2&subpagina=8>
Hotel Turín***
<http://www.hotelturin.com/fr/reviews.html>

LA EVALUACIÓN DE LA CALIDAD DEL DISCURSO TURÍSTICO TRADUCIDO EN INTERNET*

ÁNGELA ALMELA SÁNCHEZ-LAFUENTE
Universidad de Murcia

1. Introducción

1.1. NATURALEZA DEL DISCURSO TURÍSTICO

En la última década, los estudios sobre el discurso turístico han cobrado especial relevancia, sobre todo en países como España, donde el turismo es una de las principales fuentes de ingresos. Para promocionar los atractivos turísticos de nuestra tierra ante un público extranjero, a menudo se recurre a la traducción de textos escritos en español. En este sentido, la calidad de las traducciones turísticas tiene una doble repercusión, ya que no se trata solo de facilitar la comprensión del texto meta (en lo sucesivo, TM) por parte del receptor, sino que el autor de un texto turístico suele tener como objetivo principal convertir al lector en turista.

Dicha funcionalidad adquiere un papel dominante en un país con un sector turístico tan amplio como el nuestro. Tal ha sido precisamente la motivación de diversos estudios traductológicos llevados a cabo en nuestro país, como es el caso de Cómitre Narváez (2004), quien realiza un estudio empírico sobre la traducción de los culturemas en publicaciones del sector turístico, subrayando la importancia de la preparación cultural del traductor de este tipo de textos. Más recientemente, la autora toma como objeto de estudio un corpus de publicidad interactiva bilingüe de paradores de turismo (Cómitre Narváez 2010), haciendo hincapié en la traslación de la función conativa del texto origen (en lo sucesivo, TO) al TM. En esta línea, Durán Muñoz (2008a, 2008b) aporta la función del tra-

* Este trabajo es resultado de la ayuda concedida por la Fundación Séneca, en el marco del PCTRM 2007-2010, con financiación del INFO y del FEDER de hasta un 80%. Asimismo, la investigación ha contado con la inestimable colaboración de los revisores Lucy Brown, Jacqui Goodwin, Brian L. Murphy y Philip Sullivan. A todos ellos, mi más profundo agradecimiento.

ductor como mediador imprescindible en el proceso de comunicación en los textos turísticos. Según sus propias palabras,

> el traductor se convierte en un mediador intercultural y adquiere un papel primordial en la actividad turística. Asimismo, debe actuar de la misma manera que cualquier otro traductor de textos especializados, es decir, debe transmitir adecuadamente el contenido, la función y las referencias culturales del texto turístico original, teniendo en cuenta las características particulares del lenguaje turístico (Durán Muñoz 2008a: 3).

Sin embargo, aunque eso sería lo deseable, esta autora reivindica que, con frecuencia, el resultado del proceso traductor se aleja de ese ideal, ya que los TO de cierto nivel terminan en ocasiones siendo en la lengua meta (en lo sucesivo, LM) versiones simplificadas e incluso a veces difícilmente comprensibles desde un punto de vista léxico o gramatical. Por ello, en la actualidad esta autora trabaja junto con su grupo de investigación en el desarrollo de diversas herramientas y recursos terminológicos, así como en la compilación de corpora paralelos para facilitar la labor del traductor turístico (Durán Muñoz 2008b). Esta línea de investigación del discurso turístico basada en la observación directa de la lengua real la trabajan numerosos autores, tales como Bugnot (2005), Corpas-Pastor y Seghiri (2006), Fuentes Luque (2005) y Nobs (2003), quienes exploran corpora de textos turísticos originales y traducidos en España para evaluar su calidad y para detectar los errores más comunes.

En cuanto a su condición de lenguaje de especialidad, numerosos autores coinciden al afirmar que el discurso turístico analizado fluctúa alrededor del nivel de semi-especialización (Gamero Pérez 2005; Pérez 2002), concepto que ha de entenderse dentro del marco teórico de la teoría comunicativa de la terminología. Cabré Castellví (1999) insiste en la importancia que adquieren los términos especializados en el proceso de traducción de cualquier lengua con fines específicos, ya se trate de unidades léxicas exclusivamente especializadas o de unidades que compartan significante con la lengua general. A este respecto, la autora afirma que un traductor especializado deberá dominar la lengua de la comunicación profesional y los conocimientos propios de su campo de especialización, y se refiere a la dimensión comunicativa de la lengua especializada, a través de la cual se realiza la transferencia de conocimiento, con un mayor o menor nivel de especialización. Según esto, la comunicación puede producirse de especialista a especialista, de especialista a semi-especialista o receptor muy interesado, o de especialista a gran público. El problema, a mi parecer, surge cuando el emisor en el TM, esto es, el traductor, no es especialista ni en el tema ni en el discurso especializado en cuestión. Lamentablemente, esta situación, tal y como se ha esbozado anteriormente, es más frecuente de lo que sería deseable en el discurso turístico.

En lo que respecta a la configuración del lenguaje del turismo en Internet en particular, podemos afirmar que se da una situación comunicativa especial, ya que, a pesar de que no exista una codificación formal elaborada, no se trata de un documento espontáneo con posibilidad de feedback. El receptor no tiene un perfil tan definido como en los lenguajes prototípicos de especialidad, ya que no es necesario que posea unos conocimientos previos sobre un tema especializado. Sin embargo, sí hay ciertos rasgos comunes que identifican a los receptores potenciales del discurso turístico en Internet: se trata de individuos que gozan al menos de cierto poder adquisitivo, dispuestos a invertir parte de su presupuesto y de su tiempo de ocio en conocer lugares nuevos, de un cierto nivel socioeconómico. Se trata de turistas potenciales que escogen como vía de información la Web frente a la información turística publicada en formato impreso, o que prefieren utilizar ambas vías como fuentes complementarias. Además, a través de determinados géneros examinados en este libro, tales como los *blogs* de testimonios de viajeros o los *e-libros de visita*, los receptores pueden adoptar también el rol de emisores. Esta bidireccionalidad representa sin duda la mayor innovación con respecto a las guías turísticas impresas, versiones por naturaleza cerradas. En este sentido, considero de igual importancia el análisis crítico de traducciones publicadas para su evaluación que el estudio minucioso de los textos turísticos originales de cara a una formación adecuada del traductor.

La lengua de promoción turística por excelencia es el inglés, debido a su función de lengua franca *de facto*. Una revisión bibliográfica sobre el tema nos muestra que el inglés del turismo también ha sido objeto de estudio en investigaciones recientes. Tal es el caso de Ding (2008), Lai (2003) y Wang (2010), que analizan el inglés turístico teniendo en cuenta cuatro aspectos principales: el lingüístico, el pragmático, el estilístico y el cultural. En lo que respecta al plano léxico, coinciden en destacar la abundancia de términos técnicos, de nombres propios y de palabras procedentes de otras lenguas, y en el plano gramatical, la presencia de oraciones sencillas y el uso del presente de indicativo en voz activa y pasiva y del imperativo. Pragmáticamente, suele destacar la función de cortesía performativa. A nivel estilístico, se afirma que el inglés turístico es un lenguaje simple y natural en el que a veces se emplean símiles y metáforas con un efecto estético, destacando asimismo el papel principal que juega la cultura histórica y social en este tipo de discurso.

1.2. Estudio estilométrico del discurso turístico en Internet

Existe una línea de investigación reciente dentro del inglés del turismo que persigue analizar este tipo de discurso mediante herramientas lingüístico-computacionales. A ella se han acercado investigadores como Baker (2006), que trabaja, entre otros, sobre un corpus de folletos turísticos publicados en línea. Su objetivo último es llevar a cabo un análisis crítico del discurso (ACD) a través de un enfoque multidisciplinar, para el que emplea parámetros computacionales, tales como la obtención de palabras clave, la frecuencia y la dispersión, la Ratio Tipo/Ítem (RTI) y su versión estandarizada (RTIE). Estas dos últimas proporcionan información sobre la diversidad léxica del corpus desde diferentes perspectivas (Rea 2010); además, son indicativas del nivel de especialización del texto en cuestión. En esta línea, Sun (2009) incluye en el análisis de su corpus turístico UKTA (*United Kingdom's Tourist Information Texts about Tourist Attractions*) algunas otras medidas computacionales, tales como longitud de palabra, longitud de oración o distribución, y frecuencia de las partes de la oración, comparando sus resultados con los obtenidos del LOB (*Lancaster-Oslo-Bergen corpus*), de lengua general, y el corpus científico-técnico JDEST (*Jiao Da English for Science and Technology*). Hasta la fecha, el estudio de este tipo más reciente es el publicado por Kang y Yu (2011), quienes engloban el discurso turístico dentro del llamado Inglés para Fines Específicos (*English for Specific Purposes*, ESP). En su estudio, exploran las características estilísticas del lenguaje turístico a través de un corpus turístico llamado TEC (*Tourism English Corpus*), que recopila textos recuperados de sitios web institucionales de Gran Bretaña y Estados Unidos, en contraposición al corpus de referencia F-LOB (*Freiburg-LOB corpus*). Los parámetros que emplean estos autores en su análisis son similares a los de Sun (2009), a los que añaden el cálculo de la densidad léxica y la proporción de palabras plenas frente a palabras funcionales.

Son estos los primeros estudios de corte estilométrico del discurso turístico que emplean herramientas propias de la lingüística computacional para ofrecer evidencia empírica de un campo en el que tradicionalmente han primado los estudios de género y el análisis funcional intuitivo. Los autores citados coinciden en afirmar que su estudio pretende, por un lado, ser de utilidad para los estudiantes de inglés turístico, y, por otro, evaluar la traducción de este tipo de discurso.

2. Aspectos metodológicos del presente estudio

En este marco de investigación, el presente trabajo ofrece un estudio de corpus empírico con el que se pretende reflexionar sobre diversos aspectos de la traducción al inglés del discurso turístico en Internet en España. A diferencia de otros textos del presente volumen que llevan a cabo un análisis de los distintos géneros discursivos de Internet relacionados con el turismo, el presente estudio analiza la naturaleza del lenguaje turístico traducido presente en el corpus COMET.VAL como discurso con cierto grado de especialización. Se propone para ello un método de análisis mixto.

La primera parte del análisis se enmarca en la línea de los estudios estilométricos citados en la sección anterior. Para realizar una evaluación a este respecto del objeto de estudio, los subcorpora COMET.VAL en inglés y en español, se tomará como elemento de comparación un corpus turístico compilado por el grupo de investigación LACELL, del Departamento de Filología Inglesa de la Universidad de Murcia[1]. Con esta primera aproximación al corpus se pretende estudiar el trasvase de las características estilísticas del TO al TM. Los parámetros escogidos para la obtención del perfil estilométrico son la RTIE, la longitud de palabra y la longitud de oración, ya que han demostrado ser los más relevantes de cara a la caracterización de los lenguajes de especialidad (Kang/Yu 2011). La herramienta utilizada para estudiar el corpus ha sido WordSmith Tools 5.0[2], un programa de concordancias y análisis de corpora textuales que ofrece multitud de opciones. Mediante su aplicación, se ha llevado a cabo el cálculo de los parámetros mencionados.

Tras el análisis cuantitativo, se ha realizado un estudio crítico de los aspectos susceptibles de mejora a nivel léxico, morfosintáctico y estilístico del TM, así como una validación de los datos por parte de revisores de habla inglesa.

3. Análisis cuantitativo: perfil estilométrico de los subcorpora COMET.VAL en inglés y en español

Los datos estadísticos obtenidos por medio de WordSmith Tools ofrecen información relevante para la evaluación del tipo de información léxica contenida en el corpus. Las medidas de mayor relevancia en este aspecto son la RTI y la proporción estandarizada correspondiente (RTIE). La primera medida se obtiene mediante la división del número total de formas entre el número de ocurrencias y su multiplicación por 100. Cuanto más alto sea el resultado, mayor será la diversidad léxica de la muestra. Por el contrario, una ratio baja indica una menor carga léxica. La fórmula para su cálculo es la siguiente:

$$\frac{número\_formas*100}{número\_palabras}$$

[1] "Gestión Textual Inteligente del Lenguaje Turístico Español-Inglés" (00481/PI/04). Proyecto financiado por la Fundación Séneca, Región de Murcia (2005-2007). Más información disponible en <http://www.um.es/grupolacell/proyectos/proyecto/7>.

[2] Disponible en <http://www.lexically.net/wordsmith/>.

Sin embargo, este índice varía en gran medida dependiendo de la longitud del texto. Por este motivo, su resultado solo sería fiable al comparar corpora de tamaño similar. La mejor manera de ofrecer un índice equivalente que permita contrastar colecciones de texto comparables es el cálculo de la RTIE, medida que ofrecen por defecto algunos programas de análisis de corpus. Para ello, se calcula la ratio cada n palabras del corpus (habitualmente, n = 1000), para después computar la media, lo que dará como resultado una RTI media basada en fragmentos de texto consecutivos de n palabras. El dato así obtenido muestra el porcentaje de palabras nuevas por cada n formas, de modo que sea comparable con otros textos de diferente longitud. Este método de cálculo se atribuye a los matemáticos Chipere, Malvern y Richards (2004), de la Universidad de Reading. Aunque esta medida debe interpretarse con reservas y no como un índice altamente fiable, su cálculo resulta indicativo del grado de especialización del texto, ya que se ha probado empíricamente que un corpus especializado debe obtener una RTIE mayor que un corpus de lengua general (Sánchez/Cantos 1998). Además, de acuerdo con Biber, Johansson y Leech (1999), una RTI elevada (por ejemplo, un grado elevado de diversidad léxica en un texto) supone un incremento en la precisión semántica y la densidad informacional de un texto o conjunto de textos.

Con un propósito similar al del presente estudio, Pérez (2002) obtiene esta ratio para tres corpora en inglés: el primero de ellos es de lengua general, el BNC (*British National Corpus*); los otros dos son especializados, uno de ellos formado por textos sobre oncología y el otro sobre leucemia. La RTIE del corpus general es del 43,11%, mientras que los dos especializados obtienen ratios más elevadas (Tabla 1), lo que refleja su mayor densidad léxica y su mayor nivel de especialización. Además del carácter especializado o general del corpus, el hecho de que se trate de lengua hablada o escrita suele verse reflejado en medidas de riqueza léxica como la RTI y la RTIE, ya que las recopilaciones de textos escritos suelen contener una proporción mayor de palabras únicas, mientras que la lengua oral suele resultar más repetitiva desde un punto de vista léxico (Baker 2006). Ejemplo de ello es el subcorpus de lengua hablada del BNC, con una RTIE del 32,96%. En la Tabla 1 se muestran también las RTIE de algunos corpora en lengua inglesa, clasificados según su nivel de especialización.

Estos datos corroboran la no catalogación del discurso turístico como un lenguaje propiamente especializado, ya que, como puede apreciarse en los datos, las ratios de los lenguajes especializados son ostensiblemente mayores que las de los corpora de lengua general y los de lenguaje turístico. Esta idea cobra especial sentido en el marco de la teoría comunicativa de la terminología (Cabré Castellví 1999) comentada en la sección introductoria, ya que la dimensión comunicativa de los corpora de turismo analizados coinciden en que no son un intercambio

TABLA 1
Ratios Tipo/Ítem Estandarizadas (RTIE) de algunos corpora representativos en inglés

	Corpora escritos							Corpus oral
	Corpus de referencia		Lenguaje semi-especializado			Lenguaje especializado		
	BNC	F-LOB	Kang/Yu (2011)	COMET.VAL (subcorpus inglés)	LACELL turismo (subcorpus inglés)	Oncología (Pérez 2002)	Leucemia (Pérez 2002)	BNC (subcorpus lengua oral)
RTIE	43,11	45,53	44,96	42,90	41,37	49,97	50,67	32,96

de especialista a especialista, en ocasiones ni siquiera a semi-especialista, sino que principalmente tienen como receptores potenciales al gran público. De hecho, los datos nos muestran la similitud entre las ratios de los corpora de lengua general y los de lenguaje turístico. Kang y Yu atribuyen este parecido a la naturaleza misma del discurso turístico:

> Sabemos que el turismo es una industria interdisciplinar, lo que supone que su vocabulario se enriquezca, cubriendo diversas disciplinas como la historia, la geografía, la arquitectura, las noticias, la religión, etc. Por ello, el inglés turístico posee la cualidad de ser integrador, complicado e interdisciplinar. Al mismo tiempo, el corpus F-LOB, que representa el inglés general de los noventa, es también una mini-enciclopedia de la vida diaria [...]. Ambos corpora son representativos y están basados en numerosos materiales textuales (2011: 133; traducido).

De este modo, el uso de este tipo de medidas estilométricas se está convirtiendo en algo habitual en la caracterización de los textos y corpora ingleses. Sin embargo, raramente se emplean para el análisis de textos escritos en español. A mi parecer, se trata de parámetros ciertamente útiles en la comparación del TO con el TM. En la revisión bibliográfica no se ha hallado ningún estudio en el que se aplique este tipo de análisis contrastivo al discurso turístico, aunque sí a otro lenguaje de especialidad: se trata del lenguaje económico, estudiado por Pizarro Sánchez (2002) por medio de las ratios comentadas y otros parámetros computacionales. Para el presente estudio, se han calculado las RTIE del corpus objeto de estudio, del corpus turístico LACELL y del corpus de referencia del español CUMBRE, también compilado por el grupo de investigación

LACELL[3], para emplearlas como elemento de comparación. Los resultados se muestran en la Tabla 2:

TABLA 2
Ratios Tipo/Ítem Estandarizadas (RTIE) de algunos corpora representativos en español

	Corpus de referencia	Lenguaje semi-especializado	
	CUMBRE	COMET.VAL (subcorpus español)	LACELL turismo (subcorpus español)
RTIE	42,64	45,46	42,94

Los datos obtenidos para el corpus de referencia del español revelan que no existe una diferencia marcada con respecto a los corpora del inglés general (Tabla 1). En cuanto a los corpora turísticos españoles, no puede afirmarse que difieran sustancialmente de los ingleses, aunque sí llama la atención el hecho de que el subcorpus inglés COMET.VAL haya obtenido una ratio casi tres puntos inferior al subcorpus equivalente en español. Este dato sí resulta revelador, teniendo en cuenta que aquel es el resultado de la traducción de este. Ello apunta a que el TO posee mayor riqueza léxica que el TM.

Los otros dos parámetros estadísticos empleados en el análisis cuantitativo son longitud de palabra (medida en número de caracteres) y longitud de oración (medida en número de palabras). Estas dos medidas están basadas en la relación proporcional entre la longitud de ambas y su complejidad (Cantos/Almela Sánchez-Lafuente 2010). Para el presente análisis, se han calculado ambas medidas a partir de los dos corpora turísticos, así como de un corpus de lengua general para cada idioma para tener un punto de referencia.

De acuerdo con los datos mostrados en la Tabla 3, ambos corpora de referencia coinciden al presentar el índice más bajo en ambos parámetros en comparación con los corpora de lenguaje semi-especializado, lo cual encaja con la idea de que, en principio, a menor nivel de especialización debe corresponderle una longitud media de palabra y de oración menor. No se observa apenas diferencia entre la longitud media de palabra en inglés y en español, al contrario de lo que ocurre con la longitud media de oración, lo que habitualmente lleva asociada una

[3] "CUMBRE: corpus lingüístico del español actual". Proyecto financiado por la Sociedad General Española de Librería, S. A. (SGEL) (1994-1998). Más información disponible en <http://www.um.es/grupolacell/proyectos/proyecto/1>.

TABLA 3
Comparación de la longitud de palabra y la longitud de oración media del corpus objeto de estudio y otros corpora relevantes

	Español			Inglés		
	Corpus de referencia	Lenguaje semi-especializado		Corpus de referencia	Lenguaje semi-especializado	
	CUMBRE	COMET.VAL	LACELL	BNC	COMET.VAL	LACELL
Longitud de palabra	4,32	5,02	4,87	4,68	5,01	4,73
Longitud de oración	22,64	24,56	25,10	20,59	23,11	22,77

simplificación de la sintaxis. Sin embargo, ello no indica necesariamente un error de traducción, sino que es probable que este fenómeno se deba a la adecuación del traductor a la retórica de la lengua inglesa, cuya longitud media de oración es inferior a la propia de la lengua española. Esto se ve reflejado en los índices obtenidos para los corpora de referencia de una y otra lengua, en la que el español se sitúa dos puntos por encima del inglés.

Los parámetros computacionales propuestos en esta sección han configurado el perfil estilométrico de los corpora objeto de estudio. La distribución de los dos últimos parámetros ha resultado ser proporcional. Por otra parte, cabe esperar que la divergencia en la riqueza léxica de ambos subcorpus se vea reflejada en el estudio cualitativo.

4. Análisis cualitativo: estudio traductológico del subcorpus COMET.VAL en inglés

4.1. Metodología

En este apartado, se ponen de relieve las diversas opciones empleadas para la traslación del TO al TM, así como de su efecto en la configuración del resultado del proceso de traducción. Para evitar que este análisis cualitativo resultara una interpretación sesgada por las intuiciones de la presente autora, y para aumentar la validez de la evaluación de la calidad del discurso turístico traducido, se ha efectuado una revisión de los aspectos señalados por parte de cuatro hablantes nativos de inglés. Lo que se pretende con ello es recrear el contingente de lectores potenciales del TM para ofrecer un análisis fiable tanto de sus aspectos positivos como de los susceptibles de mejora. A partir de la evaluación estructurada de los participantes, se ha realizado una revisión de las áreas señaladas y se han propuesto posibles soluciones para tratar de mejorar la calidad del TM.

4.1.1. *Participantes*

Los revisores elegidos para este estudio son angloparlantes, dos de ellos hablantes de la variedad inglesa y los otros dos de la norteamericana. Con ello, se perseguía aumentar la validez de los datos obtenidos, neutralizando la influencia que una sola variedad de lengua habría podido ejercer sobre la evaluación. Con respecto a su perfil, es interesante comentar que se trata en ambos casos de individuos con formación tanto en lengua española como en lingüística, ya que se trata de licenciados en una titulación equivalente a Hispánicas que tienen en común el haber cursado un año de su carrera en España[4].

4.1.2. *Instrumentos*

Se diseñaron dos plantillas de evaluación de diseño propio como instrumentos de recogida de información para ser utilizadas durante el proceso de revisión. Con ello, se pretendía estructurar los datos en forma tabular con un doble objetivo: especificar los aspectos a los que los revisores debían prestar mayor atención y obtener como producto final una información concisa y adecuadamente estructurada para proceder al estudio cualitativo.

La Tabla 4 muestra la estructura de la primera plantilla de evaluación tal y como se les proporcionó a los revisores. Junto con ella, se les dio instrucciones para que marcaran la casilla del error correspondiente al fragmento marcado. Es interesante señalar que la clasificación de los errores de traducción tuvo como base la sistematización de Zaro y Truman (1999). Los fragmentos problemáticos fueron numerados por orden de aparición en el TM, y la referencia correspondiente se marcó en el TO. Se les explicó también que, en el caso de que no consideraran problemático el ejemplo propuesto, debían marcar la casilla titulada "Traducción y expresión adecuadas". Por último, debían evaluar la repercusión del error en la comprensión del TM en la última celda de cada caso, de acuerdo a

[4] Concretamente, realizaron parte de sus estudios en el Departamento de Lengua Española y Lingüística General de la Universidad de Murcia durante el curso 2007-2008.

la siguiente escala: “el error no repercute en la comprensión del TM” (0), “el error dificulta ligeramente la comprensión” (1), o “el error obstaculiza considerablemente la comprensión” (2), o “la traducción propuesta llama a error” (3). Se les dio también la posibilidad de que, si durante la lectura del TM identificaban algún otro error no señalado, numeraran el fragmento y añadieran su evaluación correspondiente a la plantilla.

TABLA 4
Plantilla de evaluación de los fragmentos marcados en el TM

Número de fragmento	Fluctuación injustificada en los procedimientos de traducción	Préstamo sin explicitación inadecuado	Error ortográfico	Imprecisión léxica	Traducción y expresión adecuadas	Repercusión del error en la comprensión del TM
1.						
2.						
[...]						

TABLA 5
Plantilla de evaluación global de la calidad del TM

	0	1	2	3
El TM es fácilmente comprensible.				
El contenido del TM se ajusta al del TO.				
El TM es estilísticamente adecuado.				
El TM es sintáctica y gramaticalmente adecuado.				
El TM parece escrito por un hablante nativo de inglés.				

Para evaluar la calidad global del TM, se administró la plantilla que se muestra en la Tabla 5. En esta ocasión, los revisores habían de valorar los cuatro parámetros propuestos, asignando una puntuación a cada una de las afirmaciones que aparecen en la plantilla; e indicar su nivel de acuerdo o desacuerdo seleccionando una de las siguientes opciones: "nada de acuerdo" (0), "poco de acuerdo" (1), "bastante de acuerdo" (2) o "muy de acuerdo" (3). Además, bajo la plantilla se les dejó un espacio en blanco en el que podían escribir una reflexión personal sobre la opinión que el TM les merecía.

4.1.3. *Procedimiento*

El procedimiento empleado consta de los siguientes pasos:

1. Lectura preliminar del TM por parte de la presente autora para obtener una impresión global de la lengua utilizada y para señalar los aspectos lingüísticos susceptibles de mejora.
2. Análisis comparativo del TO y el TM, con la consiguiente indicación de los procedimientos de traducción empleados, los préstamos introducidos en el TM, errores ortográficos o elecciones léxicas inapropiadas.
3. Evaluación por parte de los revisores del TM según el análisis realizado en comparación con el TO para su posterior confirmación por medio de la plantilla de evaluación de los fragmentos marcados (Tabla 4).
4. Evaluación global de la calidad del TM por parte de los revisores a través de la plantilla de evaluación correspondiente (Tabla 5).
5. Propuestas de mejora y evaluación global media del TM.

4.1.4. *Análisis de datos*

Para el análisis, se ha obtenido la proporción en forma de porcentaje de los tipos de error hallados en el TM con respecto al total de fallos o traducciones problemáticas. Para ello, se han calculado las frecuencias relativas del tipo de error de acuerdo con cada uno de los cinco evaluadores, esto es, los cuatro revisores nativos y la presente autora, para posteriormente sacar la media de las proporciones. Debido a la alta coincidencia en la totalidad de las clasificaciones, no se ha considerado necesaria ninguna prueba para hallar diferencias estadísticamente significativas entre los datos. Tras ello, se ha determinado la puntuación media respecto de su repercusión en la comprensión por parte del receptor de acuerdo con el tipo de error. Por último, se ha realizado un análisis cualitativo de los fragmentos problemáticos más representativos, teniendo en cuenta el contexto inmediato, argumentando los aspectos susceptibles de mejora y proponiendo posibles alternativas aprobadas por los revisores.

4.2. Resultados y discusión

En primer lugar, se muestra la proporción de los errores de traducción identificados (Gráfico 1).

GRÁFICO 1
Proporción

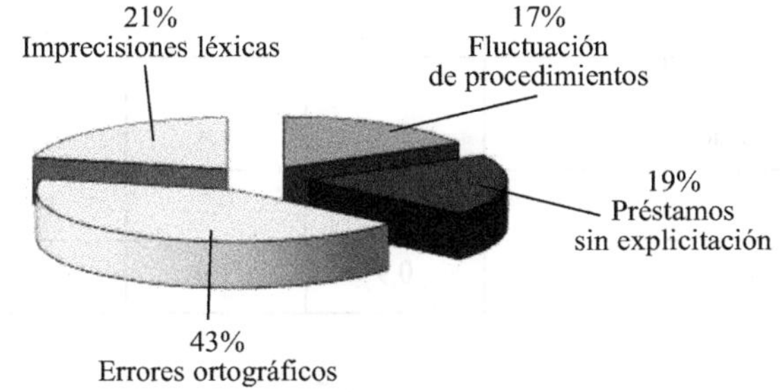

Tal y como muestran los datos numéricos, los errores ortográficos son los más frecuentes en el corpus. Le siguen a gran distancia las imprecisiones léxicas, los préstamos sin explicitación inadecuados y la fluctuación injustificada en los procedimientos de traducción en proporción similar. De acuerdo con las puntuaciones mostradas en la Tabla 6, los errores ortográficos, pese a ser los más frecuentes, parecen ser los que menos entorpecen la comprensión del TM. Esta valoración se ha calculado obteniendo la media de las puntuaciones otorgadas por los revisores de acuerdo con la escala 0-3 comentada en el apartado 4.1.2. Según el sistema de valoración propuesto, ese tipo de errores han obtenido un valor intermedio entre 1 ("el error dificulta ligeramente la comprensión") y 2 ("el error obstaculiza considerablemente la comprensión"). Por su parte, de acuerdo con los revisores, las imprecisiones léxicas y la fluctuación injustificada en los procedimientos de traducción, presentes en el TM en una proporción similar, dificultan ligeramente la comprensión.

Los aspectos susceptibles de mejora en el TM podían tener repercusión no solo en la comprensión propiamente dicha, sino también a otros niveles como el estilístico o el gramatical. A este respecto, los resultados de la evaluación global de la calidad del TM son muy reveladores. En la Tabla 7 se muestran los valores medios de las puntuaciones obtenidas.

TABLA 6
Repercusión de los errores de traducción en la comprensión del TM

Tipo de error	Valoración de la repercusión				
	Puntuación media revisor 1	**Puntuación media revisor 2**	**Puntuación media revisor 3**	**Puntuación media revisor 4**	**Puntuación media**
Fluctuación injustificada en los procedimientos de traducción	0,8	1,1	0,8	1,3	**1,0**
Préstamos sin explicitación inadecuados	1,5	1,8	1,4	1,8	**1,6**
Errores ortográficos	0,2	0,1	0,2	0,2	**0,2**
Imprecisiones léxicas	1,0	0,9	1,0	1,1	**1,0**

TABLA 7
Resultados de la evaluación global de la calidad del TM

	Evaluación				
	Revisor 1	**Revisor 2**	**Revisor 3**	**Revisor 4**	**Puntuación media**
El TM es fácilmente comprensible.	2	3	3	2	**2,5**
El contenido del TM se ajusta al del TO.	3	3	3	3	**3**
El TM es estilísticamente adecuado.	1	1	2	1	**1,25**
El TM es sintáctica y gramaticalmente adecuado.	1	2	2	2	**1,75**
El TM parece escrito por un hablante nativo de inglés.	0	0	0	0	**0**

En cuanto a la pregunta de si el TM es comprensible, los revisores afirman estar bastante o muy de acuerdo. Ello revela, tal y como parecía sugerir la evaluación de los fragmentos, que el texto no ofrece grandes dificultades de comprensión para el receptor. Se considera también que, en líneas generales, el contenido del TM se ajusta correctamente al del original. Sin embargo, la aceptabilidad estilística del TM queda en entredicho, ya que la puntuación media se sitúa muy cercana al valor 1, esto es, "poco de acuerdo". Algo más optimistas se muestran los revisores en cuanto a su aceptabilidad sintáctica y gramatical, para la cual la valoración se sitúa entre 1 ("poco de acuerdo") y 2 ("bastante de acuerdo"). Asimismo, la respuesta a si el TM parece escrito por un hablante nativo de inglés es unánime: todos afirman no estar nada de acuerdo.

Tras esta esclarecedora evaluación cuantitativa, resulta interesante valorar cualitativamente los ejemplos más significativos de los aspectos susceptibles de mejora del TM. En primer lugar, es la fluctuación en los procedimientos de traducción para determinados referentes de la cultura española la que obstaculiza la comprensión del discurso traducido en mayor medida. Desde un punto de vista traductológico, resulta adecuado y conveniente variar los procedimientos elegidos para los distintos elementos fuente (Gamero Pérez 2005). Sin embargo, la variedad de procedimientos de traducción empleados para referentes culturales similares en el TO sin justificación aparente puede desorientar al lector. Claro ejemplo de ello es el siguiente fragmento:

(1a) El centro [...] tiene previsto realizar proyectos científicos y de investigación en colaboración con el *Ministerio de Medio Ambiente*, la *Universidad de Valencia*, *Universidad Complutense de Madrid* y con el *Instituto Español de Oceanografía*.

(1b) The institution [...] aims to carry out scientific and research projects in collaboration with the *Ministry of the Environment*, the *Universidad de Valencia*, the *Universidad Complutense de Madrid*, and the *Spanish Oceanographic Institute*.

Para la traducción del nombre de las dos instituciones universitarias debería haberse empleado el mismo procedimiento de traducción literal que en la primera y la última institución, para conseguir mayor homogeneidad en ese fragmento del TM. Además, en la totalidad de los casos se trata de instituciones que encuentran su equivalente en la cultura receptora. Si bien es cierto que el resultado no presenta gran dificultad para su comprensión en la LM debido a la similitud entre ambos sustantivos (*Universidad – University*), ello no justifica el diferente tratamiento por parte del traductor, ya que los otros dos sustantivos presentan un grado de similitud similar (*Ministerio – Ministry*; *Instituto – Institute*). Por último, creemos que la presencia del artículo determinado en la LM delante del referente en la lengua origen (en lo sucesivo, LO) no hace sino aumentar la artificialidad del fragmento.

Del mismo modo, la fluctuación en un mismo elemento puede causar confusión en el lector del TM e incluso llamar a equívocos. En el subcorpus COMET.VAL en inglés encontramos diversos ejemplos en los que esto ocurre.

Tal es el caso de la fluctuación en la traducción de los nombres propios *Ártico* y *Antártico* en el sitio web de la Ciudad de las Artes y las Ciencias:

(2a) La intención del proyecto audiovisual de L'Oceanogràfic se aprecia de manera aún más intensa en *Ártico*, donde el visitante percibe la majestuosidad del entorno polar. Aprovechando la cúpula de 30 m de diámetro como pantalla de proyección esférica gigante, un equipo de iluminación espectacular simula los ciclos de luz del *Ártico* reproduciendo el amanecer o el crepúsculo en el interior.

(2b) The intention of the Oceanogràfic audiovisual project can be appreciated even more clearly in *Artico* [*sic*], where the visitor can perceive the majesty of the polar environment. Using the 30-metre diameter dome as a giant spherical projection screen, spectacular lighting equipment simulates the light cycles of the *Arctic* by reproducing dawn or dusk inside.

(3a) El túnel de acceso al *Antártico* supone además otro viaje interactivo a través de la tierra.

(3b) The access tunnel to the *Antártico* also implies another interactive journey through the earth.

En su primera aparición, ambos sustantivos se refieren al nombre de los respectivos pabellones, lo cual sería un procedimiento aceptable si en el resto del texto de la Web se observara una homogeneidad al respecto. Sin embargo, primeramente llama la atención que en la sección previa en la que se presentan los pabellones, el encabezado de todos los nombres está traducido al inglés, y no se hace ninguna referencia a su nombre original hasta los fragmentos comentados. Curiosamente, *Ártico* vuelve a aparecer traducido en la segunda oración en (2b), refiriéndose esta vez al lugar geográfico. En este sentido, también resulta llamativo que, en algunos casos, la versión en inglés se transcribe erróneamente como **Artic*.

Otro caso en el que se observa esta fluctuación de procedimientos para un mismo referente es:

(4) Nowadays, L'Umbracle has 50 floral autochthonous species of the *Comunidad Valenciana*, selected by its climatological adjustment [...]. The garden is surrounded with 99 palms, 78 small palms, 62 bitter orange trees, 42 varieties of shrubs of the *Valencian Community*.

Un fenómeno que puede producir mayor grado de confusión en el lector es el empleo de diferentes equivalentes para un mismo referente origen, aun cuando el procedimiento de traducción empleado sea el mismo. Como ejemplo de ello, en la Web del Ayuntamiento de Valencia se habla de la *Conselleria de Economía y*

Hacienda. Para trasladar el nombre de este organismo al inglés, el traductor ha optado por mantener el original en español y ofrecer un equivalente en LM entre paréntesis. Sin embargo, la primera vez se refiere a él como *Finance Council*, y en el párrafo siguiente lo traduce como *The Council Finance Department*. Esta falta de consistencia se ve acentuada por la cercanía de ambas apariciones y por la variación en el uso del artículo. No obstante, el hecho de que se mantenga el original en español en ambos casos reduce el riesgo de confusión. Además, ciertos traductólogos como Vermeer (1989) abogan por mantener el término original para que el lector del TM reconozca el elemento referido cuando vea su nombre señalizado en el lugar de destino.

En otros casos, cierto elemento del TO aparece igual en el TM, lo que se llama en traductología préstamo o simplemente no traducción del vocablo (Vázquez-Ayora 1977). Esto es lo que se da en la Web del Ayuntamiento de Valencia cuando el traductor se refiere a la *Casa de la Beneficencia*: en el TM se nombra en español, sin ninguna referencia ni explicación en inglés. Podría haberse empleado el mismo procedimiento que en el ejemplo comentado anteriormente, con el término en español y la aclaración parentética *Public Assistance Agency*. Otros ejemplos de ello son el *Palau de les Arts*, que podía haberse completado con la referencia parentética *Arts Centre; Tienda de L'Oceanogràfic*, fácilmente traducible por *Oceanographic Store*; *Rincón Marino* por *Sea Corner*; y *Generalitat Valenciana* por *autonomous government of Valencia*. Dentro de este apartado, un ejemplo que merece especial atención es el siguiente:

(5) [...] over 20 000 square metres of "*trencadís*".

Trencadís puede considerarse un término técnico, no propiamente del discurso turístico, sino más bien de las artes arquitectónicas. Se trata de una voz catalana que procede de *trencar* (*romper* en castellano). La guía del mosaico cerámico artístico ofrece la siguiente definición:

> El trencadís es un tipo de mosaico cerámico artístico que tiene como peculiaridad que las piezas usadas para su fabricación provienen de azulejos troceados. El recubrimiento de superficies con trencadís tuvo un gran protagonismo durante el modernismo, sobre todo en la obra de Antoni Gaudí [...]. Actualmente el arquitecto Santiago Calatrava utiliza el trencadís en color blanco como símbolo distintivo de sus obras[5].

Precisamente el último arquitecto mencionado en la definición es el creador de la obra comentada en el TM. Si el término ya resulta desconocido para parte

[5] <http://www.trencadis.info/>.

de los lectores del TO, aunque estén familiarizados con el resultado de la técnica arquitectónica en sí, es altamente probable que la mayoría de los lectores del TM ignoren su significado. Por este motivo, habría sido conveniente añadir al préstamo una ampliación o explicitación parentética sencilla como *broken tile effect* o *type of mosaic created from broken tile shards.* Otra opción habría sido el empleo de un equivalente cultural aproximado como es la técnica del *pique assiette,* típica de Francia. Sin embargo, al tratarse de un TM en lengua inglesa y no en lengua francesa, es probable que al lector le resultara tan desconocida esta técnica como la citada en el TO.

El caso extremo de este uso de préstamos sin explicitación alguna es el siguiente:

(6) Marine theatre: *activitat pensada per al nivell infantil i els primers cicles d'Educació Primària en què s'usen tècniques pròpies del teatre i es transmet informació de les ciències de la naturalesa, de manera que els xiquets participen activament en la visita i en la representació teatral.*

Cabe suponer que se trata de un error por parte del traductor, ya que, más que un uso masivo de préstamos del valenciano, parece más plausible pensar que se trata de un fragmento del TO sin traducir. Aunque este hecho no se considera *stricto sensu* un error de traducción, una labor revisora post-traducción habría podido evitar fácilmente este y otros errores comentados más adelante.

Si bien es cierto que, como afirma Gamero Pérez (2005), al transferir tal cual la palabra de la LO a la LM se logra introducir elementos de la LO y dar un toque de color al TM, esta técnica suele utilizarse cuando el receptor es culto y está familiarizado con la cultura original, o bien cuando se trata de un texto con un alto nivel de especialización. Este último no es, como se ha comentado anteriormente, el caso del corpus analizado. En lo que respecta a los receptores, existe una diversidad de perfiles, ya que, aunque en general gozarán de cierto nivel adquisitivo, ello no implica necesariamente ni un alto nivel cultural, ni una familiarización con la cultura que nos ocupa. Este procedimiento explicativo que consideramos tan conveniente en traducción turística se encuentra presente en cierta medida en el TM. A continuación se muestran algunos ejemplos de ello:

(7) *Regulation and Organisation Fund for the Market for Fishing and Marine Products (Fondo de Regulación y Organización del Mercado de los Productos de la Pesca y Cultivos Marinos, FROM).*

(8) *Spanish Oceanographic Institute (Instituto Español de Oceanografía).*

(9) *Ateneo Mercantil (Trade Centre).*

(10) *Museo Príncipe Felipe (Prince Philip Museum).*

(11) [...]*"pezqueñines"* or *tiny fish.*

Como puede observarse en los sintagmas anteriores, la explicación se ofrece en el texto en tres formas principales: se ofrece un equivalente al término en la LM y se transfiere la palabra del TO entre paréntesis –ejemplos (7) y (8) –; se ofrecen ambos elementos, pero esta vez el equivalente en la LM va entre paréntesis –ejemplos (9) y (10)–; se transfiere la palabra del TO entrecomillada y se aporta un equivalente no parentético –ejemplo (11)–. Cualquiera de estas opciones es válida para la correcta comprensión por parte del lector del TM. El único aspecto que cabría matizar es que la variación entre las dos primeras formas puede llegar a confundir al receptor, por lo que sería preferible decantarse por uno de los dos órdenes y mantenerlo a lo largo del TM.

Como se ha apuntado anteriormente, una minuciosa labor revisora o un trabajo de edición post-traducción habrían podido reparar algunos de los aspectos susceptibles de mejora en el producto final del TM. Es este el caso especialmente de ciertos errores ortográficos en el TM, como el comentado de **Artic* en vez de *Arctic*; **april* por *April*; **wich* por *which*; **presentatión* por *presentation*; **infraestructure* por *infrastructure*; **Universitad* por *Universidad*; **portic* por *portico*; **segway*, el cual, al ser el nombre propio de una empresa de transporte, debería haberse escrito con mayúscula; o *New *Year Day* en vez de *New Year's Day*. Como se ha comentado anteriormente, se ha considerado que a estos *lapsus calami* no debe otorgárseles mayor importancia, ya que, aunque de alguna manera enturbien el producto final, no dificultan la comprensión del TM. No obstante, hay algunos casos en los que los errores ortográficos dan lugar a otro significante existente en la LM, por lo que pueden llegar a llamar a error:

(12a) Este lugar al aire libre sereno y natural [...] sirve como un espacio *complementario* ideal para la organización de actividades.

(12b) This serene and natural outdoor space [...] serves as an ideal *complimentary* space for events.

(13a) [...] se pueden organizar gran variedad de eventos al aire libre y actividades *complementarias*.

(13b) [...] we can stage a variety of open-air events or *complimentary* activities.

En ambos ejemplos, la ortografía correcta en inglés sería *complementary*. El adjetivo inglés resultante del error, *complimentary*, equivale en español al adjetivo *elogioso*, cuando se trata de un comentario u observación, o a *gratis* o *de obsequio*. Esta segunda acepción no parece tener sentido en el primer ejemplo, pero sí en el segundo, lo que sin duda puede confundir al receptor del TM, ya que este puede interpretar que las actividades celebradas en ese espacio son de carácter gratuito.

(14a) [...] las instalaciones *especiales* como los túneles o las bóvedas nos permiten adentrarnos en el mundo submarino.
(14b) [...] the *spatial* installations such as tunnels and vaults allow us to penetrate this underwater world.

La ortografía correcta en este caso sería *special*, equivalente unívoco de *especial*. A diferencia del ejemplo anterior, el error ortográfico no invita al lector a una interpretación distinta de la del TO, ya que el contexto aclara el referente del mundo material al que se refiere. No obstante, bien es cierto que el sintagma *spatial installations* puede producir cierta confusión, por hacer referencia a un concepto técnico propio del discurso arquitectónico, cuyo equivalente en lengua española sería *instalaciones espaciales*. Los siguientes fragmentos muestran otros errores ortográficos:

(15a) Pero la flor que prevalece en este jardín es la buganvilla, por ser una *especie* resistente de gran valor ornamental.
(15b) But flower that prevails in the set is the Buganvilla, for being a resistant *specie* and of beautiful ornamentation.

(16a) Las piscinas albergan *delfines mulares*, *especie* perteneciente al grupo de los cetáceos con dientes u odontocetos.
(16b) The pools hold *mules dolphins*, *species* belonging to the group of the cetacean with teeth or odontocete cetaceans.

Si bien el equivalente al término biológico *especie* en inglés es *species*, un sustantivo de plural invariable, en ambos ejemplos se ha tratado la -s final como una desinencia de plural, cuando en realidad forma parte del lexema. La forma resultante *specie* existe en lengua inglesa, con el significado de *metálico* o *efectivo*. Sin embargo, aunque el contexto no deja lugar a error en ninguno de los ejemplos, se trata de un fallo básico que un hablante nativo no cometería. En el siguiente ejemplo, la situación es muy similar:

(17a) Los helados son el *postre* perfecto para cualquier comida.
(17b) The ice-creams are the perfect *desert* for any meal.

La ortografía correcta del equivalente inglés para el sustantivo *postre* es *dessert*, procedente del participio de pasado del verbo francés *desservir* (en español *quitar la mesa*). Al igual que en el ejemplo anterior, el sustantivo resultante del error ortográfico en el TM tiene significado propio *–desierto–*, pero no puede confundir al lector en este contexto.

En lo que respecta a la elección léxica inadecuada, ciertos ejemplos merecen especial atención. El primero aparece en la Web institucional del Ayuntamiento de Valencia:

(18a) Tras una reciente *intervención,* [el Palacio del Almirante] es sede de [...].
(18b) The recent *rehabilitation* has transformed it.

El empleo del sustantivo inglés *rehabilitation* para referirse a la rehabilitación de un edificio no es apropiado, aunque al traductor español pueda parecérselo por la semejanza con la LO. Dicho sustantivo se refiere al restablecimiento de personas en su antiguo estado o del estatus o la reputación de alguien, y no a la habilitación de un edificio. Un equivalente apropiado en lengua inglesa sería *restoration*. Tampoco resulta adecuada la siguiente elección léxica:

(19a) Por tanto, se tratará de conocer y analizar los parásitos [...], su acción y *vías* de transmisión.
(19b) It is therefore a case of becoming familiar with and analysing the parasites [...], their action and *means* of transmission.

Aunque se comprende el contenido, la colocación correspondiente en inglés médico es *mode of transmission*. Asimismo, ciertas elecciones léxicas resultan artificiales para el lector del TM:

(20) The entire set of these facilities and areas forms a vast centre for music and cultural dissemination, capable of *absorbing* all the requirements involved in this kind of venue.

En inglés, la combinación del verbo *absorb* con el sustantivo *requirement* resulta forzada y difícilmente comprensible. Dicho sustantivo coloca con verbos como *comply with* o *satisfy,* siendo su equivalente en español *cumplir* o *reunir unos requisitos*.

Por otro lado, al describir los servicios del Oceanográfico, se hace uso de un falso cognado que, aunque no dificulta la compresión del TM, ofrece una visión más restringida que el fragmento equivalente del TO:

(21) The top floor, situated on the same level as the public access, is the area for *aperitifs*.

Este sustantivo se emplea aquí como equivalente del español *aperitivo*. Ante este término, el lector del TO podría pensar que lo que se sirve en esa área son bebidas que se toman antes de la comida principal, en cuyo caso su equivalente en lengua inglesa sería efectivamente *aperitif.* Sin embargo, el uso más extendido en español del término *aperitivo* es el que designa un "refrigerio consistente en una bebida que se toma, generalmente acompañada de un manjar apetitoso de poco volumen, poco antes de la comida de mediodía" (Moliner 2007), y es precisamente a lo que se refiere el emisor del TO. El término inglés que se corresponde con esa definición es *appetizer,* de tal modo que este último es hiperónimo de aquel y lleva al receptor del TM a pensar en comida y bebida, al igual que al del TO. Otro término menos preciso pero también adecuado en este caso sería *snack.*

Este tipo de equivalentes parciales entre la LO y la LM ha producido el uso indebido de algún otro sustantivo no perteneciente al lenguaje turístico propiamente dicho:

(22a) La tematización de sus exhibiciones nos muestra una *visión* precisa de los ecosistemas marinos.
(22b) The organisation by themes of its exhibitions gives us a precise *vision* of marine ecosystems.

El equivalente ofrecido en el TM puede, dependiendo del contexto, referirse a una imagen mental acerca del futuro, a una aparición sobrenatural o a un ser de gran belleza. Sin embargo, en el sentido que posee el término *visión* en el TO, el equivalente inglés adecuado sería *picture.*

Por el contrario, el siguiente ejemplo no produce extrañeza en el lector del TM; tan solo puede apreciarse su imprecisión léxica al compararse con el TO:

(23a) [...] un Departamento de Educación *compuesto* por biólogos y pedagogos con amplia experiencia.
(23b) [...] an Education Department *run* by very experienced biologists and educators.

En este contexto, el verbo inglés *to run* tiene el significado de *dirigir*, mientras que lo que se especifica en el TO encuentra su equivalente en el verbo inglés *be composed of.*

Existen algunos otros ejemplos de imprecisiones léxicas en el TM, pero excedería los límites del presente trabajo analizarlos todos en profundidad. Los expuestos aquí son, no obstante, los identificados por los revisores como más llamativos e interesantes.

5. Conclusiones

El presente estudio de corpus ha ofrecido, a través de una metodología mixta, una reflexión sobre una muestra de la traducción al inglés del discurso turístico en Internet en España. La primera parte del análisis ha establecido el perfil estilométrico del corpus objeto de estudio. A este respecto, su RTIE, así como la de los otros corpora turísticos analizados, ha resultado similar a la de los corpora de lengua general y ostensiblemente menor que la de los especializados. Este nivel de densidad léxica similar a la lengua general encaja con el hecho de que el grupo principal de receptores de este discurso lo constituya el gran público. En contraposición con los valores de este parámetro, los corpora turísticos COMET.VAL y LACELL obtienen, tanto en inglés como en español, longitudes de palabra y oración mayores que sus respectivos corpora de referencia, lo cual apunta a cierto grado de especialización. Estas características se ajustan a la categorización del discurso turístico como lenguaje semi-especializado por parte de autores como Gamero Pérez (2005), Kang y Yu (2011), y Pérez (2002). Al mismo tiempo, estos parámetros computacionales han servido para efectuar una comparación entre el TO y el TM. Si bien es cierto que, en lo que respecta a longitud de palabra y longitud de oración, ambos subcorpora han resultado ser proporcionales, la riqueza léxica del TM ha resultado ser menor que la del TO, lo cual parece indicar una falta de equivalencia entre ambos.

En lo que respecta al estudio traductológico del corpus objeto de estudio, este ha revelado una presencia notable de errores ortográficos, los cuales no entorpecen la comprensión del TM pero sí enturbian el producto final que llegará a manos del receptor. También contribuye a ese efecto la fluctuación en los procedimientos de traducción para referentes del TO similares, así como la fluctuación en la traducción de un mismo elemento, aunque esta sí puede llegar a causar confusión en el lector. Se han detectado también en el TM una serie de imprecisiones léxicas que dificultan ligeramente su comprensión, conjuntamente con varios préstamos del español que serían más fácilmente comprensibles si fueran acompañados de una explicitación en la LM. Estos aspectos susceptibles de mejora llevan a los revisores nativos a afirmar que, aunque en líneas generales el discurso turístico traducido resulta comprensible, no es del todo aceptable a nivel estilístico y podría mejorarse considerablemente a nivel léxico y gramatical. Este último aspecto está íntimamente relacionado con el hecho de que se trate de una traducción inversa. Si bien ello no implica que ese tipo de traducciones sean siempre de mala calidad, suelen serlo cuando no las realiza un traductor especializado en el área. A este respecto, Durán Muñoz afirma lo siguiente:

> En general, esta traducción se realiza bajo unas circunstancias de presión muy fuertes, debido, por una parte, a la falta de tiempo con la que cuentan los traductores que las realizan y, por otra, a la falta de financiación que se destina a los encargos de estas traducciones [...]. Si a todo ello, le unimos que la traducción que se realiza tanto en españa como en otros países es normalmente una traducción inversa, es decir, del español (en nuestro caso) a otras lenguas, tenemos un cocktail explosivo que da lugar a la baja calidad y a la incomprensión de la mayoría de los textos turísticos (2008b: 4).

Como se ha comentado anteriormente, la importancia de la calidad de la traducción del discurso turístico en nuestro país radica en el papel protagonista que el sector turístico juega a nivel económico. Los lectores que se acercan al discurso turístico traducido en Internet son turistas potenciales, y, en gran medida, es responsabilidad del traductor que la función de cortesía performativa implícita en el TO surta su efecto en el TM. Para ello, se requiere la contratación de traductores especializados y evaluaciones post-traducción por parte de más de un revisor con conocimientos tanto de la LO como de la LM, como se ha realizado en el presente estudio. Asimismo, sería conveniente llevar a cabo más investigación empírica de cara a la formación específica del futuro traductor a través de la compilación de corpora paralelos que permitan la observación directa del discurso turístico en LM y la evaluación de su calidad.

Referencias bibliográficas

BAKER, Paul (2006): *Using Corpora in Discourse Analysis*. London: Continuum.

BIBER, Douglas/JOHANSSON, Stig/LEECH, Geoffrey (1999): *Longman Grammar of Spoken and Written English*. Harlow: Longman.

BUGNOT, Marie-Ange (2005): *Texto turístico y traducción especializada. Estudio crítico de un corpus español-francés sobre la Costa del Sol (1960-2004)*. Tesis doctoral. Málaga: Servicio de Publicaciones Universidad de Málaga.

CABRÉ CASTELLVÍ, María Teresa (1993): *La terminología: teoría, metodología, aplicaciones*. Barcelona: Antártida/Empúries.

— (1999): *La terminología: representación y comunicación*. Barcelona: IULA/Universitat Pompeu Fabra.

CANTOS, Pascual/ALMELA SÁNCHEZ-LAFUENTE, Ángela (2010): "Optimizing Readability Indexes: An Experiment on Reading Ease in English FL Textbooks", en: Moskowich, Isabel/Crespo, Begoña/Lareo, Inés/Lojo, Paula (eds.): *Language Windowing through Corpora/Visualización del lenguaje a través de corpus*. A Coruña: Servizo de Publicacións Universidade da Coruña, vol. 1, 169-182.

CHIPERE, Ngoni/MALVERN, David/RICHARDS, Brian James (2004): "Using a corpus of children's writing to test a solution to the sample size problem affecting Type-Token Ratios", en: Aston, Guy/Bernardini, Silvia/Stewart, Dominic (eds.): *Corpora and Language Learners*. Amsterdam: John Benjamins, 139-147.

CÓMITRE NARVÁEZ, Isabel (2004): "La traducción de culturemas en publicaciones del sector turístico. Un estudio empírico", en: Gallegos-Rosillo, José Antonio/Benz-Busch, Hannelore (eds.): *Traducción y cultura. El papel de la cultura en la comprensión del texto original*. Málaga: Libros ENCASA, 115-138.

— (2010): *Traducción y publicidad interactiva. La promoción bilingüe de Paradores de Turismo*. Málaga: Libros ENCASA.

CORPAS-PASTOR, Gloria/SEGHIRI, Miriam (2006): "Recursos documentales para la traducción de seguros turísticos en el par de lenguas inglés-español", en: Postigo, Encarnación (coord.): *Investigación y traducción: una mirada al presente en la labor investigadora y en el ejercicio de la profesión de la licenciatura Traducción e Interpretación*. Málaga: Universidad de Málaga, 313-353.

Ding, Dagang (2008): *Features and Tourism English and its Translation*. Shanghai: Shanghai Jiao Tong University Press.

Durán Muñoz, Isabel (2008a): "El español y su dimensión mediadora en el ámbito turístico", en: *Actas del IV Congreso Internacional El Español, lengua de traducción*, 7-11 de mayo, Toledo, <http://www.uclm.es/actividades0708/congresos/esletra/>.

— (2008b): "La traducción turística y la evaluación de su calidad", en: Sánchez Hernández, Purificación (ed.): *Researching and Teaching Specialized Languages: New Contexts, New Challenges*. Murcia: Universidad de Murcia.

Fuentes Luque, Adrián (2005): "La traducción de promoción turística institucional: la proyección de la imagen de España", en: Fuentes Luque, Adrián (ed.): *La traducción en el sector turístico*. Granada: Atrio, 59-92.

Gamero Pérez, Silvia (2005): *Traducción alemán-español: aprendizaje activo de destrezas básicas*. Castellón: Universitat Jaume I.

Hu, Zhuanglin (2001): *A Course for Linguistics*. Beijing: Peking University Press.

Kang, Ning/Yu, Qiaofeng (2011): "Corpus-based Stylistic Analysis of Tourism English", en: *Journal of Language Teaching and Research* 2, 1, 129-136.

Lai, Wenbin (2003): "On the English Translation of Tourist Attractions", en: *Journal of Fu-zhou Teachers College*.

Luque, Lucía (2009): "Los culturemas: ¿unidades lingüísticas, ideológicas o culturales?", en: *Language Design: Journal of Theoretical and Experimental Linguistics* 11, 93-120.

Mason, Ian (1994): "Techniques of translation revisited: a text linguistic review of 'borrowing' and 'modulation'", en: Hurtado, Amparo (ed.): *Estudis sobre la Traducció*. Castellón: Universitat Jaume I, 61-72.

Moliner, María (2007): *Diccionario de uso del español*. Madrid: Gredos.

Nobs, Marie Louise (2003): *Expectativas y evaluación en traducción de folletos turísticos: estudio empírico con usuarios reales*. Tesis doctoral. Universidad de Granada.

Pérez, Chantal (2002): "Explotación de los corpora textuales informatizados para la creación de bases de datos terminológicas basadas en el conocimiento", en: *Estudios de Lingüística Española (ELiEs)* 18, <http://elies.rediris.es/elies18/>.

Pizarro Sánchez, Isabel (2002): *El registro económico de la lengua inglesa: análisis del género "memorias anuales" y de sus traducciones al inglés*. Alicante: Biblioteca Virtual Miguel de Cervantes, <http://descargas.cervantesvirtual.com/servlet/SirveObras/01338342044248167977680/007559>.

Rea, Camino (2010): "Getting on with Corpus Compilation: from Theory to Practice", en: *ESP World* 1, 27, 9, <http://www.esp-world.info>.

Sánchez, Aquilino/Cantos, Pascual (1998): "El ritmo incremental de palabras nuevas en los repertorios de textos. Estudio experimental y comparativo basado en dos corpus lingüísticos equivalentes de cuatro millones de palabras, de las lenguas inglesa y española y en cinco autores de ambas lenguas", en: *Atlantis* 1, 2, 205-227.

SCOTT, Michael (2006): *Introduction to Oxford WordSmith Tools 4.0*. Oxford: Oxford University Press.

SUN, Xin (2009): *Stylistic Analysis of UK's Online Tourist Information Text*. Tesis de Máster, Dalian Maritime University.

VÁZQUEZ-AYORA, Gerardo (1977): *Introducción a la Traductología*. Washington, D.C.: Georgetown University Press.

VERMEER, Hans Joseph (1989): "Skopos and commission in translational action", en: Chesterman, Andrew (ed.): *Readings in Translation*. Helsinki: Oy Finn Lectura Ab, 173-187.

WANG, Fengxiang (2010): "The Four Features of Tourism English", en: *Actas del Simposio Internacional sobre Recursos y Administración Turística*, <http://www.seiofbluemountain.com/upload/product/201004/2010lyhy06a6.pdf>.

ZARO, Juan Jesús/TRUMAN, Michael (1999): *Manual de Traducción/A Manual of Translation. Textos españoles e ingleses traducidos y comentados*. Madrid: Sociedad General Española de Librería.

NOTAS SOBRE LAS AUTORAS

Las autoras de cada capítulo de este libro son las responsables exclusivas de su contenido.

ÁNGELA ALMELA SÁNCHEZ-LAFUENTE es licenciada en Filología Inglesa (2008) y en Traducción e Interpretación (2009) por la Universidad de Murcia. Es miembro del grupo de investigación LACELL y su labor científica se centra principalmente en las áreas de lingüística de corpus y lingüística forense. En la actualidad es becaria FPI de la Fundación Séneca, y combina la elaboración de su tesis doctoral con la actividad correspondiente a su *venia docendi* en la Facultad de Letras de la Universidad de Murcia.

MARÍA ELENA BAYNAT MONREAL es profesora ayudante en la Universidad de Valencia. Doctora en Filología Románica por la Universidad de Valencia. Ha investigado y publicado sobre literatura del siglo XXI, literatura de viajes, la imagen de España en Francia, Metodologías docentes y nuevas tecnologías aplicadas a la enseñanza de idiomas, lingüística de corpus y lexicología y francés para fines específicos (turismo). Actualmente pertenece al IULMA-Valencia (Instituto Interuniversitario de Lenguas Modernas Aplicadas).

ROSANA DOLÓN HERRERO es profesora titular de Filología Inglesa en la Universitat de València. Su labor investigadora se enmarca en el análisis del discurso. Su preocupación por prácticas discursivas que pueden revestir formas de conflicto, abuso, desigualdad social, o problemas de mediación le han ido acercando al campo del análisis crítico del discurso. En el año 2004 organiza el I Congreso Internacional de Análisis Crítico del Discurso, convención que despierta en ella un interés también por el estudio crítico de la construcción discursiva de identidades en diferentes ámbitos sociales.

NURIA EDO MARZÁ es doctora europea en Filología Inglesa y, en la actualidad, trabaja como profesora en la Universitat Jaume I de Castellón. Sus intereses investigadores se centran principalmente en los campos de los lenguajes de especialidad, la terminología y la lexicografía especializada, acreditando numerosas publicaciones y proyectos tanto nacionales como internacionales en dichas áreas y entre las que destaca el libro *The Specialised Lexicographical Approach: a Step Further in Dictionary-making* (2009).

MARÍA ESTORNELL PONS es doctora en Filología Hispánica por la Universitat de València y actualmente trabaja como profesora en la Universidad Católica de Valencia "San Vicente Mártir". Es miembro del Grupo de Neología de la Universitat de València y sus investigaciones se centran en el ámbito de la lexicología aplicada, con diferentes publicaciones sobre neología como la titulada *Neologismos en la prensa: criterios para reconocer y caracterizar las unidades neológicas* (2009), a partir de su tesis doctoral dedicada a la neología en la prensa.

VIRGINIA GONZÁLEZ GARCÍA es doctora en Filología Hispánica y profesora de Lengua Española del Departamento de Filología Española de la Universitat de València. Es miembro del Grupo Val.Es.Co. y su investigación se ha centrado en el ámbito de la lexicología y la lexicografía histórica con publicaciones sobre la historia del léxico jurídico en el siglo XVIII. En la actualidad se dedica al estudio del discurso propio de los nuevos géneros digitales y al aprendizaje de lenguas asistido por ordenador.

MERCEDES LÓPEZ-SANTIAGO, doctora en Filología Francesa por la Universitat de València, es profesora del Departamento de Lingüística Aplicada de la Universidad Politécnica de Valencia, miembro del grupo de investigación CAMILLE-UPV y colabora en proyectos de investigación, en el campo del turismo, con el Instituto Interuniversitario de Lenguas Modernas Aplicadas (IULMA-Valencia). Investiga y publica artículos sobre lexicología, terminología, neología y traducción técnica. Es coautora de un *Vocabulario forestal* (2010) y ha participado en la traducción del *Vocabulario básico de construcción arquitectónica* (2005).

JULIA SANMARTÍN SÁEZ es profesora titular de Lengua Española del Departamento de Filología Española de la Universitat de València y directora del Máster oficial Estudios Hispánicos Avanzados. Es miembro del Grupo Val.Es.Co. y dirige el Grupo de Neología de la misma universidad. Su investigación se ha centrado en el ámbito de la lexicología, la lexicografía, la lingüística de corpus y el análisis del discurso oral, tal y como atestiguan sus publicaciones sobre argot, neología, metáforas y sufijaciones en la conversación coloquial, entre otras.

FRANCISCA SUAU JIMÉNEZ es profesora titular de Filología Inglesa en la Universitat de València, donde imparte traducción especializada, y lengua y lingüística inglesas. Sus principales intereses son la traducción y la interdisciplinariedad del inglés y el español aplicados al discurso profesional y académico. Es directora del Instituto Interuniversitario de Lenguas Modernas Aplicadas (IULMA) en la Universitat de València desde el inicio de esta sede en 2008.

COLECCIÓN LINGÜÍSTICA IBEROAMERICANA
VOLÚMENES PUBLICADOS

46. Sáez, Daniel; Braga, Jorge; Abuín, Marta; Guirao, Marta; Soto, Beatriz; Maroto, Nava (eds.): **Últimas tendencias en traducción e interpretación.** 2011, 272 p. ISBN 9788484896067

45. Aschenberg, Heidi; Loureda Lamas, Oscar (eds.): **Marcadores del discurso: de la descripción a la definición.** 2011, 400 p. ISBN 9788484895961

44. Calvo Pérez, Julio: **La fundación de la Semántica. Los espines léxicos como un universal del lenguaje.** 2011, 268 p. ISBN 9788484895824

43. Stark, Elisabeth; Pomino, Natascha (eds.): **El sincretismo en la gramática del español.** 2011, 200 p. ISBN 9788484895817

42. López García, Ángel: **Pluricentrismo, Hibridación y Porosidad en la lengua española.** 2010, 168 p. ISBN 9788484895336

41. Sinner, Carsten; Zamorano Aguilar, Alfonso (eds.): **La excepción en la gramática española. Perspectivas de análisis.** 2010, 280 p. ISBN 9788484895060

40. Parodi, Giovanni: **Lingüística de Corpus: de la teoría a la empiria.** 2010, 184 p. ISBN 9788484895015

39. Quesada Pacheco, Miguel Ángel (ed.): **El español hablado en América Central. Nivel fonético.** 2010, 220 p. ISBN 9788484894988

38. Rivera-Mills, Susana; Villa, Daniel (eds.): **Spanish of the U.S. Southwest: A Language in Transition.** 2010, 380 p. ISBN 9788484894773

37. Enrique-Arias, Andrés (ed.): **Diacronía de las lenguas iberorrománicas. Nuevas aportaciones desde la lingüística de corpus.** 2009, 416 p. ISBN 9788484894841

36. Garcés Gómez, María Pilar (ed.): **Diccionario histórico: nuevas perspectivas lingüísticas.** 2008, 298 p. ISBN 9788484894124

35. Garcés Gómez, María Pilar (ed.): **La organización del discurso: marcadores de ordenación y de reformulación.** 2008, 170 p. ISBN 9788484893721

34. Carrasco Gutiérrez, Ángeles (ed.): **Tiempos compuestos y formas verbales complejas.** 2008, 548 p. ISBN 9788484893691

33. Penas Ibáñez, María Azucena: **Cambio semántico y competencia gramatical.** 2009, 544 p. ISBN 9788484893523

32. Sinner, Carsten; Wesch, Andreas (eds.): **El castellano en las tierras de habla catalana.** 2008, 362 p. ISBN 9788484893486

31. Kabatek, Johannes (ed.): **Sintaxis histórica del español y cambio lingüístico. Nuevas perspectivas desde las Tradiciones Discursivas.** 2008, 276 p. ISBN 9788484893455

30. Fuentes Morán, María Teresa; Torres del Rey, Jesús (eds.): **Nuestras palabras: entre el léxico y la traducción.** 2006, 182 p. ISBN 9788484892724

29. Pons Rodríguez, Lola (ed.): **Historia de la Lengua y Crítica Textual.** 2006, 336 p. ISBN 9788484892632

28. Castillo Lluch, Mónica; Kabatek, Johannes (eds.): **Las Lenguas de España. Política lingüística, sociología del lenguaje e ideología desde la Transición hasta la actualidad.** 2006, 242 p. ISBN 9788484892168

27. Ortiz López, Luis A.; Lacorte, Manel (eds.): **Contactos y contextos lingüísticos. El español en los Estados Unidos y en contacto con otras lenguas.** 2005, 356 p. ISBN 9788484891970

26. Vangehuchten, Lieve: **El léxico del discurso económico empresarial: identificación, selección y enseñanza en Español como Lengua Extranjera con Fines específicos.** 2005, 780 p. ISBN 9788484891659

25. Hernández, Humberto: **El mensaje en los medios. A propósito del estudio lingüístico de la prensa regional canaria.** 2004, 206 p. ISBN 9788484891741

24. Fernández, Mauro; Fernández-Ferreiro, Manuel; Vázquez Veiga, Nancy: **Los criollos de base ibérica. ACBLPE 2003.** 2004, 308 p. ISBN 9788484891628

23. Gutiérrez, Marco A.: **Perfiles comunicativos en los elementos de la oración simple. Estudios de Gramática perceptivo-intencional.** 2004, 220 p. ISBN 9788484891499

22. Carriscondo Esquivel, Francisco M.: **Lingüística, lexicografía, vocabulario dialectal. El Vocabulario andaluz de A. Alcalá Venceslada.** 2004, 234 p. ISBN 9788484891420

21. Lüdtke, Jens; Schmitt, Christian (eds.): **Historia del léxico español. Enfoques y aplicaciones.** 2004, 324 p. ISBN 9788484891208